Edition KWV

Die „Edition KWV" beinhaltet hochwertige Werke aus dem Bereich der Wirtschaftswissenschaften. Alle Werke in der Reihe erschienen ursprünglich im Kölner Wissenschaftsverlag, dessen Programm Springer Gabler 2018 übernommen hat.

Weitere Bände in der Reihe http://www.springer.com/series/16033

Kurt Fuchs

Diskriminierungsfreier Zugang zur Eisenbahninfrastruktur in Deutschland

Kurt Fuchs
Wiesbaden, Deutschland

Bis 2018 erschien der Titel im Kölner Wissenschaftsverlag, Köln
Dissertation, Westfälische Wilhelms-Universität Münster, 2014

Edition KWV
ISBN 978-3-658-24071-4   ISBN 978-3-658-24072-1   (eBook)
https://doi.org/10.1007/978-3-658-24072-1

Die Deutsche Nationalbibliothek verzeichnet diese Publikation in der Deutschen Nationalbibliografie; detaillierte bibliografische Daten sind im Internet über http://dnb.d-nb.de abrufbar.

Springer Gabler
© Springer Fachmedien Wiesbaden GmbH, ein Teil von Springer Nature 2014, Nachdruck 2019
Ursprünglich erschienen bei Kölner Wissenschaftsverlag, Köln, 2014

Springer Gabler ist ein Imprint der eingetragenen Gesellschaft Springer Fachmedien Wiesbaden GmbH und ist ein Teil von Springer Nature
Die Anschrift der Gesellschaft ist: Abraham-Lincoln-Str. 46, 65189 Wiesbaden, Germany

Für meinen Vater

Gliederung Seite

Abkürzungsverzeichnis

Abs.	Absatz
AG	Aktiengesellschaft
AEG	Allgemeines Eisenbahngesetz
AEUV	Vertrag über die Arbeitsweise der Europäischen Union
AöR	Archiv des öffentlichen Rechts
Art.	Artikel
AVG	Albtal-Verkehrsgesellschaft mbH
BAG-SPNV	Bundesarbeitsgemeinschaft der Aufgabenträger des SPNV
BAH	Bous Allen Hamilton
BAV	Bundesamt für Verkehr in der Schweiz
BbG	Bundesbahngesetz
BDI	Bundesverband der Deutschen Industrie
BGB	Bürgerliches Gesetzbuch
BGH	Bundesgerichtshof
BKartA	Bundeskartellamt
BLS	Lötschbergbahn AG, private Bahngesellschaft in der Schweiz
BMVBS	Bundesministerium für Verkehr, Bau und Stadtentwicklung
BNetzA	Bundesnetzagentur
BRH	Bundesrechnungshof
BSchwAG	Bundesschienenwegeausbaugesetz
BT	Besonderer Teil
BVerwG	Bundesverwaltungsgericht
bzw.	beziehungsweise
DB	Deutsche Bahn
DM	Deutsche Mark
EBA	Eisenbahn-Bundesamt
EBHaftPflV	Verordnung über die Haftpflichtversicherung der Eisenbahnen
EBO	Eisenbahn- & Betriebsordnung
EBPV	Verordnung über die Prüfung zum Betriebsleiter für Eisenbahnen
EBV	Verordnung über die Bestellung und Bestätigung sowie die Aufgaben und Befugnisse von Betriebsleitern für Eisenbahnen
EBZugV	Eisenbahnunternehmer – Berufszugangsverordnung
EG	Europäische Gemeinschaft
EGV	Vertrag zur Gründung der Europäischen Gemeinschaft
EI	Eisenbahningenieur

EIBV	Eisenbahninfrastruktur-Benutzungsverordnung
EN	Europäische Norm
ERI	Eisenbahnrevue International
ERTMS	European Rail Traffic Management System
ETCS	European Train Control System
ETR	Eisenbahntechnische Rundschau
EU	Europäische Union
EuGH	Europäischer Gerichtshof
EVB	Eisenbahn- und Verkehrsbetriebe Elbe-Weser
EWG	Europäische Wirtschaftsgemeinschaft
EWS	English-Welsh and Scotish Railway
GG	Grundgesetz
gGmbH	gemeinnützige Gesellschaft mit beschränkter Haftung
GSM-R	Global System for mobile Communication - Rail
GVG	Gerichtsverfassungsgesetz
GWB	Gesetz gegen Wettbewerbsbeschränkungen
HGK	Häfen und Güterverkehr Köln AG
ICE	Intercity-Express
Indusi	Induktive Zugsicherung
IVW	Internationales Verkehrswesen
KfZ	Kraftfahrzeug
km	Kilometer
km/h	Kilometer pro Stunde
LG	Landgericht
LuFV	Leistungs- und Finanzierungsvereinbarung
LWB	Lappwaldbahn GmbH
LZB	Linienzugbeeinflussung
Mio.	Million
NL	Niederlassung
Nr.	Nummer
NRW	Nordrhein-Westfalen
OLG	Oberlandesgericht
OVG	Oberverwaltungsgericht
PZB	punktförmige Zugbeeinflussung
RegG	Gesetz zur Regionalisierung des öffentlichen Personennahverkehrs
RL	Richtlinie

SBB	Schweizerische Bundesbahn
SNB	Schienennetz-Benutzungsbedingungen
SNCF	Société nationale des chemins de fer français (nationale französische Eisenbahngesellschaft)
SPNV	Schienenpersonennahverkehr
t	Tonne
TEIV	Verordnung über die Interoperabilität des transeuropäischen Eisenbahnsystems
tkm	Tonnenkilometer (Anzahl der transportierten Tonnen multipliziert mit der zurückgelegten Entfernung in Kilometern)
TSI	technische Spezifikationen für die Interoperabilität
TPS	Trassenpreissystem
u. a.	und andere
VDV	Verband Deutscher Verkehrsunternehmen
VG	Verwaltungsgericht
VwGO	Verwaltungsgerichtsordnung
VwVfG	Verwaltungsverfahrensgesetz
z.B.	zum Beispiel
zit.	zitiert

Geleitwort

Sowohl das Welthandelsrecht als auch das Europäische Unionsrecht streben ein System unverfälschten wirtschaftlichen Wettbewerbs an. Dies hat erhebliche Konsequenzen für die Netzwirtschaft. Steht nur ein Netz zur Verfügung, verlangen das europäische und deutsche Recht, allen Wirtschaftstreibenden einen diskriminierungsfreien Netzzugang zu gewährleisten. Dies betrifft auch die Eisenbahninfrastruktur. Die im Grenzbereich von Regulierungsrecht und Verwaltungswissenschaften anzusiedelnde Dissertation von Kurz Fuchs geht der Frage nach, wie es um den diskriminierungsfreien Zugang zur Eisenbahninfrastruktur in Deutschland bestellt ist. Viele diesbezügliche Rechtsfragen sind auch nach der Entscheidung des Europäischen Gerichtshofs vom 28.2.2013 (C-556/10) nicht hinreichend geklärt. Der Verfasser, der neben Rechtswissenschaft auch Maschinenbau mit Schwerpunkt Schienenfahrzeugtechnik studiert und sich in der Praxis mit eisenbahnrechtlichen Streitigkeiten befasst hat, untersucht die Rechtslage umfassend. Er kommt oftmals zu Ergebnissen, die von der herrschenden Meinung abweichen, und unterbreitet zugleich zahlreiche rechtspolitische Vorschläge. Der Arbeit ist zu wünschen, dass sie in Wissenschaft und Praxis auf die verdiente Resonanz stoßen wird.

Prof. Dr. Dirk Ehlers
Münster, Mai 2014

A) Einleitung

Vor 100 Jahren war die Eisenbahn das dominierende Landverkehrsmittel und in vielen europäischen Ländern eine der wichtigsten staatlichen Einnahmequellen. Nach dem zweiten Weltkrieg verlor sie in Westeuropa jedoch stetig Marktanteile und wurde durch wachsende Defizite zu einer zunehmenden Belastung der Staatshaushalte. Auch in Deutschland stiegen die Verluste der Deutschen Bundesbahn immer weiter an, so daß die Bundesregierung im Jahr 1989 eine Kommission einsetzte, die Möglichkeiten zur Reform des Eisenbahnsektors erarbeiten sollte.

Diese Kommission legte 1991 ihren Bericht vor, in dem sie verschiedene Maßnahmen zur Verbesserung der Situation der Eisenbahn vorschlug. Zentraler Punkt bei diesen Maßnahmen war die Öffnung des staatlichen Monopols für Wettbewerb, um die Effizienz dieses Verkehrsträgers durch den Wettbewerbsdruck zu verbessern. Da der Bau eines neuen Schienennetzes parallel zu dem bereits bestehenden weder politisch durchsetzbar noch volkswirtschaftlich sinnvoll war und ist, bestand die einzige Möglichkeit, Wettbewerb im Schienenverkehr zu ermöglichen, darin, anderen Unternehmen die Benutzung des bestehenden Eisenbahnnetzes zu gestatten. Entsprechend hat der Gesetzgeber im Rahmen der Bahnreform Ende 1993 mit § 14 des Allgemeinen Eisenbahngesetzs (AEG) einen Zugangsanspruch zur Eisenbahninfrastruktur eingeführt, der allen Eisenbahnunternehmen die Nutzung des öffentlichen Schienennetzes in Deutschland gestattet. Hierzu wurde zunächst Art. 87 Abs. 1 GG geändert.

Damit Wettbewerb im Schienenverkehr entstehen kann, ist es entscheidend, daß dieser Zugangsanspruch allen interessierten Unternehmen diskriminierungsfrei gewährt wird, denn nur dann haben interessierte Unternehmen eine ausreichend kalkulierbare Geschäftsgrundlage. Daher liegt der Schwerpunkt dieser Arbeit darauf, zu untersuchen, wo Diskriminierungsgefahren in Bezug auf den Netzzugang liegen und wie diese vermieden werden können.

In der wissenschaftlichen Literatur gibt es eine Vielzahl von Veröffentlichungen zum Thema Netzzugang im Schienenverkehr. Die meisten Untersuchungen beschränken sich jedoch auf einen oder zwei Teilbereiche dieses Themas. Die größte Zahl an wissenschaftlichen Unter-

© Springer Fachmedien Wiesbaden GmbH, ein Teil von Springer Nature 2014
K. Fuchs, *Diskriminierungsfreier Zugang zur Eisenbahninfrastruktur in Deutschland*,
Edition KWV, https://doi.org/10.1007/978-3-658-24072-1_1

suchungen wurde zu den Trassenpreisen veröffentlicht, meist aus wirtschaftswissenschaftlicher Sicht, teilweise aber auch aus juristischer Perspektive. Daneben hat die Vergabe von Zugtrassen Aufmerksamkeit auf sich gezogen. Andere Aspekte des Netzzugangs haben nur geringe oder gar keine Beachtung in der wissenschaftlichen Diskussion gefunden, obwohl einige davon bereits in der Praxis relevant wurden, wie zum Beispiel die Frage der technischen Netzzugangskriterien.

Auch in anderen Netzsektoren, insbesondere in den leitungsgebundenen Sektoren Energie (Gas, Strom) und Telekommunikation stellen sich Fragen des Netzzugangs. Diese Sektoren unterscheiden sich jedoch in drei wesentlichen Punkten vom Eisenbahnsektor:

1. Die Netze befinden sich anders als bei der Eisenbahn überwiegend nicht im Eigentum des Staates.

2. Die Sektoren Energie und Telekommunikation sind insgesamt profitabel, so daß es bei der Frage der Entgeltbemessung für die Leistungsbeziehungen zwischen Netzbetreibern und Leistungsanbietern letztlich darum geht, wie die Gewinne innerhalb der Branche verteilt werden. Im Eisenbahnsektor werden dagegen die Kosten für das Netz ganz überwiegend vom Staat getragen. Darüber hinaus wendet der Staat auch erhebliche Mittel für die Finanzierung von Verkehrsleistungen auf dem Schienennetz auf. Daher überwiegt bei der Entgeltbemessung für die Nutzung des Schienennetzes die Frage, wie die in den Sektor fließenden staatlichen Mittel auf die einzelnen Akteure zu verteilen sind.

3. Während in den Netzen für Energie und Telekommunikation Kapazität ein feststehender Begriff ist, ist dieser bei der Eisenbahn von zahlreichen sich gegenseitig beeinflussenden Faktoren abhängig, so daß für die Vergabe der Kapazität ein wesentlich komplexeres Verfahren erforderlich ist.

Wegen dieser grundlegenden Unterschiede beschränkt sich diese Arbeit auf die Betrachtung des Eisenbahnsektors und verzichtet auf einen Vergleich mit anderen Netzsektoren.

In der folgenden Untersuchung sollen sämtliche Aspekte des Themas "Netzzugang im Schienenverkehr" beleuchtet werden, beginnend mit Art und Umfang des Zugangsanspruchs über die rechtlichen und technischen Netzzugangsbedingungen, die Vergabe der Zugtrassen, die Trassenpreise, die tatsächliche Durchführung der Zugfahrten und die Abwicklung des Eisenbahnbetriebs bis zu den Rechtschutzmöglichkeiten im Zusammenhang mit dem Netzzugang und der Regulierung des Eisenbahnsektors. Vorangestellt wird eine kurze Darstellung der Entwicklung des Zugangsanspruchs in der Geschichte der Eisenbahn. Die Untersuchung schließt mit einer Zusammenstellung der Lücken im aktuellen Rechtsrahmen bezüglich des diskriminierungsfreien Zugangs zur Eisenbahninfrastruktur und einem Ausblick auf die mögliche Weiterentwicklung dieses Rechtsrahmens in der Zukunft. Dabei wird insbesondere dargelegt, inwiefern die existierenden rechtlichen Regelungen den technischen und betrieblichen Gegebenheiten des Eisenbahnverkehrs gerecht werden und damit in der Praxis auch sinnvoll anwendbar sind.

B) Rechtsentwicklung

Im Folgenden wird zunächst die historische Entwicklung des Rechts auf Netz-zugang im Schienenverkehr von den Anfängen der Eisenbahn in der ersten Hälfte des 19. Jahrhunderts bis heute dargestellt.

I. Von den Anfängen des Eisenbahnwesens bis zur Bahnreform

Eisenbahnunternehmen ein Recht auf Nutzung fremder Infrastruktur zu gewähren, ist keine neue Idee. Bereits zu Beginn des Eisenbahnzeitalters enthielt das preußische Eisenbahngesetz aus dem Jahr 1838, in Kraft getreten unmittelbar nach Eröffnung der ersten preußischen Eisenbahnstrecke von Berlin nach Potsdam,[1] in § 27 einen Anspruch auf Zugang zu fremder Eisenbahninfrastruktur, wenn diese mindestens drei Jahre in Betrieb war und das Handelsministerium dem Zugang begehrenden Unternehmen eine entsprechende Genehmigung erteilte. Die §§ 29 bis 31 des Gesetzes enthielten detaillierte Regelungen zur Bemessung des Entgelts für die Nutzung fremder Infrastruktur. Ob diese Regelung tatsächlich Anwendung in der Praxis fand, ist umstritten.[2]

In der Folgezeit verstaatlichte Preußen bis 1884 nach und nach alle größeren Eisenbahngesellschaften[3], die ursprünglich als private Unternehmen gegründet worden waren, und faßte sie zu einer einheitlichen Staatsbahn zusammen. Auch die anderen deutschen Länder, welche zunächst Privatbahnen zugelassen hatten, verstaatlichten diese noch vor dem ersten Weltkrieg. Es gab zwar noch immer kleinere Privatbahnen, welche aber keinen Anspruch darauf hatten, die Netze der Staatsbahnen zu benutzen. Sie verkehrten fast ausschließlich auf ihren eigenen Netzen. Daran änderte sich in Deutschland weder nach dem ersten Weltkrieg, als die Länderbahnen zur einheitlichen Deutschen Reichsbahngesellschaft zusammengefaßt wurden, noch in den ersten Jahrzehnten nach dem zweiten Weltkrieg etwas. Zwar gab es nach dem zweiten Weltkrieg mehrere Ansätze

---

[1] Lehmann, Eisenbahn in Preußen, Seite 17
[2] Für eine Anwendung in der Praxis: Kühlwetter in Aktuelle Probleme des Eisenbahnrechts, Seite 8; dagegen: Fritsch, Handbuch der Eisenbahngesetzgebung, Seite 79, Fn 47
Laaser, Wettbewerb im Verkehrswesen, Seite 265 – 266
[3] Klee, Preußische Eisenbahngeschichte, Seite 176

© Springer Fachmedien Wiesbaden GmbH, ein Teil von Springer Nature 2014
K. Fuchs, *Diskriminierungsfreier Zugang zur Eisenbahninfrastruktur in Deutschland*,
Edition KWV, https://doi.org/10.1007/978-3-658-24072-1_2

zur Reform des Eisenbahnsektors[4], weil die wirtschaftliche Entwicklung der Deutschen Bundesbahn von Anfang an unbefriedigend war[5], aber eine grundlegende Reform der Struktur des Eisenbahnsektors wurde erstmals Ende der 1970er Jahre diskutiert. Damals jedoch wurde dies als politisch nicht durchsetzbar wieder verworfen.[6] Erst die Ende der 1980er Jahre angestoßenen erneuten Reformbemühungen führten mit der 1994 in Kraft getretenen Bahnreform schließlich zu einer grundlegenden Änderung der rechtlichen Organisation des Eisenbahnsektors.

II. EU-Recht

Für die europäische Integration ist der Verkehrssektor von zentraler Bedeutung, da ohne Verkehr weder die im EG-Vertrag garantierte Freizügigkeit der Arbeitnehmer noch der freie Warenverkehr möglich sind. Daher enthielt bereits der Vertrag zur Gründung der Europäischen Wirtschaftsgemeinschaft 1957 einen eigenen Titel für die Verkehrspolitik. Dieser Titel bildet auch die Grundlage für die Liberalisierung des Eisenbahnsektors. Die im Vertrag hierfür vorgesehene Frist bis zum 31. Dezember 1969 wurde vom Rat jedoch nicht eingehalten. Sie wurde überhaupt nur auf rechtlichen Druck, den das europäische Parlament mit Hilfe des Europäischen Gerichtshofs ausübte, in Angriff genommen. Erst nach der Jahrtausendwende hat die Rechtssetzung der Europäischen Union bezüglich der Liberalisierung des Eisenbahnsektors eine erhebliche Dynamik entwickelt.

1. EG-Vertrag

Im ursprünglichen Art. 75, späteren Art. 71 EGV und nunmehrigen Art. 91 AEUV ist vorgesehen, daß der Rat Vorschriften für den innergemeinschaftlichen internationalen Verkehr und die Zulassung von Unternehmen für Verkehrsdienstleistungen in Ländern, in denen sie nicht ansässig sind, erläßt. Diese Norm wurde lange Zeit lediglich als Ermäch-

---

4   Dernbach in Jahrbuch des Eisenbahnwesens, Folge 45, Seite 116, 128 - 143
5   Vogt, Finanzen der Deutschen Bundesbahn, Seite 26
    Reinke, Bahnstrukturreform, Seite 136
6   Bundestags-Drucksache 8/3049, Seite 1 und 2

tigungsgrundlage angesehen, die es dem Rat erlaubte, die entsprechenden Regelungen im Verkehrssektor zu erlassen, ihn aber dazu nicht verpflichtete. Da die Verkehrsmärkte aller Mitgliedstaaten bei Gründung der Europäischen Gemeinschaften sehr stark reguliert und abgeschottet waren[7], konnte lange Zeit keine Einigung über eine Liberalisierung der Verkehrsmärkte in Europa erzielt werden. So war die europäische Verkehrspolitik über Jahrzehnte von Stillstand geprägt.[8] Dies galt besonders für die als staatliche Monopole organisierten Eisenbahnunternehmen.

Eine Wende in der europäischen Verkehrspolitik wurde erst durch das sogenannte Untätigkeitsurteil des Europäischen Gerichtshofs eingeleitet.

2. Untätigkeitsurteil des Europäischen Gerichtshofs

1983 wollte das Europäische Parlament die Untätigkeit des Rats in der Verkehrspolitik nicht länger hinnehmen und reichte beim EuGH eine Untätigkeitsklage gemäß dem früheren Art. 175 (später Art. 232) EGV und heutigen Art. 265 AEUV ein mit dem Ziel, den Rat dazu zu verpflichten, die Verkehrsmärkte endlich zu liberalisieren.

In seinem Urteil zwei Jahre später entschied der EuGH zunächst, daß Art. 91 Abs. 1 AEUV (ehemals Art. 74 EGV Abs. 1) in Verbindung mit § 58 Abs. 1 AEUV (ehemals Art. 51 Abs. 1 EGV) eine Verpflichtung für den Rat enthält, die Dienstleistungsfreiheit auf den Verkehrsmärkten zu verwirklichen.[9] Der Rat sei verpflichtet, die in Art. 91 Abs. 1 a) und b) AEUV vorgesehen Regelungen für den internationalen Verkehr innerhalb der Gemeinschaft und für die Erbringung von Verkehrsdienstleistungen durch Unternehmen in Ländern, in denen sie nicht ansässig sind, zu verabschieden. Daher verurteilte das Gericht den Rat, entsprechende Regelungen zu erlassen, um die Dienstleistungsfreiheit in den Verkehrsmärkten herzustellen.[10]

Allerdings stellte der EuGH in diesem Urteil auch fest, daß die Vorschriften über die Dienstleistungsfreiheit im Verkehrsbereich nicht

7   Burmeister, Wettbewerb der Eisenbahnen, Seite 58-62
8   Aberle, Transportwirtschaft, Seite 172
9   EuGH, Urteil vom 22. Mai 1985, Rechtssache 13/83, Slg 1985, I-1513
10 EuGH, Urteil vom 22. Mai 1985, Rechtssache 13/83, Slg 1985, I-1513

unmittelbar anwendbar sind. Der EuGH verzichtete darauf, dem Rat eine Frist zum Erlaß der notwendigen Vorschriften zu setzen. Welche Konsequenz eine fortgesetzte Untätigkeit des Rates haben würde, ließ der EuGH offen. Da der Rat nach und nach für alle Verkehrssektoren die notwendigen Vorschriften zur Liberalisierung dieser Märkte erließ, konnte die Frage nach den Sanktionen für eine mögliche Nichtbeachtung des Urteils des EuGH durch den Rat bisher offen bleiben.

3. Sekundärrecht

Aufgrund der besonderen Organisation des Schienenverkehrs in den Mitgliedsländern der Gemeinschaft als staatliche Monopole wurde dieser Verkehrssektor als letzter liberalisiert und das zunächst auch nur in sehr geringem Umfang:

a) Richtlinie 91/440/EWG

Die erste Maßnahme zur Liberalisierung des Eisenbahnwesens war die Richtlinie 91/440/EWG aus dem Jahr 1991. Ziel dieser Richtlinie war zunächst, die Eisenbahnunternehmen in der Gemeinschaft weniger abhängig von staatlichen Einflüssen zu machen und eine stärkere Orientierung der Eisenbahnen an den Erfordernissen des Marktes zu ermöglichen.[11] Dazu ist in Art. 4 Abs. 1 der Richtlinie festgelegt, daß die Rechnungsführung der Eisenbahnunternehmen von der Rechnungsführung staatlicher Stellen und insbesondere vom Staatshaushalt zu trennen ist. Art. 5 Abs. 1 der Richtlinie legt fest, daß die Eisenbahnunternehmen wie Handelsunternehmen zu führen sind.

Allerdings sah die Richtlinie nur eine geringfügige Öffnung des Eisenbahnsektors für den Wettbewerb vor: In Art. 10 Abs. 1 der Richtlinie ist vorgesehen, daß internationale Gruppierungen von Eisenbahnunternehmen Zugang zur Infrastruktur anderer Eisenbahnunternehmen erhalten sollen für grenzüberschreitende Schienenverkehrsleistungen zwischen den Ländern, in denen die zur Gruppierung gehörenden Unternehmen ihren Sitz haben. Außerdem sollten diese internationalen Gruppierungen

---

[11] RL 91/440/EG, Erwägungsgrund 2

Transitrechte in allen Ländern der Gemeinschaft, in denen die Mitglieder der jeweiligen internationalen Gruppierung nicht ansässig sind, für eben diese grenzüberschreitenden Verkehre haben. Art. 10 Abs. 2 der Richtlinie gewährt darüber hinaus allen in der Gemeinschaft ansässigen Eisenbahnunternehmen Zugangsrechte zur gesamten Eisenbahninfrastruktur in der Gemeinschaft für grenzüberschreitenden Kombinierten Verkehr. Weitere Zugangsrechte waren in der ursprünglichen Fassung der Richtlinie nicht vorgesehen. Praktische Bedeutung erlangte nur der Zugangsanspruch aus Art. 10 Abs. 2 der Richtlinie für den grenzüberschreitenden Kombinierten Verkehr und das auch nur in sehr geringem Umfang.

Art. 8 der Richtlinie legt schließlich fest, daß die Eisenbahnunternehmen für die Nutzung des Schienennetzes an die Infrastrukturbetreiber ein Entgelt zu zahlen haben und daß die Berechnung des Entgelts diskriminierungsfrei zu erfolgen hat.

In Ergänzung zur RL 91/440/EWG wurden 1995 zwei weitere Richtlinien erlassen:

b) Richtlinien 95/18/EG und 95/19/EG

RL 95/18/EG legt Regeln für die Erteilung von Genehmigungen für Eisenbahnunternehmen in der Gemeinschaft, also für rechtliche Netzzugangskriterien fest. RL 95/19/EG enthielt Regelungen über die Zuweisung von Fahrwegkapazität und die Berechnung der Infrastrukturbenutzungsentgelte, also über die Trassenvergabe und die Trassenpreise. Die oben dargestellten Zugangsrechte aus der RL 91/440/EWG blieben jedoch zunächst unverändert. Erst 2001 durch das sogenannte „erste Eisenbahnpaket" wurden die Zugangsrechte zur Eisenbahninfrastruktur in Europa deutlich erweitert.

c) Richtlinie 96/48/EG

Neben den rechtlichen Rahmenbedingungen wurde von der Europäischen Gemeinschaft die technische Harmonisierung im europäischen Eisenbahnwesen als entscheidend angesehen, um diesen Verkehrssektor für den Wettbewerb zu öffnen. Entsprechend wurde 1996 die Richtlinie 96/48/EG verabschiedet, die als ersten Schritt eine Harmonisierung der technischen Bestimmungen für den Hochgeschwindigkeitsverkehr in Europa vorsah, um die sogenannte „Interoperabilität" in diesem Bereich zu verbessern, also den grenzüberschreitenden Einsatz von Schienenfahrzeugen zu erleichtern. Die Richtlinie selbst enthält allerdings keine Bestimmungen, die sich unmittelbar auf technische Aspekte beziehen. Dafür enthält die Richtlinie eine Ermächtigungsgrundlage für die Kommission zum Erlaß sogenannter technischer Spezifikationen für die Interoperabilität, kurz TSI. Solche TSI wurden in der Folge für verschiedene Teilsysteme des Gesamtsystems Eisenbahn erlassen, im einzelnen für die Teilsysteme

- Infrastruktur

- Energie

- Fahrzeuge

- Betrieb

- Instandhaltung

- Zugsteuerung, Zugsicherung und Signalgebung

d) Erstes Eisenbahnpaket

2001 erließ der Rat vier neue Richtlinien zum Eisenbahnsektor, das sogenannte erste Eisenbahnpaket. Die RL 2001/12/EG änderte die RL 91/440/EWG und erweiterte die Zugangsrechte im Güterverkehr erheblich. In Art. 10 der RL 91/440/EWG wurde ein Abs. 3 ergänzt, der allen Eisenbahnunternehmen für grenzüberschreitenden Güterverkehr einen Anspruch auf Zugang zum sogenannten „transeuropäischen Schienengüternetz" einräumt. Der Umfang dieses transeuropäischen Schienengüternetzes wurde in einem Anhang zur Richtlinie festgelegt. Darüber hinaus sollte das gesamte europäische Schienennetz ab 2008 für den grenzüberschreitenden Schienengüterverkehr geöffnet werden.

Die RL 2001/13/EG änderte die RL 95/18/EG geringfügig ab und die RL 2001/14/EG ersetzte die RL 95/19/EG und legte die Regeln für die Trassenvergabe und die Trassenpreise neu fest.

Mit der Richtlinie 2001/16/EG wurden die Bemühungen zur technischen Harmonisierung vom Hochgeschwindigkeitsverkehr auf das gesamte Eisenbahnwesen ausgedehnt, um die Interoperabilität im Schienenverkehr insgesamt zu verbessern. Auch hierzu wurden TSI für die oben genannten Teilsysteme, teilweise noch weiter untergliedert, erlassen.

e) Zweites und drittes Eisenbahnpaket

Bereits im Jahr 2004 folgte das zweite Eisenbahnpaket mit drei weiteren Richtlinien und einer Verordnung.

Die Richtlinie 2004/51/EG zog die Öffnung des europäischen Eisenbahnnetzes von Anfang 2008 auf Anfang 2007 vor. Art. 10 Abs. 3 der RL 91/440/EWG wurde entsprechend geändert. Damit ist seitdem der Schienengüterverkehr in der gesamten Europäischen Union vollständig für den Wettbewerb geöffnet.

Die Richtlinie 2004/49/EG führte die Sicherheitsbescheinigung ein, die nunmehr von allen Eisenbahnverkehrsunternehmen vorzuweisen ist, die im grenzüberschreitenden Eisenbahnverkehr tätig werden wollen.

Die Richtlinie 2004/50/EG änderte die RL 96/48/EG und 2001/16/EG über die Interoperabilität im Schienenverkehr.

Mit der Verordnung EG/881/2004 schließlich wurde die Europäische Eisenbahnagentur in Valenciennes geschaffen, die hauptsächlich für Fragen der Sicherheit des Eisenbahnverkehrs und für die weitere technische Harmonisierung der verschiedenen nationalen Eisenbahnsysteme zuständig ist.

Nach weiteren drei Jahren wurde schließlich das dritte Eisenbahnpaket verabschiedet, welches zwei weitere Richtlinien und zwei Verordnungen enthielt. Allerdings enthielten nur die Richtlinien Vorschriften den Netzzugang betreffend. Mit der Richtlinie 2007/58/EG wurden den Eisenbahnverkehrsunternehmen auch für den Personenverkehr Zugangsrechte zur Eisenbahninfrastruktur verschafft, allerdings nur für grenzüberschreitende Verkehrsdienste und auch das nur mit Einschränkungen und Vorbehalten für nationale Ausnahmeregelungen. Die Richtlinie 2007/59/EG sieht vor, daß Triebfahrzeugführer in Zukunft eine Fahrerlaubnis benötigen. Auch die Voraussetzungen für die Erteilung der Fahrerlaubnis sind in der Richtlinie geregelt.

Als nächste europäische Rechtsnorm das Eisenbahnwesen betreffend wurde die Richtlinie 2008/57/EG erlassen, welche die Richtlinien 96/48/EG und 2001/16/EG aufhebt und die Vorschriften für die Interoperabilität der Eisenbahnsysteme sowohl für den Hochgeschwindigkeitsverkehr als auch für den sogenannten konventionellen Eisenbahnverkehr auf eine einheitliche rechtliche Grundlage stellt.

Mit der RL 2008/110/EG wurde die RL 2004/49/EG geändert. Der vorerst letzte Rechtsakt der EU auf dem Gebiet des Eisenbahnrechts war schließlich die RL 2012/34/EU, mit der die RL 91/440/EWG, 95/18/EG und 2001/14/EG aufgehoben und in einer Richtlinie zusammengefaßt wurden.

III. Deutsches Recht

Die Entwicklung des Zugangsrechts im Eisenbahnverkehr verlief in Deutschland weitgehend unabhängig von der europäischen Rechtsentwicklung und wurde nur partiell vom europäischen Recht beeinflußt. Im Gegensatz zur anfangs sehr eingeschränkten Öffnung des Schienenverkehrs für den Wettbewerb auf EU-Ebene, wurde der Sektor in Deutschland bereits zu Beginn der Bahnreform 1994 vollständig für den Wettbewerb geöffnet.

1. Allgemeines Eisenbahngesetz (AEG)

Der Anspruch auf Zugang zum Schienennetz ist in § 14 AEG normiert und seit der Bahnreform im wesentlichen unverändert geblieben. Darüber hinaus enthält das AEG Vorschriften über die Zulassung von Eisenbahnunternehmen, die Aufsicht im Eisenbahnsektor und die Regulierung des Netzzugangs. Das AEG ist seit seinem Inkrafttreten Anfang 1994 schon 29 mal geändert worden. Davon betrafen 18 Änderungen Vorschriften über die Zulassung von Eisenbahnunternehmen, die Eisenbahnaufsicht und die Regulierung, und damit verschiedene Aspekte des

Netzzugangs.[12] Auch die eigentliche Zugangsnorm wurde einmal geändert.

2. Eisenbahninfrastruktur-Benutzungsverordnung (EIBV)

Zur Konkretisierung des Zugangsanspruchs zur Eisenbahninfrastruktur, insbesondere zur näheren Regelung der Vergabe der Infrastrukturkapazitäten an interessierte Eisenbahnverkehrsunternehmen und die Bemessung der Entgelte für die Infrastrukturnutzung, wurde 1997 auf der Grundlage des § 26 Abs. 1 Nr. 6 AEG die Eisenbahninfrastruktur-Benutzungsverordnung (EIBV) erlassen. Sie wurde 2005 komplett neu gefaßt mit einer nun deutlich ausführlicheren Regelung des Verfahrens zur Vergabe der Infrastrukturkapazitäten. Die EIBV diente auch dazu, die europäischen Richtlinien 95/19/EG und 2001/14/EG in deutsches Recht umzusetzen.

3. Weitere Rechtsverordnungen

Aufgrund der Ermächtigungsgrundlage in § 26 AEG wurden zahlreiche weitere Rechtsverordnungen erlassen. Die schon vor Inkrafttreten des AEG bestehende Eisenbahnbau- und Betriebsordnung (EBO) zur Regelung bestimmter technischer Rahmenbedingungen und der Zulassung von Schienenfahrzeugen gilt auf der Grundlage von § 26 Abs. 1 Nr. 1 AEG fort.

Für den Zugang zur Eisenbahninfrastruktur sind ferner folgende Rechtsverordnungen relevant:

- Die Eisenbahnunternehmer-Berufszugangsverordnung (EBZugV), welche rechtliche Regeln für die Zulassung von Eisenbahnunternehmen gemäß § 6 AEG enthält.

---

12 Kunz, Eisenbahnrecht, Band I, A4.1, AEG, Seite 01-04

- Die Verordnung über die Bestellung und Bestätigung, sowie die Aufgaben und Befugnisse von Betriebsleitern für Eisenbahnen (EBV), welche die Voraussetzung für die Bestellung eines Eisenbahnbetriebsleiters und dessen Befugnisse innerhalb eines Eisenbahnunternehmens regelt.

- Die Verordnung über die Haftpflichtversicherung der Eisenbahnen (EBHaftPflV), die festlegt, daß Eisenbahnunternehmen eine Haftpflichtversicherung abschließen und aufrechterhalten müssen.

- Die Verordnung über die Interoperabilität des transeuropäischen Eisenbahnsystems (TEIV) zur Umsetzung der Richtlinien 96/48/EG und 2001/16/EG in deutsches Recht.

C) Anspruch auf Nutzung der Eisenbahninfrastruktur

Zentrale Norm für den Zugang zur Eisenbahninfrastruktur ist § 14 Abs. 1 Satz 1 AEG. Zunächst ist zu klären, welchen Inhalt diese Norm hat. Zwar wurde der Wortlaut der Norm einmal geändet (zunächst: Eisenbahnverkehrsunternehmen … haben das Recht auf …; jetzt: Eisenbahninfrastrukturunternehmen sind verpflichtet, die … Benutzung … zu gewähren), eine Änderung des Norminhalts ist damit jedoch nicht verbunden. Lediglich der Kreis der Anspruchsberechtigten wurde erweitert und ist nun in § 14 Abs. 2 AEG geregelt.

I. Rechtsobjekt

Rechtsobjekt der Zugangsnorm ist die Eisenbahninfrastruktur. Zu dieser wird ein Zugangsanspruch gewährt. § 2 Abs. 3 AEG legt fest, daß zur Eisenbahninfrastruktur die Betriebsanlagen der Eisenbahnen einschließlich der Bahnstromfernleitungen gehören. Eine genauere Definition der Eisenbahninfrastruktur gibt es im deutschen Recht nicht. Daneben wird in den §§ 2 Abs. 3a und 3b, 14 Abs. 1 Satz 3 und Abs. 4 AEG der Begriff „Schienenwege" und in §§ 2 Abs. 3a und 3c, 14 Abs. 5 der Begriff „Serviceeinrichtungen" verwendet. Das Verhältnis dieser beiden Begriffe zum Begriff „Eisenbahninfrastruktur" wird im Gesetz nicht geklärt. Allerdings dürfte „Eisenbahninfrastruktur" der Oberbegriff sein, unter den sowohl Schienenweg als auch Serviceeinrichtungen fallen, da beide zu den Betriebsanlagen der Eisenbahnen gehören. Im Gesetz fehlt aber auch eine Abgrenzung zwischen den Begriffen „Schienenwege" und „Serviceeinrichtungen". Lediglich die Serviceeinrichtungen sind in § 2 Abs. 3c AEG durch eine abschließende Aufzählung definiert. Das EU-Recht dagegen enthält in Anlage I zur Verordnung EWG/2598/70 eine detaillierte Auflistung der einzelnen Bestandteile der Eisenbahninfrastruktur von den Grundstücken über die Erdbauwerke, Kunstbauten, den Oberbau bis zu den Anlagen der Güter- und Personenbahnhöfe. Hier sind jedoch die Werkstätten, die gemäß § 2 Abs. 3c AEG im deutschen Recht zu den Serviceeinrichtungen zählen, ausdrücklich ausgeschlossen.

© Springer Fachmedien Wiesbaden GmbH, ein Teil von Springer Nature 2014
K. Fuchs, *Diskriminierungsfreier Zugang zur Eisenbahninfrastruktur in Deutschland*, Edition KWV, https://doi.org/10.1007/978-3-658-24072-1_3

In der Literatur[13] wird vereinzelt als Trennlinie Bau und Instandhaltung der Infrastruktur einerseits und der Betrieb dieser Infrastruktur andererseits vorgeschlagen. Nach dieser Ansicht würden Signal- und Sicherungssystem nicht mehr der Infrastruktur selbst, sondern deren Betrieb zugeordnet. Entgegen dieser Ansicht gehören gemäß der Anlage I zur genannten Verordnung auch Signal-, Sicherungs- und Fernmeldeanlagen zur Eisenbahninfrastruktur. Dies ist nur folgerichtig, da ein Betrieb der Infrastruktur ohne diese Anlagen technisch nicht möglich ist.[14] Bau und Instandhaltung der Infrastruktur müssen mit dem Eisenbahnbetrieb koordiniert werden, um den Bau und die Instandhaltung einerseits möglichst preiswert zu gestalten und andererseits den Betrieb nicht zu gefährden und so wenig wie möglich zu beeinträchtigen. In Großbritannien hat die Trennung dieser Bereiche und die Aufteilung der Aufgaben auf verschiedene Unternehmen zu erheblichen Problemen, insbesondere zu einer unzureichenden Instandhaltung und zu einer erheblichen Verzögerung von Ausbauprojekten geführt.[15] Damit gehören die Signal- und Sicherungssysteme zwingend zur Infrastruktur. Auch § 14 Abs. 1 Satz 3 AEG geht davon aus, daß der Betreiber der Eisenbahninfrastruktur auch die Steuerungs- und Sicherungssysteme betreibt. Mithin erstreckt sich der Zugangsanspruch auf alle in Anlage I zur Verordnung EWG/2598/70 beschriebenen Bestandteile der Eisenbahninfrastruktur und darüber hinaus, mit Einschränkungen, wie noch gezeigt wird, auch auf die Werkstätten der Eisenbahnunternehmen.

II. Anspruchsberechtigte

Anspruch auf Netzzugang haben Eisenbahnverkehrsunternehmen. In der ursprünglichen Fassung ergab sich das unmittelbar aus § 14 Abs. 1 Satz 1 AEG. In der aktuellen Fassung enthält die Norm kein Rechtssubjekt mehr. Wem ein Zugangsanspruch zusteht, regeln § 14 Abs. 2 und 3 AEG. Allerdings sind diese Normen mißverständlich, denn tatsächlich zu-

---

[13] Berndt, Trassenpreise, Seite 46 – 47
    Knieps, Wettbewerb in Netzen, Seite 14 - 19
[14] Pachl, Systemtechnik des Schienenverkehrs, Seite 1 - 2
[15] Bullock, Rail Privatisation, Seite 16 – 17
    Wolmar, On the wrong Line, Seite 82 - 86

gangsberechtigt sind nur Eisenbahnverkehrsunternehmen mit einer entsprechenden Zulassung im Inland oder EU-Ausland. Die verladende Wirtschaft oder die Aufgabenträger im Nahverkehr auf der Schiene (SPNV) können zwar selbst Infrastrukturkapazität bei den Eisenbahninfrastrukturunternehmen einkaufen, müssen sich aber zu deren Nutzung eines zugelassenen Eisenbahnverkehrsunternehmens bedienen. Für die verladende Wirtschaft ergibt sich dies bereits aus § 6 Abs. 1 Satz 2 EIBV, wonach diese Unternehmen die Zuweisung einer Zugtrasse nur an ein von ihnen zu benennendes Eisenbahnverkehrsunternehmen verlangen können.

III. Anspruchsgegner

Der Zugangsanspruch richtet sich gegen den Betreiber der Eisenbahninfrastruktur. Für die Eisenbahnstrecken ist dies insofern unproblematisch, da für den Betrieb einer Eisenbahnstrecke eine Genehmigung nach § 6 Abs. 1 Nr. 3 AEG erforderlich ist. Nach § 6 Abs. 3 Nr. 3 AEG wird die Genehmigung stets für den Betrieb einer bestimmten Eisenbahninfrastruktur erteilt, so daß mit der Genehmigung der Betreiber festgelegt wird und damit eindeutig identifizierbar ist. Eigentümer und Betreiber einer Eisenbahninfrastruktur müssen dabei nicht identisch sein.

Die Rechtslage bezüglich der in § 2 Abs. 3c AEG genannten Serviceeinrichtungen ist dagegen unklar. Für deren Betrieb ist keine Genehmigungspflicht normiert. § 14 Abs. 5 AEG und § 10 EIBV gehen davon aus, daß Serviceeinrichtungen von Eisenbahninfrastrukturunternehmen betrieben werden. Unklar ist, ob es auch einen Zugangsanspruch zu Serviceeinrichtungen gibt, für die es keinen Betreiber im Sinne eines Unternehmens, welches die Einrichtung zur Nutzung vorhält, gibt. Hiervon sind vor allem solche Einrichtungen betroffen, die rechtlich dem Bundeseisenbahnvermögen zugeordnet sind, derzeit nicht genutzt werden, ihre rechtliche Stellung als Eisenbahninfrastruktureinrichtung aber noch nicht nach § 23 AEG verloren haben. Für einen Nutzungsanspruch spricht, daß diese Einrichtung rechtlich als Eisenbahninfrastruktur eingestuft ist. Dagegen spricht, daß es keinen Betreiber mit einer Genehmigung nach § 6 Abs. 1 AEG gibt und damit ein sicherer Betrieb dieser Einrichtung nicht gewährleistet ist. Eine Lösung kann darin bestehen, daß ein Unternehmen, das Zugang zu einer solchen Einrichtung begehrt, auch für deren Betrieb verantwortlich ist. Sinnvoller wäre jedoch eine klare gesetzliche Regelung, die insbesondere der Sicherheit des Betriebs solcher Einrichtungen Rechnung trägt. Dies wäre mit einer Genehmigungspflicht für Serviceeinrichtungen entsprechend derjenigen für den Betrieb der Schienenwege gewährleistet. Der Eigentümer einer solchen Einrichtung sollte diese entsprechend der Regelung in § 11 AEG an ein interessiertes Unternehmen abgeben müssen, wenn er nicht bereit ist, die Einrichtung selbst zu betreiben. Derzeit ist diese Rechtsfrage aber ungeklärt.

IV. Umfang des Zugangsanspruchs

Beim Umfang des Zugangsanspruchs ist zwischen den Schienenwegen einerseits und den Serviceeinrichtungen andererseits zu unterscheiden.

1. Zugangsanspruch zu den Schienenwegen

Auch der Umfang des Zugangsanspruchs ist umstritten und führte bereits zu einer rechtlichen Auseinandersetzung, die in letzter Instanz vom Bundesverwaltungsgericht entschieden wurde. Anlaß war zunächst ein Streit zwischen dem Betreiber der sogenannten Hunsrückstrecke von Langenlonsheim nach Morbach und einem Eisenbahnverkehrsunternehmen, das an einem Sonntag Zugang zu dieser Strecke begehrte. Dies lehnte der Betreiber mit dem Hinweis ab, die Betriebszeiten der Strecken seien nur montags bis samstags tagsüber. Sonntags ruhe der Verkehr. Nach Einschaltung des Eisenbahn-Bundesamtes (EBA) erließ dieses einen sofort vollziehbaren Verwaltungsakt, der den Infrastrukturbetreiber dazu verpflichtete, dem Zugangsbegehren des Eisenbahnverkehrsunternehmens nachzukommen.[16] In dem darauf folgenden Verfahren vor dem Verwaltungsgericht Koblenz nach § 80 Abs. 5 VwGO vertrat der Infrastrukturbetreiber die Ansicht, daß § 14 Abs. 1 Satz 1 AEG nur ein Diskriminierungsverbot enthalte und der Infrastrukturbetreiber das Ob und Wie des Betriebs seiner Infrastruktur grundsätzlich frei festlegen

---

[16] Bahn-Report, Heft 5/2002, Seite 53

könne, sofern dadurch die Zugang begehrenden Eisenbahnverkehrs-unternehmen nicht unterschiedlich behandelt würden. Das Eisenbahnver-kehrsunternehmen und das EBA vertraten dagegen die Ansicht, § 14 Abs. 1 Satz 1 AEG konstituiere einen absoluten Zugangsanspruch, der nicht zur Disposition des Infrastrukturbetreibers steht. Das Verwaltungs-gericht ließ diese Frage jedoch offen. Es gab dem Antrag des Infrastruk-turbetreibers nach § 80 Abs. 5 Satz 1 VwGO statt. Zur Begründung führte es an, die genannten Betriebszeiten der Strecken seien im Infrastrukturbe-nutzungsvertrag zwischen den Parteien festgelegt, so daß dem Eisen-bahnverkehrsunternehmen aufgrund der vertraglichen Vereinbarung kein Anspruch auf Zugang zu dieser Infrastruktur außerhalb der ver-traglich vereinbarten Betriebszeiten zustand.[17]

In der Folge wechselte der Betreiber dieser Strecke. Der neue Betreiber sperrte die Strecke mit der Begründung, sie befände sich nicht in einem betriebssicheren Zustand. Daraufhin erließ das EBA erneut einen sofort vollziehbaren Bescheid, mit dem es dem Infrastrukturbetreiber aufgab den betriebssicheren Zustand der Strecke unverzüglich wieder herzu-stellen.[18] Hiergegen legte der Infrastrukturbetreiber Rechtsmittel ein mit der Begründung, die Wiederherstellung des betriebssicheren Zustands der Strecke sei wirtschaftlich nicht vertretbar, da es derzeit keine Nach-frage nach Nutzung der Strecke gebe. Dieser Rechtsstreit endete erst vor dem Bundesverwaltungsgericht, welches in einer Grundsatzentschei-dung[19] feststellte, daß ein Eisenbahninfrastrukturunternehmen verpflich-tet ist, die von ihm betriebene Infrastruktur stets in einem betriebssiche-ren Zustand vorzuhalten. Für den Fall, daß ein Eisenbahninfrastruktur-unternehmen nicht bereit ist, die damit verbundenen Aufwendungen zu tragen, ist es gehalten, das Verfahren zur Stillegung von Eisenbahninfra-struktur nach § 11 AEG durchzuführen. Solange eine Genehmigung der zuständigen Aufsichtsbehörde zur Stillegung der Infrastruktur nach die-ser Norm nicht vorliege, sei der Infrastrukturbetreiber verpflichtet, die Infrastruktur in einem betriebssicheren Zustand vorzuhalten.[20] Dies er-gibt sich bereits eindeutig aus dem Wortlaut des § 11 Abs. 2 Satz 3 AEG.

---

[17] VG Koblenz, Beschluß vom 24. Juli 2002, 3 L 1900/02.KO
[18] Bahn-Report, Heft 1/2004, Seite 51
[19] BVerwG, Urteil vom 25. Oktober 2007, 3 C 51.06
[20] BVerwG, Urteil vom 25. Oktober 2007, 3 C 51.06, amtlicher Leitsatz

Dennoch hat das Bundesverwaltungsgericht ergänzend die §§ 2 Abs. 3, 4 Abs. 1 Satz 1 AEG zur Begründung dieses Ergebnisses herangezogen.[21]

Gegenstand dieses Verfahrens war zwar nicht der Zugangsanspruch aus § 14 Abs. 1 Satz 1 AEG, sondern die Frage, ob einem Eisenbahninfrastrukturunternehmen eine Betriebspflicht bezüglich seiner Infrastruktur obliegt. Besteht jedoch eine Betriebspflicht, so folgt daraus zwingend, daß § 14 Abs. 1 Satz 1 AEG dahingehend ausgelegt werden muß, daß die Norm einen absoluten Zugangsanspruch enthält, der nicht zur Disposition des Infrastrukturbetreibers steht. Wäre der Infrastrukturbetreiber berechtigt, den Zugang zur Infrastruktur nach eigenem Ermessen einzuschränken, wäre eine sinnvolle Abgrenzung zur Verletzung seiner Betriebspflicht nicht mehr möglich. Darüber hinaus wäre eine Betriebspflicht ohne korrespondierenden absoluten Zugangsanspruch sinnlos. Schließlich trägt § 21 Abs. 4 EIBV besonderen wirtschaftlichen Belastungen des Infrastrukturbetreibers durch Zugangswünsche zum Beispiel zu außergewöhnlichen Zeiten hinreichend Rechnung, so daß das Wirtschaftlichkeitsargument die Einschränkung des Zugangsanspruchs selbst nicht zu rechtfertigen vermag.

Im Hinblick auf die Entscheidung des VG Koblenz ist noch die Frage zu klären, ob der Zugangsanspruch durch privatrechtlichen Vertrag eingeschränkt werden kann. Dafür könnte § 14 Abs. 6 AEG sprechen, der Regelung der Einzelheiten des Zugangs einer privatrechtlichen Vereinbarung zwischen Infrastrukturbetreiber und Eisenbahnverkehrsunternehmen überläßt. Zu diesen Einzelheiten zählt ausdrücklich auch der Zeitpunkt der Infrastrukturnutzung. Dagegen spricht aber die allgemeine Betriebspflicht, die ohne einen uneingeschränkten Zugangsanspruch sinnlos wäre. Der Infrastrukturbetreiber als Monopolanbieter unterliegt insoweit einem Kontrahierungszwang, den er nicht auf dem Vertragsweg unterlaufen kann, denn die Eisenbahnverkehrsunternehmen sind auf die Nutzung der Infrastruktur angewiesen, um ihre Transportleistung zu erbringen. Würde dem Infrastrukturbetreiber diesbezüglich Verhandlungsspielraum eröffnet, so könnte er seine Monopolstellung gegenüber den Nutzern seiner Infrastruktur als Druckmittel verwenden, um auf diesem Weg für ihn günstige vertragliche Vereinbarungen zu erzielen.

---

[21] BVerwG, Urteil vom 25. Oktober 2007, 3 C 51.06, Seite 10 - 12

Die genannte Regelung in § 21 Abs. 4 EIBV wäre dann überflüssig. Daher ist dem Infrastrukturbetreiber ein Verhandlungsspielraum bezüglich des Zugangs an sich zu versagen. Verhandelbar ist nach § 14 Abs. 6 AEG folglich nicht das Ob, sondern lediglich das Wie des Netzzugangs. Schließlich stellt auch § 14 Abs. 1 Satz 3 AEG klar, daß die Betreiber der Schienenwege die von ihnen betriebenen Schienenwege zur Nutzung bereitzustellen haben. Mithin ist für die weitere Untersuchung davon auszugehen, daß § 14 Abs. 1 Satz 1 AEG den Eisenbahnverkehrsunternehmen einen absoluten Zugangsanspruch zur Eisenbahninfrastruktur einräumt, dessen Einschränkung durch privatrechtlichen Vertrag unwirksam ist.

2. Zugangsanspruch zu Serviceeinrichtungen

Auch Serviceeinrichtungen gehören, wie bereits dargelegt, zur Eisenbahninfrastruktur, womit sich der Zugangsanspruch aus § 14 Abs. 1 Satz 1 AEG theoretisch auch auf diese bezieht. Im AEG ist aber lediglich in § 14 Abs. 5 festgelegt, daß die Entgelte für die Nutzung von Serviceeinrichtungen gegenüber verschiedenen Nutzern ohne sachlichen Grund nicht unterschiedlich bemessen werden dürfen. Ob jedoch überhaupt Zugang zu einer Serviceeinrichtung gewährt werden muß, läßt sich dem AEG dagegen nicht eindeutig entnehmen.

Dafür sind in der EIBV in §§ 3 Abs. 1 Satz 1, 10 umfangreiche Regelungen zum Zugangsanspruch zu Serviceeinrichtungen zu finden. Nach § 10 Abs. 3 EIBV müssen Eisenbahninfrastrukturunternehmen den Zugang zu Serviceeinrichtungen so weit wie möglich gewähren. Dies entspricht der Regelung für Schienenwege in § 9 Abs. 1 EIBV. Der Zugangsanspruch zu den Serviceeinrichtungen entspricht daher demjenigen zu den Schienenwegen. Eine Einschränkung ergibt sich jedoch aus § 3 Abs. 1 Satz 1 EIBV, der als Voraussetzung für den Zugangsanspruch verlangt, daß das Infrastrukturunternehmen die Serviceeinrichtung auch betreibt. Damit wollte der Normgeber den Infrastrukturunternehmen die Wahlmöglichkeit lassen, ob sie eine bestimmte Serviceeinrichtung überhaupt betreiben wollen.[22] Der Normgeber wollte also keine allgemeine Betriebspflicht für

---

[22] Bundesrats-Drucksache 249/05, Seite 36

Serviceeinrichtungen normieren. Wird eine Serviceeinrichtung aber betrieben, hat der Infrastrukturbetreiber hierzu auch Zugang zu gewähren.

D) Die einzelnen Aspekte des Netzzugangs

In der Folge werden die einzelnen Aspekte des Netzzugangs und deren rechtliche Regelung untersucht, beginnend mit den rechtlichen und technischen Bedingungen, die ein Eisenbahnverkehrsunternehmen erfüllen muß, bevor es überhaupt Zugang zur Eisenbahninfrastruktur beanspruchen kann, über die Vergabe der Infrastrukturkapazitäten bis zu den Fragen der konkreten Abwicklung des Zugangs und den damit verbundenen Kosten sowie den Rechtschutzmöglichkeiten in Streitfällen.

I. Rechtliche Netzzugangskriterien

Rechtliche Netzzugangskriterien sind alle rechtlichen Voraussetzungen, die ein Unternehmen erfüllen muß, um Zugang zum Schienennetz zu erhalten. Dazu gehören insbesondere behördliche Genehmigungen. Das Thema der rechtlichen Netzzugangskriterien hat bisher in der Literatur nur geringe Aufmerksamkeit erhalten. Die wenigen Kommentierungen des AEG beschränken sich im Wesentlichen auf die Wiedergabe der sehr knapp gehaltenen Gesetzgebungsmaterialien. Dabei besteht bezüglich einiger rechtlicher Netzzugangskriterien durchaus Diskussionsbedarf.

Die europarechtlichen Grundlagen für die rechtlichen Netzzugangskriterien sind in den RL 95/18/EG und 2004/49/EG geregelt. Im deutschen Recht sind sie in §§ 6, 7a und 7f AEG und in mehreren hierzu ergangenen Rechtsverordnungen zu finden.

1. Genehmigung gemäß § 6 AEG

§ 6 Abs. 2 AEG sieht drei Voraussetzungen für die Erteilung der Genehmigung für ein Eisenbahnverkehrsunternehmen vor:

- Der Antragsteller muß zuverlässig sein.
- Er muß finanziell leistungsfähig sein.
- Er muß über die notwendige Fachkunde verfügen.

Die Genehmigungsbehörde hat keinen Ermessensspielraum bei der Erteilung der Genehmigung, wie sich aus dem Wortlaut der Norm („Die

© Springer Fachmedien Wiesbaden GmbH, ein Teil von Springer Nature 2014
K. Fuchs, *Diskriminierungsfreier Zugang zur Eisenbahninfrastruktur in Deutschland*,
Edition KWV, https://doi.org/10.1007/978-3-658-24072-1_4

Genehmigung wird ... erteilt, ...") ergibt. Liegen die oben aufgeführten Voraussetzungen vor, hat der Antragsteller einen Anspruch auf Erteilung der Genehmigung. Allerdings bedürfen die genannten Voraussetzungen als unbestimmte Rechtsbegriffe der Auslegung. Das AEG enthält keine weiteren Anhaltspunkte zur Auslegung der einzelnen Voraussetzungen. Hierzu wurde die Eisenbahnunternehmer-Berufszugangsverordnung erlassen, die zu jedem einzelnen Genehmigungserfordernis des § 6 Abs. 2 AEG weitere Erläuterungen zu dessen Auslegung enthält.

a) Zuverlässigkeit

Zum Kriterium der Zuverlässigkeit enthält § 1 Abs. 2 EBZugV eine enumerative Auflistung von Tatbeständen, die eine Vermutung für die fehlende Zuverlässigkeit des Antragstellers bzw. der für ihn handelnden Personen begründen. Die Auflistung ist nicht abschließend, wie sich aus dem Wort „insbesondere" im Text der Norm ergibt. Aus der Formulierung „gelten ... als ..." folgt, daß die Vermutung der fehlenden Zuverlässigkeit vom Antragsteller bei Vorliegen eines der aufgeführten Tatbestände nicht widerlegt werden kann.

Nach § 1 Abs. 2 Nr. 1 EBZugV wird das Fehlen der Zuverlässigkeit bei einer rechtskräftigen Verurteilung wegen eines Verbrechens oder der wiederholten rechtskräftigen Verurteilung wegen eines Vergehens vermutet. Der spitzfindige Leser der Norm könnte fragen, ob im zweiten Fall die wiederholte Verurteilung wegen des gleichen Vergehens gefordert wird, oder ob die mehrfache Verurteilung wegen verschiedener Vergehen ausreicht. Diese Frage läßt sich weder anhand des Normtextes beantworten, noch enthalten die Gesetzgebungsmaterialien entsprechende Hinweise. Es dürfte jedoch anzunehmen sein, daß eine mehrfache Verurteilung wegen verschiedener Vergehen ausreichend für die Vermutung fehlender Zuverlässigkeit ist.

Ferner erscheint fraglich, ob nicht bereits eine einzige Verurteilung nach §§ 315 oder 315a StGB wegen gefährlichen Eingriffs in den Bahnverkehr oder Gefährdung des Bahnverkehrs ausreichen sollte, um die fehlende Zuverlässigkeit für den Betrieb eines Eisenbahnunternehmens zu vermuten. Einerseits könnte sich hier aus der nicht abschließenden Aufzählung ein entsprechender Spielraum zur Auslegung der Norm durch die Genehmigungsbehörde ergeben, andererseits wird dieser Spielraum aber durch die explizit aufgeführten Kriterien jedenfalls dergestalt eingeschränkt, daß keine geringeren Anforderungen an die Vermutung der fehlenden Zuverlässigkeit gestellt werden dürfen, als sie sich aus den explizit aufgeführten Kriterien ergeben. Ein nicht aufgeführter Tatbestand müßte daher mindestens ebenso schwerwiegend wie die aufgeführten Tatbestände sein, um eine Vermutung für die fehlende Zuverlässigkeit begründen zu können. Mithin würde eine einmalige Verurteilung wegen der oben genannten eisenbahnspezifischen Straftatbestände nicht genügen, um die fehlende Zuverlässigkeit gemäß § 1 Abs. 2 Nr. 1 EBZugV unwiderleglich zu vermuten.

§ 1 Abs. 2 Nr. 2 b) EBZugV verlangt für Verstöße gegen Sicherheitsvorschriften im Eisenbahnrecht nicht nur, daß davon mehrere vorliegen müssen, sondern zusätzlich noch, daß es sich um schwere Verstöße handelt, um eine Vermutung der fehlenden Zuverlässigkeit zu begründen. Auch hier erscheint im Hinblick auf die Sicherheit des Eisenbahnbetriebs fraglich, ob nicht ein einziger schwerer Verstoß gegen Sicherheitsvorschriften im Eisenbahnrecht genügen sollte, um die Vermutung der fehlenden Zuverlässigkeit zu begründen.

Daneben nennt § 1 Abs. 2 Nr. 2 EBZugV Verstöße gegen arbeits- und sozialrechtliche, steuerrechtliche, umweltrechtliche und zollrechtliche Vorschriften, die bei Wiederholung und ausreichender Schwere zu der genannten Vermutung führen. Gerade im Vergleich zu diesen Tatbeständen stellt sich umso mehr die Frage, ob schwere Verstöße gegen Sicherheitsvorschriften im Eisenbahnrecht, besonders im Hinblick auf die geschützten Rechtsgüter, mit den anderen Tatbeständen in § 1 Abs. 2 Nr. 2 EBZugV rechtlich auf einer Stufe stehen sollten. Hier wäre eine sachgerechtere Differenzierung der einzelnen Tatbestände durch den Normgeber gefordert.

Auch bezüglich der enumerativ aufgeführten Tatbestände hat die Genehmigungsbehörde insofern einen Beurteilungsspielraum, als die unbestimmten Rechtsbegriffe „schwer" und „wiederholt" der Auslegung bedürfen. Wann der Verstoß gegen eine Norm als „schwer" einzustufen ist, läßt sich nur im Einzelfall entscheiden. Anhaltspunkte können hier die Folgen des Verstoßes sein, im schlimmsten Fall Tote und Verletzte bei einem Unfall, oder aber, wenn konkrete Folgen ausgeblieben sind, die Gefahren, also die möglichen Folgen, welche durch den Verstoß entstanden sind. Wiederholt dürfte ein Verstoß spätestens beim dritten Mal sein. Ob auch schon die einmalige Wiederholung, also ein zweiter Verstoß bereits genügt, um einen wiederholten Verstoß im Sinne des § 1 Abs. 2 EBZugV anzunehmen, läßt sich dagegen nicht sicher feststellen. Darüber hinaus stellt sich auch bei § 1 Abs. 2 Nr. 2 EBZugV die Frage, ob für die Annahme eines wiederholten Verstoßes im Sinne der Norm der mehrfache Verstoß gegen dieselbe Norm erforderlich ist, oder ob mehrere Verstöße gegen verschiedene der in § 1 Abs. 2 Nr. 2 EBZugV aufgeführten Normen hierfür genügen.

Die RL 95/18/EG, die der EBZugV zugrundeliegt, sieht in Artikel 6 nur alternativ schwerwiegende oder wiederholte Verstöße zur Annahme fehlender Zuverlässigkeit vor. Insbesondere bei schwerwiegenden Verstößen gegen Verkehrsvorschriften läßt die Richtlinie bereits einen Verstoß genügen. Allerdings räumt Artikel 6 der Richtlinie den Mitgliedstaaten ausdrücklich das Recht zur Festlegung der Kriterien für die Feststellung der Zuverlässigkeit eines Antragstellers ein. Im Sinne der Sicherheit des Eisenbahnbetriebs ist jedoch anzunehmen, daß die Mitgliedstaaten gehindert sind, geringere Anforderungen an die Zuverlässigkeit eines Eisenbahnunternehmens zu stellen, als in Artikel 6 der Richtlinie als Richtschnur festgelegt. Daher dürfte entgegen dem ausdrücklichen Wortlaut des § 1 Abs. 2 EBZugV bereits ein einziger schwerer Verstoß gegen die einschlägigen Verkehrsvorschriften genügen, um ein Fehlen der Zuverlässigkeit eines Antragstellers anzunehmen. Die Vorgabe des EU-Rechts genießt insoweit Vorrang vor dem nationalen Recht.

b) Finanzielle Leistungsfähigkeit

Das zweite in § 6 Abs. 2 AEG aufgeführte Kriterium ist die finanzielle Leistungsfähigkeit. Sinn dieses Kriteriums ist, daß der Eisenbahnunternehmer finanziell in der Lage sein soll, die Anforderungen an einen sicheren Eisenbahnbetrieb zu erfüllen, also zum Beispiel die finanziellen Mittel dafür haben muß, seine Fahrzeuge in einem verkehrssicheren Zustand zu halten.

Zu diesem Zweck verpflichtet § 2 Abs. 2 EBZugV den Antragsteller, einen Jahresabschluß oder, bei fehlendem Jahresabschluß, eine Vermögensübersicht vorzulegen. Der deutsche Normtext weicht dabei in wesentlichen Punkten von den Vorgaben der RL 95/18/EG ab. Während in der Richtlinie in Art. 7 in Verbindung mit Anhang I vorgegeben ist, welche Angaben der Jahresabschluß oder die Vermögensübersicht mindestens enthalten muß, dort also eine Verpflichtung für die Unternehmen normiert ist, sind im deutschen Normtext lediglich bestimmte Aspekte aufgelistet, welche von der Genehmigungsbehörde im Hinblick auf die finanzielle Leistungsfähigkeit geprüft werden sollen. Die deutsche Norm hat als Adressaten also die Behörde und nicht die Unternehmen. In der deutschen Norm fehlen jedoch Verpflichtungen für die Unternehmen, welchen Inhalt der Jahresabschluß oder die Vermögensübersicht haben sollen. Für den Jahresabschluß mag das unschädlich sein, da sich dessen Inhalt aus anderen Rechtsnormen, insbesondere dem Handels- und Steuerrecht ergibt. Für die geforderte Vermögensübersicht sind dagegen Anforderungen an deren Inhalt nicht entbehrlich, um eine sinnvolle Prüfung der finanziellen Leistungsfähigkeit zu ermöglichen. Auch hier könnte zum Beispiel auf die Vorschriften für eine Eröffnungsbilanz im Handelsrecht zurückgegriffen werden.

Zwischen dem deutschen Normtext und seiner europarechtlichen Grundlage bestehen weitere Unterschiede: Während die Richtlinie Angaben zu allen einschlägigen Kosten einschließlich der Anschaffungskosten für die Betriebsmittel verlangt, beschränkt § 2 Abs. 2 EBZugV in Nr. 4 die Prüfung auf die Anschaffungskosten für die Betriebsmittel. Andere einschlägige Kosten, insbesondere solche des Betriebs selbst, sind nicht Gegenstand der Prüfung der finanziellen Leistungsfähigkeit nach deutschem Recht. Schließlich kann die Genehmigungsbehörde nach Anhang I der Richtlinie die Vorlage eines Prüfberichts und weiterer Unterlagen eines Steuerberaters, Wirtschaftsprüfers oder einer Bank verlangen. Nach § 2 Abs. 4 EBZugV dagegen kann der Antragsteller den Nachweis der finanziellen Leistungsfähigkeit zwar durch den Prüfbericht eines Wirtschaftsprüfers oder Steuerberaters oder entsprechender Bankunterlagen führen, aber ein Recht der Genehmigungsbehörde, die Vorlage eines solche Berichts oder weiterer Unterlagen zu verlangen, sieht das deutsche Recht nicht vor.

Im Grunde wird von einem Unternehmer, der eine Genehmigung nach § 6 Abs. 1 Nr. 1, Abs. 3 Nr. 1 AEG beantragen will, verlangt, daß er eine Art Businessplan für die von ihm beabsichtigte Geschäftstätigkeit als Eisenbahnunternehmer vorlegt, aus dem sich ergibt, daß sein Geschäftsmodell finanziell tragfähig ist. Sinnvoll ist dies jedoch nur dann, wenn die zuständige Genehmigungsbehörde fachlich auch in der Lage ist, anhand der vorgelegten Unterlagen die finanzielle Tragfähigkeit des geplanten Geschäftsmodells des Antragstellers zu beurteilen. Hierzu müßten die Genehmigungsbehörden über entsprechend qualifiziertes Personal verfügen. Es erscheint jedenfalls fraglich, ob dies bei den zuständigen Eisenbahnaufsichtsbehörden der Fall ist. Damit wird von den Antragstellern erheblicher Aufwand zum Nachweis der finanziellen Leistungsfähigkeit verlangt, dem auf der Seite der Genehmigungsbehörden aber kein entsprechender Erkenntnisgewinn gegenübersteht.

In der Praxis sinnvoll erscheint daher nur die Prüfung der in § 2 Abs. 3 EBZugV aufgeführten Kriterien, die eine unwiderlegliche Vermutung für fehlende finanzielle Leistungsfähigkeit des Antragstellers für den Fall annehmen, daß dieser mit der Zahlung von Steuern und Sozialabgaben in erheblicher Höhe in Verzug ist. Auch hier ist dieses Kriterium nicht abschließend, wie sich aus dem Wort „insbesondere" im Normtext ergibt. Gleichwertig dürften insoweit Rückstände hinsichtlich anderen staatlicher Forderungen sein, wie zum Beispiel Zölle oder Abgaben, die nicht zu den Sozialabgaben zählen.

Es ist aber nicht ersichtlich, inwiefern die Genehmigungsbehörde die Genehmigung nach § 6 Abs. 1 Nr. 1, Abs. 3 Nr. 1 AEG wegen fehlender finanzieller Leistungsfähigkeit verweigern kann, obwohl der Antragsteller seinen Zahlungspflichten gegenüber dem Staat regelmäßig nachgekommen ist. Dies gilt insbesondere vor dem Hintergrund, daß es heute fast ohne Eigenkapital möglich ist, ein Eisenbahnverkehrsunternehmen zu gründen und zu betreiben. Sämtliche Betriebsmittel, insbesondere Lokomotiven[23] und Waggons[24], können angemietet werden und auch das

---

[23] z. B. Railpool GmbH, München (www.railpool.eu)
MRCE GmbH, München (www.mrce.eu)
[24] z. B. VTG AG, Hamburg (www.vtg.de)
AAE AG, Baar/Schweiz (www.aae.ch)

notwendige Personal[25] kann von entsprechenden Dienstleistern bezogen werden, ebenso wie alle anderen erforderlichen Dienstleistungen, wie Wartung und Instandhaltung,[26] Reinigung, Be- und Entladung. Somit benötigt der moderne Eisenbahnunternehmer kaum mehr als eine rudimentäre Büroeinrichtung in gemieteten Räumen mit Fax, Telefon und Internetzugang, um seine Geschäftstätigkeit aufzunehmen.

c) Fachkunde

Gemäß § 6 Abs. 2 Nr. 3 AEG muß ein Eisenbahnunternehmer über die notwendige Fachkunde zum Betrieb einer Eisenbahn verfügen. Gemäß § 3 Satz 1 EBZugV wird das Vorhandensein der Fachkunde unwiderleglich vermutet, wenn das antragstellende Eisenbahnunternehmen einen Eisenbahnbetriebsleiter nach § 1 Abs. 2 EBV bestellt hat, und diese Bestellung von der zuständigen Aufsichtsbehörde gemäß § 2 Abs. 1 EBV bestätigt worden ist. Diese Bestätigung erfolgt nach § 2 Abs. 2 EBV, wenn die Person, welche zum Eisenbahnbetriebsleiter bestellt wurde, zuverlässig ist und die Prüfung nach §§ 7 ff. EBPV erfolgreich abgelegt hat. Inhalte und Ablauf einer solchen Prüfung sind im den §§ 10 ff. EBPV detailliert geregelt. Darüber hinaus gelten die Voraussetzungen an die Fachkunde nach § 3 Satz 3 EBZugV auch dann als erfüllt, wenn das Eisenbahnunternehmen über ein Sicherheitsmanagement verfügt, welches im Rahmen der Erteilung einer Sicherheitsbescheinigung nach § 7a AEG zugelassen wurde.

Europarechtliche Grundlage für diese deutschen Regelungen ist Art. 8 der RL 95/18/EG. Wie schon bei dem Zulassungskriterium der finanziellen Leistungsfähigkeit gehen auch bei der notwendigen Fachkunde die europarechtlichen Anforderungen über die deutschen hinaus. Die deutsche Regelung setzt lediglich die zweite Anforderung in Art. 8 der RL 95/18/EG um, nämlich die Forderung, daß ein Eisenbahnunternehmen bzw. seine Mitarbeiter über die notwendigen Fachkenntnisse verfügen müssen. Auch diese Forderung wird nur sehr eingeschränkt umgesetzt, da diese Fachkenntnisse in Deutschland nur von dem jeweiligen Eisen-

---

[25] z. B. MEV GmbH, Mannheim (www.m-e-v.de)
[26] z. B. Euromaint AB, Solna/Schweden (www.euromaint.com)

bahnbetriebsleiter verlangt werden, während die europäische Regelung auf das gesamte Unternehmen abstellt.

Darüber hinaus verlangt Art. 8 der RL 95/18/EG, daß die Betriebsorganisation des Eisenbahnunternehmens so gestaltet sein muß, daß ein sicherer Eisenbahnbetrieb gewährleistet ist. Eine dementsprechende Anforderung fehlt im deutschen Recht. Dies ist umso erstaunlicher, als gerade das Verfahren zum Unfall in Eschede, bei dem 1998 mehr als 100 Menschen ums Leben kamen, erhebliche Mängel innerhalb der Organisation der Deutschen Bahn AG aufgedeckt hat.[27] Insbesondere waren die Verantwortlichkeiten dafür, daß ein bestimmtes Fahrzeug und seine Komponenten sich jederzeit in einem betriebssicheren Zustand befinden, nicht so klar verteilt, daß letztlich sichergestellt werden konnte, daß ein solcher betriebssicherer Zustand auch tatsächlich besteht.[28] Gerade in sehr großen Betriebsorganisationen genügt es nicht, wenn eine einzelne Person über die notwendigen Fachkenntnisse für einen sicheren Betrieb verfügt. Vielmehr muß die Sicherheit hier durch eine entsprechende Organisation des Gesamtbetriebs gewährleistet werden. Diesem Umstand trägt die Vorgabe in Art. 8 der RL 95/18/EG Rechnung. Daß es im deutschen Recht keine Entsprechung hierzu gibt, ist angesichts der schwerwiegenden Folgen, die eine Vernachlässigung der Sicherheit im Eisenbahnbetrieb haben kann, unverständlich. Zwar mag es bei der praktischen Umsetzung Schwierigkeiten geben, wenn die Eisenbahnaufsichtsbehörden in die Betriebsorganisation der Eisenbahnunternehmen „hineinregieren" sollen. Andererseits werden die Eisenbahnunternehmen nicht überfordert, wenn sie nachweisen müssen, daß die Verantwortlichkeiten im Unternehmen im Hinblick auf die Sicherheit des Eisenbahnbetriebs klar genug geregelt sind und darüber hinaus ausreichend wirksame Kontrollmechanismen vorhanden sind. Und die Aufsichtsbehörden sollten in der Lage sein, eben dies zumindest stichprobenartig zu überprüfen.

Bei der derzeitigen Rechtslage in Deutschland kann ein Schadenersatzanspruch der Opfer eines Eisenbahnunfalls gegen den Staat bejaht werden, denn dieser hat offensichtlich eine europarechtliche Regelung unzureichend in nationales Recht umgesetzt. Nach der Rechtsprechung des

---

[27] Kühlwetter, ERI 2003, Seite 255 - 256
[28] Kühlwetter, ERI 2002, Seite 475 - 476

EuGH führt das zu einer Haftung des Staates, wenn seinen Bürgern dadurch Schäden entstehen.[29] Ein solcher Schadenersatzanspruch könnte allenfalls an der in einem solchen Fall voraussichtlich recht komplexen Kausalitätsfrage scheitern. Hier müßte der Gesetzgeber also dringend nachbessern. Gleichzeitig müssen natürlich auch die zuständigen Aufsichtsbehörden über die notwendigen Fachkenntnisse verfügen, um die Betriebsorganisation insbesondere großer Eisenbahnunternehmen sinnvoll überprüfen zu können.

2. Eisenbahnbetriebsleiter

Daß Eisenbahnverkehrsunternehmen nach § 1 Abs. 2 EBV einen Betriebsleiter bestellen müssen, wurde bereits im vorangehenden Abschnitt erläutert, da dessen Existenz zwingende Voraussetzung für den Nachweis der notwendigen Fachkunde nach §§ 6 Abs. 2 Nr. 3 AEG, 3 Satz 1 EBZugV und damit für die Zulassung als Eisenbahnverkehrsunternehmen ist. Darüber hinaus sind die Eisenbahnunternehmen nach § 1 Abs. 4 EBV verpflichtet, für jeden Eisenbahnbetriebsleiter einen Stellvertreter zu bestellen. Diese Stellvertreter müssen gemäß § 2 Abs. 1 EBV ebenfalls von der zuständigen Aufsichtsbehörde bestätigt werden. Auch sonst gelten für die Stellvertreter dieselben persönlichen und fachlichen Voraussetzungen wie für die Eisenbahnbetriebsleiter. Die EBV enthält darüber hinaus in § 1 Abs. 6 eine, wenn auch sehr eingeschränkte, Organisationsvorschrift: Bestellt ein Eisenbahnunternehmen mehrere Eisenbahnbetriebsleiter, so sind deren Verantwortlichkeiten voneinander abzugrenzen. Dies kann jedoch nicht das oben kritisierte Fehlen einer allgemeinen Organisationsvorschrift für Eisenbahnunternehmen ersetzen.

Für Eisenbahnverkehrsunternehmen, die über eine Sicherheitsbescheinigung nach § 7a AEG verfügen, entfällt nach der letzten Änderung der EBV gemäß deren § 1 Abs. 2 die Pflicht zur Bestellung eines Betriebsleiters.

---

[29] EuGH, Urteil vom 19. November 1991, C 6/90 und C 9/90, Slg 1991, I-5357-5418
EuGH, Urteil vom 8. Oktober 1996, C 178/94, C 179/94, C 188/94, C 189/94 und C 190/94, Slg 1996, I-4845-4893

3. Sicherheitsbescheinigung

Ein Eisenbahnverkehrsunternehmen, welches eine Genehmigung nach
§ 6 Abs. 2 AEG erhalten hat, darf noch nicht ohne Weiteres den Eisenbahnbetrieb aufnehmen. Es muß gemäß § 7a Abs. 1 AEG vielmehr vorher
noch eine Sicherheitsbescheinigung nach § 7a Abs. 2 AEG beantragen und
erhalten. Hierzu muß das Eisenbahnverkehrsunternehmen nachweisen,
daß es über ein Sicherheitsmanagement im Sinne des Art. 9 Abs. 1 und 2
der RL 2004/49/EG in Verbindung mit Anhang III zu dieser Richtlinie
verfügt. In diesem Anhang III sind die wesentlichen Elemente eines
solchen Sicherheitsmanagementsystems festgelegt. Die wichtigsten sind:

- Die Unternehmen müssen über eine - nicht näher erläuterte –
  Sicherheitsordnung verfügen, die allen Mitarbeitern bekannt zu
  geben ist.

- Die Unternehmen müssen Ziele betreffend ihre Organisation festlegen, die der Erhaltung und Verbesserung der Sicherheit dienen
  und Pläne und Verfahren aufstellen, um diese Ziele zu erreichen.

- Die Unternehmen müssen sicherstellen, daß die geltenden technischen und betrieblichen Normen hinsichtlich des Eisenbahnbetriebs, insbesondere die TSI, eingehalten werden, vor allem auch
  dann, wenn diese geändert oder neue Normen erlassen werden.

- Die Unternehmen müssen hinsichtlich ihres Betriebs eine Risiko-
  bewertung durchführen und ein System zur Risikokontrolle ein-
  richten.

- Für das Personal der Eisenbahnunternehmen muß ein Schulungs-
  programm aufgestellt werden, das sicherstellt, daß das Personal
  für seine jeweiligen Aufgaben ausreichend qualifiziert ist.

- Die Betriebsorganisation der Eisenbahnunternehmen muß so gestaltet werden, daß ein ausreichender Informationsfluß sowohl innerhalb des Unternehmens als auch mit anderen Unternehmen, insbesondere anderen Eisenbahnunternehmen gewährleistet wird, soweit dies für die Sicherheit des Eisenbahnbetriebs erforderlich ist. Darüber hinaus müssen sicherheitsrelevante Informationen hinreichend dokumentiert werden, und diese Dokumentation muß auch entsprechend kontrolliert werden.

- Die Unternehmen müssen sicherstellen, daß Eisenbahnunfälle, Beinaheunfälle, Störungen und andere gefährliche Ereignisse den zuständigen Behörden gemeldet und von diesen untersucht und ausgewertet werden.

- Schließlich müssen die Unternehmen ihr Sicherheitsmanagement regelmäßig überprüfen.

Dieser Anforderungskatalog für das Sicherheitsmanagement von Eisenbahnunternehmen liest sich wie eine Konsequenz aus dem Unfall bei Eschede. Hier werden gerade jene organisatorischen Maßnahmen gefordert, auf welche der deutsche Gesetzgeber im Rahmen des Nachweises der notwendigen Fachkunde unter Verstoß gegen das einschlägige EU-Recht verzichtet hat. Fatalerweise ist jedoch in § 7a Abs. 3 AEG geregelt, daß für Unternehmen, die keinen grenzüberschreitenden Verkehr durchführen, der Nachweis eines Sicherheitsmanagements als erbracht gilt, wenn sie einen Eisenbahnbetriebsleiter bestellt haben und dessen Bestellung von der zuständigen Aufsichtsbehörde bestätigt wurde. Warum der deutsche Gesetzgeber so konsequent darauf verzichtet, die sicherheitsrelevanten europäischen Organisationsvorschriften für Eisenbahnunternehmen in nationales Recht umzusetzen, ist nicht nachvollziehbar. Der Sicherheit des Eisenbahnbetriebs ist diese Zurückhaltung jedenfalls nicht zuträglich, wie der Unfall bei Eschede deutlich gemacht hat. In den Gesetzgebungsmaterialien wird für die Zurückhaltung des Gesetzgebers im wesentlichen angeführt, daß durch die Bestellung eines Eisenbahnbetriebsleiters und die Regelungen der EBO den Anforderungen des Art. 9 Abs. 1 und 2 der RL 2004/49/EG Genüge getan sei.[30] Dabei hat der Gesetzgeber übersehen, daß weder die Vorschriften über die Eisenbahn-

---

[30] Bundestags-Drucksache 16/2703, Seite 13

betriebsleiter noch die EBO Regelungen zur Organisation eines Eisenbahnunternehmens enthält. Wie oben bereits ausgeführt, hat diese jedoch entscheidenden Einfluß auf die Sicherheit des Eisenbahnverkehrs. In europarechtskonformer Auslegung von § 7a Abs. 3 AEG hat das VG Köln entschieden, daß diese Norm lediglich eine Vermutung dafür aufstellt, daß bei Bestellung eines Eisenbahnbetriebsleiters ein Sicherheitsmanagement besteht, nicht aber besagt, daß die Bestellung eines Eisenbahnbetriebsleiters einen Ersatz für ein Sicherheitsmanagement darstellt.[31] Allerdings ist die in § 7a Abs. 3 AEG aufgestellte Vermutung nach dem Wortlaut der Norm unwiderleglich, so daß es für die Rechtspraxis keinen Unterschied macht, ob die Norm nur eine Vermutung für die Existenz eines Sicherheitsmanagements aufstellt oder aber die Bestellung eines Eisenbahnbetriebsleiters als Ersatz für ein solches ansieht. Im Interesse der Sicherheit des Eisenbahnbetriebs darf der Normgeber auf die Einrichtung eines Sicherheitsmanagements grundsätzlich nicht verzichten und dies von allen Eisenbahnverkehrsunternehmen verlangen. Nur so kann sichergestellt werden, daß tatsächlich die Verantwortlichkeiten für alle Arbeiten und Aufgaben, die für die Sicherheit des Eisenbahnbetriebs relevant sind, in den Eisenbahnunternehmen klar geregelt sind.

4. Genehmigung nach § 7f AEG

Nach § 7f AEG müssen Eisenbahnunternehmen, die keine Sicherheitsbescheinigung benötigen, vor Aufnahme des Eisenbahnbetriebs eine Genehmigung zur Betriebsaufnahme von der zuständigen Aufsichtsbehörde einholen. In Abs. 1 dieser Norm wird als Voraussetzung für die Erteilung der Genehmigung pauschal die Einhaltung der Vorschriften des AEG und der darauf basierenden Rechtsverordnungen gefordert. Gemäß Abs. 2 der Norm gilt die Genehmigung als erteilt, wenn die zuständige Aufsichtsbehörde nicht innerhalb von sechs Wochen nach Eingang des Antrags dem Eisenbahnunternehmen eine abweichende Entscheidung zustellt. In der Vorgängerregelung im alten § 7a AEG wurde diese Genehmigung von allen Eisenbahnunternehmen gefordert, auch von solchen, die zusätzlich eine Sicherheitsbescheinigung zur Betriebsaufnahme benötigten. Dieses

---

[31] VG Köln, Beschluß vom 22. Juni 2010, 18 L 779/10

doppelte Genehmigungserfordernis wurde allerdings mit der AEG-No-velle im Jahr 2007 wieder beseitigt.

Die Gesetzesbegründung zu dem nunmehrigen § 7f AEG (früher § 7a AEG) ist sehr knapp und nennt als Grund für die Einführung dieser zusätzlichen Genehmigung, daß zwischen der Erteilung der Genehmi-gung nach § 6 AEG und der eigentlichen Betriebsaufnahme eine längere Zeitspanne liegen könne, und der Aufsichtsbehörde unmittelbar vor der Betriebsaufnahme noch einmal Gelegenheit zur umfassenden Kontrolle des Eisenbahnunternehmens gegeben werden sollte.[32] Andererseits sollte mit der Genehmigungsfiktion in Abs. 2 der Norm verhindert werden, daß die Aufsichtsbehörde die Betriebsaufnahme unnötig lange verzögert.[33] Eine entsprechende Regelung fand sich zuvor schon in einigen Landes-eisenbahngesetzen.[34]

Die Begründung zu dieser Norm vermag nicht zu überzeugen, insbeson-dere, da sie im Widerspruch zu der Begründung der gesetzgeberischen Zurückhaltung in Bezug auf die Regelungen zur Sicherheitsbescheini-gung und zu den Kriterien für die Prüfung der Fachkunde steht. Sollte dort noch unnötiger Verwaltungsaufwand für die Eisenbahnunterneh-men mit der Begründung vermieden werden, die existierenden gesetz-lichen Regelungen gewährleisteten die Sicherheit des Eisenbahnbetriebs hinreichend, wird mit der Genehmigung zur Betriebsaufnahme den Eisenbahnunternehmen zusätzlicher Verwaltungsaufwand aufgebürdet. Ein Mehraufwand, mit dem aber lediglich überprüft werden soll, ob die Eisenbahnunternehmen die einschlägigen Vorschriften einhalten, wozu diese ohnehin verpflichtet sind. Außerdem sind die Aufsichtsbehörden nach § 5a AEG befugt, dies regelmäßig zu überprüfen, so daß die Geneh-migung zur Betriebsaufnahme in jeder Hinsicht überflüssig ist und bei den Eisenbahnunternehmen nur zu unnötigem zusätzlichem Verwal-tungsaufwand führt.

Darüber hinaus kann auch zwischen der Erteilung der Sicherheitsbe-scheinigung und der Aufnahme des Betriebs ein erheblicher Zeitraum liegen, so daß es inkonsequent erscheint, bei Unternehmen, die eine

---

[32] Bundestags-Drucksache 14/6929, Seite 16
[33] Bundestags-Drucksache 14/6929, Seite 16
[34] Art. 10 BayESG, § 10 LEG SH

Sicherheitsbescheinigung nach § 7a AEG benötigen, auf die zusätzliche Genehmigung zur Betriebsaufnahme zu verzichten.

5. Versicherung

Nach § 1 Abs. 1 EBHaftPflV sind die Eisenbahnunternehmen verpflichtet, eine Haftpflichtversicherung zu unterhalten. Die Deckungssumme muß gemäß § 2 EBHaftPflV mindestens 20 Millionen Deutsche Mark pro Schadensereignis, maximal das doppelte in einem Jahr insgesamt betragen, was 10.225.838 Euro entspricht. Gemäß § 3 Abs. 1 EBHaftPflV muß das Eisenbahnunternehmen vor Aufnahme des Betriebs gegenüber der Aufsichtsbehörde das Bestehen einer entsprechenden Haftpflichtversicherung nachweisen. Mit diesen Regelungen hat der deutsche Gesetzgeber Art. 9 der RL 95/18/EG in deutsches Recht umgesetzt.

6. Fahrzeugzulassung und Fristuntersuchungen

Gemäß § 32 Abs. 1 EBO müssen neue Schienenfahrzeuge abgenommen werden. Das heißt, sie benötigen eine Zulassung durch die zuständige Aufsichtsbehörde, bevor sie in Betrieb genommen werden dürfen. Daneben regelt nunmehr die TEIV die Zulassung von Fahrzeugen, die auf dem Teil der Eisenbahninfrastruktur eingesetzt werden, der zu den Transeuropäischen Netzen gehört. Die Verordnung beruht auf den Richtlinien zur Interoperabilität 96/48/EG und 2001/16/EG, die wiederum durch die Richtlinie 2008/57/EG aufgehoben und deren Regelungen in der zuletzt genannten Richtlinie zusammengefaßt und vereinheitlicht wurden. Da der Aspekt der Fahrzeugzulassung vor allem technische Fragen betrifft, wird dieses Thema unter den technischen Netzzugangskriterien behandelt.

Gemäß § 32 Abs. 2 EBO müssen die Fahrzeuge in wiederkehrenden Abständen untersucht werden. Gemäß § 32 Abs. 3 EBO ist diese sogenannte Hauptuntersuchung alle sechs Jahre durchzuführen, wobei diese Frist zweimal um je ein Jahr auf insgesamt acht Jahre verlängert werden kann.

7. Fahrerlaubnis für Triebfahrzeugführer

Schließlich müssen in Zukunft gemäß den Vorgaben der RL 2007/59/EG Triebfahrzeugführer über eine Fahrerlaubnis ähnlich dem Führerschein im Straßenverkehr verfügen. Das Mindestalter für den Triebfahrzeugführerschein beträgt gemäß Art. 10 der Richtlinie 20 Jahre, kann aber für Triebfahrzeugführer, die nicht im grenzüberschreitenden Verkehr eingesetzt werden, durch nationales Recht auf 18 Jahre abgesenkt werden. Gemäß Art. 6 Abs. 1 der Richtlinie ist die Fahrerlaubnis Eigentum des Triebfahrzeugführers.

Neben der Fahrerlaubnis benötigt der Triebfahrzeugführer eine oder mehrere Bescheinigungen, denen zu entnehmen ist, welche Fahrzeugtypen der Triebfahrzeugführer führen darf und welche Strecken er befahren darf. Entgegen der Fahrerlaubnis sind diese Bescheinigungen Eigentum des Eisenbahnunternehmens, welche sie ausgestellt hat. Diese Regelung ist heftig umstritten, da sie streng genommen dazu führen würde, daß ein Triebfahrzeugführer bei einem Wechsel des Arbeitgebers sämtliche Einweisungen in Strecken und Fahrzeugtypen wiederholen müßte. Dies dürfte gegen die von Art. 39 EGV garantierte Arbeitnehmerfreizügigkeit und in Deutschland gegen Art. 12 Abs. 1 GG verstoßen, da ein sachlicher Grund für diese Regelung nicht ersichtlich ist. In der Praxis wird dies so gehandhabt, daß sich die Triebfahrzeugführer meist Kopien der für sie ausgestellten Bescheinigungen machen und bei einem Wechsel des Arbeitgebers das neue Eisenbahnunternehmen basierend auf den alten Bescheinigungen des Triebfahrzeugführers neue ausstellen kann. Sinnvoll wäre hier eine Änderung der Richtlinie dahingehend, daß auch die Bescheinigungen über die Einweisungen in Strecken und Fahrzeugtypen, wie die Fahrerlaubnis, Eigentum des Triebfahrzeugführers sind und nicht des ausstellenden Eisenbahnunternehmens.

Mit der Triebfahrzeugführerscheinverordnung (TfV) hat der deutsche Gesetzgeber die Regelungen der RL 2007/59/EG vollständig übernommen. Angesichts der eindeutigen Vorgaben der RL wäre eine Abweichung davon im Sinne der obigen Ausführungen europarechtswidrig, so daß hier auf eine Änderung der RL hinzuwirken wäre.

II. Technische Netzzugangskriterien

Ebenso wie die rechtlichen Netzzugangskriterien haben auch die technischen Netzzugangskriterien bisher vergleichsweise wenig Beachtung in der Literatur gefunden,[35] was umso erstaunlicher ist, als technische Netzzugangskriterien - im Gegensatz zu den rechtlichen - bereits mehrfach Gegenstand von Auseinandersetzungen zwischen Eisenbahnverkehrsunternehmen, Eisenbahninfrastrukturunternehmen und den zuständigen Aufsichtsbehörden waren.[36]

Zunächst ist eine Definition erforderlich, was unter technischen Netzzugangskriterien zu verstehen ist, da eine solche in der Literatur bisher nicht zu finden ist:

Als technische Netzzugangskriterien sind alle geometrischen, physikalischen und technischen Eigenschaften der Schienenfahrzeuge anzusehen, welche diese aufweisen müssen, damit eine sichere Fahrt auf einer bestimmten Eisenbahninfrastruktur gewährleistet ist.

Vor der Bahnreform 1994, als die Staatsbahn sowohl die Eisenbahninfrastruktur als auch den Verkehr darauf betrieb, war der Aspekt der technischen Netzzugangskriterien von untergeordneter Bedeutung, da die Eisenbahnverwaltungen neben der Sicherheit des Eisenbahnbetriebs jeweils an der für das Gesamtsystem wirtschaftlichsten Lösung interessiert waren. Ein Beispiel hierfür ist die Einführung des Zugsicherungssystems PZB 90 in Deutschland, einer Weiterentwicklung der Induktiven Zugsicherung, kurz „Indusi". Die Einführung dieses Systems ist eine Reaktion auf das Sicherheitsproblem „Anfahren gegen Halt-zeigendes Signal". Dieses Problem hätte auch durch den flächendeckenden Einbau von Schutzweichen gelöst werden können. Da dies aber wesentlich teurer

---

[35] bisher nur Mittmann, ETR 2004, Seite 558 – 572
Ludes in Eisenbahn Ingenieur Kalender 2001, Seite 189 - 214
[36] Bahn-Report, Heft 4/2004, Seite 13
Uhlenhut, ERI 2004, Seite 286 – 287
Uhlenhut, ERI 2004, Seite 332 – 333
Grauf, ERI 2004, Seite 333 – 334
Henke, ERI 2004, Seite 348
EBA, Allgemeinverfügung vom 25. September 2007, Pr3415AüT
EBA, Aufhebung der Allgemeinverfügung Pr3425AüT durch Verfügung vom 3. September 2009
Bahn-Report, Heft 1/2008, Seite 12

gekommen wäre als eine Anpassung des Sicherungssystems, wurde letztere zur Lösung des Problems umgesetzt.

Mit der Trennung von Netz und Betrieb im Rahmen der Liberalisierung des Eisenbahnwesens haben sich diese Rahmenbedingungen grundlegend geändert. Sowohl Eisenbahninfrastrukturunternehmen als auch Eisenbahnverkehrsunternehmen sind daran interessiert, ihre jeweiligen Kosten soweit wie möglich zu reduzieren. Daher haben beide Seiten ein Interesse daran, bei notwendigen technischen Anpassungen die damit verbundenen Kosten der jeweils anderen Seite aufzubürden. Dadurch hat sich die Frage der technischen Netzzugangskriterien bereits zu einem Streitgegenstand zwischen den Betreibern der Infrastruktur und den Verkehrsunternehmen entwickelt.

Technische Netzzugangskriterien lassen sich in drei Gruppen einteilen:

- Kriterien bezüglich des Zusammenspiels von Rad und Schiene

- Kriterien bezüglich der Signal- und Sicherungssysteme

- Rein fahrzeugspezifische technische Merkmale

Rechtliche Festlegungen für technische Netzzugangskriterien finden sich in der EBO. Deren Generalklausel in § 2 Abs. 1 und 2 EBO legt fest, daß Bahnanlagen und Fahrzeuge so beschaffen sein müssen, daß sie einen sicheren Bahnbetrieb gewährleisten. Soweit die EBO keine konkreten Festlegungen trifft, müssen Fahrzeuge und Bahnanlagen den anerkannten Regeln der Technik entsprechen oder mindestens die gleiche Sicherheit wie diese bieten. Nach der Euronorm 45020 liegt eine anerkannte Regel der Technik dann vor, wenn sie von einer Mehrheit der Fachleute eines Fachgebiets als Stand der Technik angesehen wird. Dieselbe Norm stellt für technische Normen eine Vermutung dafür auf, daß eine technische Norm eine anerkannte Regel der Technik wiedergibt. Dies wird jedoch nicht von allen Gerichten so gesehen.[37] Wird eine Norm in der Praxis nicht angewandt oder regelmäßig erheblich davon abgewichen, ist die von der EN 45020 aufgestellte Vermutung, die Norm gebe eine anerkannte Regel der Technik wieder, widerlegt. Im Streitfall muß daher für

---

[37] VG Koblenz, Beschluß vom 14. Januar 2002, 8 K 534/01.KO

jede technische Frage gesondert ermittelt werden, welche anerkannten Regeln der Technik es diesbezüglich gibt.

1. Zusammenspiel von Rad und Schiene

Für das Zusammenspiel von Rad und Schiene sind bestimmte geometrische und physikalische Eigenschaften der Schienenfahrzeuge relevant.

a) Geometrische Fahrzeugeigenschaften

Für das Zusammenspiel von Rad und Schiene sind zunächst bestimmte geometrische Merkmale der Fahrzeuge relevant. So muß der Abstand der Räder eines Radsatzes am Fahrzeug zum Abstand der beiden Schienen in einem Gleis, der sogenannten Spurweite passen, da sonst nicht beide Räder eines Radsatzes gleichzeitig auf beiden Schienen eines Gleises rollen können, das Fahrzeug also entgleisen würde. Die entsprechenden Werte für die Gleise mit den zulässigen Abweichungen sind in § 5 EBO geregelt, diejenigen für die Fahrzeuge in § 21 Abs. 1 und 2 in Verbindung mit Anlage 6 EBO.

Neben der Spurweite muß auch der Querschnitt der Räder zu den verwendeten Schienenköpfen und deren Einbauneigung passen, um einen sicheren Lauf der Fahrzeuge im Gleis sicherzustellen. Ein Querschnitt durch Rad und Schiene ist aus der folgenden Zeichnung ersichtlich:[38]

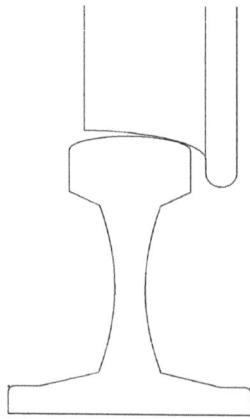

---

38 eigene Grafik

Daß Radprofil und Profil des Schienenkopfes möglichst gut zueinander passen, ist vor allem bei höheren Geschwindigkeiten wichtig. In den 1960er-Jahren wurde in Deutschland ein neues Radprofil, das sogenannte „Verschleißprofil" eingeführt. Es hatte den entscheidenden Vorteil, daß das Profil des Rades weitgehend gleich blieb, auch wenn der Raddurchmesser sich durch Verschleiß stetig verringerte. Dadurch konnten die Intervalle, in denen die Räder nachprofiliert, also auf einer Drehbank neu abgedreht werden mußten, von einigen 10.000 auf einige 100.000 Kilometer Laufleistung vervielfacht werden.[39] Zur selben Zeit fing die damalige Deutsche Bundesbahn mit Versuchen zur Erhöhung der Höchstgeschwindigkeit im Fernverkehr von 160 auf 200 km/h an. Dabei stellte sich heraus, daß das neue Radprofil bei Geschwindigkeiten über 160 km/h zu einem instabilen, unruhigen Lauf der Fahrzeuge führte, der auch zur Entgleisung führen konnte. Gelöst wurde das Problem schließlich mit zusätzlichen Dämpfern an den Drehgestellen, welche die Drehung der Drehgestelle unter den Fahrzeugen dämpfte. Auf diese Weise konnte die notwendige Laufruhe der Fahrzeuge wieder hergestellt werden.[40]

Ein weiteres geometrisches Merkmal, welches entscheidend ist für einen sicheren Eisenbahnbetrieb, ist das Fahrzeugumgrenzungsprofil, also die zulässige Breite und Höhe eines Fahrzeugs, wobei die zulässige Breite nicht konstant über die gesamte Fahrzeughöhe ist, sondern in dem Bereich von Fahrzeugboden und Dach geringer ist als in der Fahrzeugmitte. Die entsprechenden Regelungen finden sich in § 22 in Verbindung mit den Anlagen 7 bis 9 EBO. Vom Fahrzeugumgrenzungsprofil zu unterscheiden ist das Lichtraumprofil, also der Raum über dem Gleis, der für die Schienenfahrzeuge freigehalten wird. In der folgenden Zeichnung ist das Lichtraumprofi für den kontinentaleuropäischen internationalen und den innerdeutschen Verkehr dargestellt (gemäß Anlage 7 und Anlage 8 zu § 22 EBO):

---

[39] Krugmann, Lauf der Schienenfahrzeuge im Gleis, Seite 44 - 49
[40] Kratochwille, Zum Nutzen schaltbarer Schlingerdämpfer, Seite 4

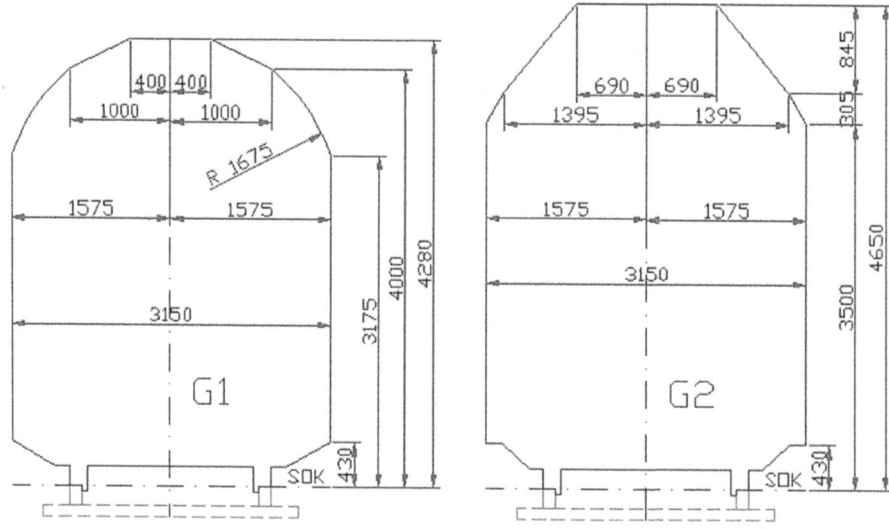

Im innerdeutschen Verkehr dürfen die Fahrzeuge etwas höher sein. Die Maßangaben in der Zeichnung geben das Lichtraumprofil wieder. Die zulässige Fahrzeugbreite ist geringer als die angegebenen Maße, da die Fahrzeuge in Kurven aufgrund des Abstands der Radsätze bzw. Drehgestelle sich zum Kurveninneren hin von der Gleismitte entfernen, also auf der Innenseite einer Kurve weiter über die kurveninnere Schiene hinausragen als bei der Fahrt im geraden Gleis, wie aus der folgenden Zeichnung ersichtlich:[41]

Ferner ist bei der Ermittlung der tatsächlich zulässigen Fahrzeugbreite zu berücksichtigen, daß die Fahrzeuge nicht ungefedert im Gleis laufen, sondern gefedert sind. Alle Schienenfahrzeuge verfügen sowohl über eine

---

[41] eigene Grafik

vertikale als auch über eine horizontale Federung (Querfederung). Eine vertikale Federung ist vom Auto her allgemein bekannt. Wie bei diesem können auch Schienenfahrzeuge auf beiden Seiten unterschiedlich stark einfedern. Dies führt zu einer sogenannten „Wankbewegung": Das Fahrzeug neigt sich zu der Seite, auf der die Federung stärker zusammengedrückt wird, wie aus der folgenden Zeichnung ersichtlich:[42]

Diese Wankbewegung muß bei der Berechnung der tatsächlich zulässigen Fahrzeugbreite berücksichtigt werden. Die dadurch bedingte Einschränkung der Fahrzeugbreite hängt vom maximalen Federweg der Federung und der daraus resultierenden maximalen Neigung des Fahrzeugs ab.

Die Querfederung ist im Gegensatz zur vertikalen Federung eine Besonderheit der Schienenfahrzeuge. Im Gegensatz zum Auto werden Schienenfahrzeuge durch die Gleise auch seitlich geführt. Da zum einen die Gleise nicht immer schnurgerade liegen, sondern häufig seitliche Abweichungen von der idealen Gleislage aufweisen, und auch die Radsätze

---

[42] eigene Grafik

aufgrund von Abweichungen vom idealen Radprofil selbst bei optimaler Gleislage nicht immer völlig störungsfrei im Gleis laufen, sondern häufiger an einer der beiden Schienen mit dem Spurkranz anstoßen, müssen diese Stöße von einer Federung in horizontaler Richtung abgefangen werden, um die Fahrt für die Fahrgäste erträglich zu machen. Darüber hinaus sorgt die Querfederung auch für einen ruhigeren und damit sichereren Lauf der Fahrzeuge im Gleis. Durch diese Querfederung können sich die Fahrzeuge zur Seite um das Maß des Federwegs von der Gleismitte weg bewegen, wie aus der folgenden Zeichnung ersichtlich:[43]

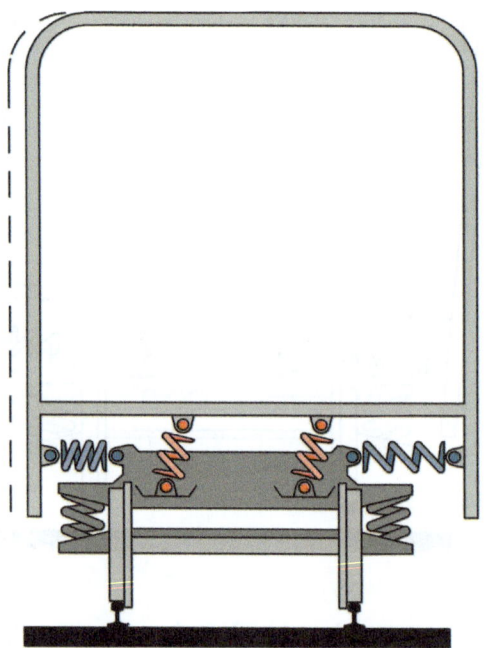

Entsprechend reduziert sich die tatsächlich zulässige Fahrzeugbreite zusätzlich um den Federweg der Querfederung. Die Berechnung der tatsächlich zulässigen Abmessungen des Fahrzeugquerschnitts aus den in den Anlagen 7 und 8 zur EBO angegebenen Maßen ist in Anlage 9 zur EBO festgelegt.

---

[43] eigene Grafik

b) Physikalische Fahrzeugeigenschaften

Neben den geometrischen Fahrzeugeigenschaften wird das Zusammenspiel zwischen Rad und Schiene auch durch einige physikalische Fahrzeugeigenschaften beeinflußt. Dazu gehören zum einen Eigenschaften, die mit der Fahrzeugmasse zusammenhängen, zum anderen Eigenschaften, welche die Laufeigenschaften des Fahrzeugs im Gleis beeinflussen.

Aus der Fahrzeugmasse leiten sich zwei in der Bahntechnik wichtige Kennwerte ab: Die Radsatzlast eines Schienenfahrzeugs und seine Meterlast. Die Radsatzlast errechnet sich gemäß § 19 Abs. 2 EBO aus der Gesamtmasse des Fahrzeugs, geteilt durch die Anzahl der Radsätze, vorausgesetzt, die Masse des Fahrzeugs wird gleichmäßig auf alle Radsätze verteilt. Für die Radsatzlast sind in § 19 EBO Grenzwerte vorgegeben, die allerdings heute meist überschritten werden, da die Infrastruktur gemäß § 19 Abs. 1 Satz 2 EBO höhere Radsatzlasten zuläßt. Aus der folgenden Tabelle ist die heute gängige Einteilung der Strecken in Klassen ersichtlich:[44]

Streckenklasse	zulässige Radsatzlast	zulässige Meterlast
A1	16 t	5,0 t
B1	18 t	5,0 t
B2	18 t	6,4 t
C2	20 t	6,4 t
C3	20 t	7,2 t
C4/CE	20 t	8,0 t
CM2	21 t	6,4 t
CM3	21 t	7,2 t
CM4	21 t	8,0 t
D2	22,5 t	6,4 t
D3	22,5 t	7,2 t
D4	22,5 t	8,0 t

---

[44] SNB 2011 der DB Netz AG, Seite 17 - 18

Heute sind fast sämtliche Hauptstrecken in Europa für die Belastungsklasse D4 ausgebaut, die übrigen Strecken meist für die Klasse C4. Nur sehr wenige Nebenbahnen sind für eine geringere Radsatzlast ausgebaut. Hintergrund ist, daß der schwächste Streckenteil letztlich die zulässigen Radsatzlasten bestimmt. Daher werden in der Regel nur Strecken, über die kein überregionaler Güterverkehr abgewickelt wird, für eine niedrigere Streckenklasse ausgebaut, als international üblich.

Die zulässige Radsatzlast wird durch die Ausführung des Oberbaus, also die Art der verwendeten Schienen und Schwellen, sowie die Festigkeit und Tragfähigkeit des Untergrunds bestimmt.[45] Für die zulässige Meterlast ist dagegen in erster Linie die Tragfähigkeit der Brücken maßgebend.[46]

Die Meterlast wird gemäß § 19 Abs. 2 EBO aus der Gesamtmasse des Fahrzeugs, geteilt durch seine Länge über Puffer in Meter, berechnet. Die zulässige Meterlast wird von der Tragfähigkeit der Brücken einer Strecke bestimmt, da hierfür nicht nur die Radsatzlast, sondern auch die Gesamtbelastung auf einer bestimmten Länge relevant ist. Diese kann je nach Art des Zuges auch bei gleicher Radsatzlast sehr unterschiedlich sein. So hat ein 20 Meter langer 4-achsiger Güterwagen bei einer Radsatzlast von 20 Tonnen eine Meterlast von nur 4 Tonnen, während ein 12 Meter langer 6-achsiger Güterwagen bei gleicher Radsatzlast eine Meterlast von 10 Tonnen hätte, was bereits die zulässigen Lasten der derzeit höchsten Streckenklasse D4 übersteigen würde.

Schließlich zählt zu den physikalischen Fahrzeugeigenschaften, welche das Zusammenspiel von Rad und Schiene beeinflussen, die Auslegung des Fahrwerks der Fahrzeuge, insbesondere die Abstimmung von Federung und Dämpfung, da diese neben der Radsatzlast entscheidend die physikalischen Kräfte, welche zwischen Rad und Schiene wirken, bestimmen.[47]

---

[45] Lichtberger, Handbuch Gleisbau, Seite 22
[46] Siegmann, ETR, Heft 3/2012, Seite 12
[47] Hanneforth, Laufwerke, Seite 8 - 9

2. Signal- und Sicherungssysteme

Die Reibung zwischen Rad und Schiene ist aufgrund der Materialpaarung Stahl auf Stahl wesentlich geringer als diejenige im Straßenverkehr für Gummireifen auf Asphalt. Daher kann im Schienenverkehr nur mit vergleichbar geringer Geschwindigkeit auf Sicht gefahren werden, da die Bremswege bei höheren Geschwindigkeiten deutlich länger sind, als der vom Fahrzeugführer einsehbare Streckenteil.[48] Aus diesem Grund benötigt der Eisenbahnverkehr technische Sicherungen, um trotz der langen Bremswege höhere Geschwindigkeiten verantworten zu können.[49]

a) Betriebliche Grundlagen

Um zu verhindern, daß ein Zug im Betrieb auf einen anderen auffährt, fahren die Züge heute im sogenannten festen Raumabstand. Das heißt, alle Eisenbahnstrecken sind in Abschnitte eingeteilt. In einem Abschnitt darf sich jeweils nur ein Zug befinden.[50] Je kürzer die Abschnitte sind, desto mehr Züge können gleichzeitig auf einer bestimmten Strecke fahren. Teilweise sind die Abschnitte kürzer als die jeweilige maximale Zuglänge, um eine besonders dichte Zugfolge zu ermöglichen.[51]

b) Technische Grundlagen

Im Laufe der Entwicklung des Eisenbahnsystems wurde eine Vielzahl technischer Sicherungssysteme entwickelt. Allen gemeinsam ist, daß sie aus Komponenten an den Strecken und an den Fahrzeugen bestehen, die jeweils aufeinander abgestimmt sein müssen. Will ein Schienenfahrzeug eine bestimmte Eisenbahnstrecke befahren, muß es mit demselben Sicherungssystem ausgerüstet sein wie die zu befahrende Strecke. Gemäß § 15 Abs. 2 EBO müssen in Deutschland alle Strecken, auf denen eine Geschwindigkeit von mehr als 100 km/h zugelassen ist, mit einem System zur Zugbeeinflussung ausgerüstet sein, das verhindert, daß Züge ein Halt zeigendes Signal überfahren können. Das derzeit hierfür in Deutschland verwendete Sicherungssystem ist die sogenannte „PZB 90". PZB steht für

---

48 Siegmann in Das System Bahn, Seite 19
49 Pachl, Systemtechnik des Schienenverkehrs, Seite 1
50 Pachl, Systemtechnik des Schienenverkehrs, Seite 40 – 41
51 Pachl, Systemtechnik des Schienenverkehrs, Seite 85

„punktförmige Zugbeeinflussung", da das System nur an bestimmten Punkten, nämlich an den jeweiligen Standorten der Vor- und Hauptsignale sowie an einem weiteren Punkt zwischen Vor- und Hauptsignal Kontakt zum Fahrzeug herstellt.[52] Die Vorsignale zeigen dem Triebfahrzeugführer die Stellung der dazugehörigen Hauptsignale, damit dieser im Falle eines Halt zeigenden Signals das Fahrzeug rechtzeitig vor dem Hauptsignal zum Halten bringen kann,[53] wie aus der folgenden Darstellung ersichtlich:[54]

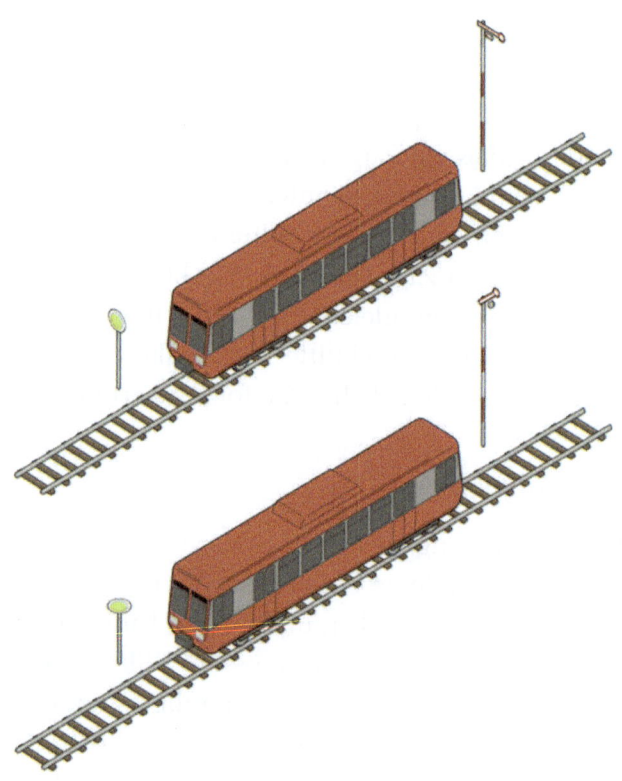

Die Fahrtrichtung in der Abbildung ist von links nach rechts. Links steht jeweils das Vorsignal, rechts das Hauptsignal. In der oberen Abbildung zeigen die Signal Halt bzw. Halt erwarten, in der unteren Abbildung Fahrt bzw. Fahrt erwarten.

---

[52] Adler, Lexikon der Eisenbahn, Seite 591
[53] Adler, Lexikon der Eisenbahn, Seite 849
[54] eigene Grafik

Es wird allerdings nur dann ein Signal von der Strecke zum Fahrzeug übermittelt, wenn das betreffende Signal Halt zeigt. Steht das Signal auf Fahrt, erfolgt keine Signalübertragung. Daher kann durch dieses System dem Fahrzeug nicht mitgeteilt werden, wenn ein Halt zeigendes Signal nach der Vorbeifahrt des Zuges am Vorsignal auf Fahrt umspringt.[55] Um dann dennoch die Fahrt ungehindert fortsetzen zu können, kann der Triebfahrzeugführer sich per Tastendruck aus der durch ein Halt ankündigendes Vorsignal ausgelösten Überwachung des Systems befreien. Tut er dies, obwohl die Signalanzeige sich nicht geändert hat, kann dies dazu führen, daß ein Halt zeigendes Signal überfahren wird.

Die PZB 90 zeigt dem Triebfahrzeug bei der Vorbeifahrt am Vorsignal die Stellung des Hauptsignals an. Verzögert der Triebfahrzeugführer die Fahrt bei Halt zeigendem Signal nicht innerhalb eines bestimmten Wegs gemessen ab dem Vorsignal, löst das System eine Zwangsbremsung aus. Dasselbe geschieht, wenn ein Halt zeigendes Hauptsignal überfahren wird. Um im normalen Betrieb Zwangsbremsungen vermeiden zu können, muß bei Sicherungssystemen dieser Art ein Zug bei Höchstgeschwindigkeit sicher innerhalb des Abstandes zwischen Vor- und Hauptsignal zum Halten gebracht werden können. Das heißt, der Abstand zwischen Vor- und Hauptsignal legt neben dem Bremssystem des Fahrzeugs die maximal zulässige Geschwindigkeit fest.[56] Andererseits können bei einem System mit Vor- und Hauptsignal die Abschnitte, in denen sich jeweils nur ein Zug befinden darf, nicht kürzer sein als der Abstand zwischen Vor- und Hauptsignal, da ein Vorsignal maximal am selben Mast wie das davorliegende Hauptsignal montiert sein kann.[57]

Für Strecken, auf denen höhere Geschwindigkeiten als 160 km/h zugelassen sind, ist gemäß § 15 Abs. 3 EBO ein System vorgeschrieben, das es erlaubt, die Züge zusätzlich zu führen, also vollständig vom Stellwerk aus zu steuern. Die Stellung der Signale wird dabei durch ein zwischen den Schienen verlegtes Kabel zum Fahrzeug übermittelt und zwar nicht nur für das nächste Hauptsignal, sondern für mehrere Abschnitte. Da über das Signalkabel eine ständige Verbindung zum Triebfahrzeug möglich ist, werden nicht nur Signalstellungen zum Triebfahr-

---

[55] Pachl in Das System Bahn, Seite 529 - 530
[56] Maschek in Handbuch Eisenbahninfrastruktur, Seite 638
[57] Pachl, Systemtechnik des Schienenverkehrs, Seite 49

zeug übermittelt, sondern auch die jeweils zulässige Geschwindigkeit. Auch läßt das System eine genaue Ortung eines Fahrzeugs auf der Strecke zu. Dieses System wird LZB genannt, was für „Linienzugbeeinflussung" steht. Es ermöglicht eine permanente Signalübertragung von der Strecke zum Fahrzeug. Auch die Änderung von Signalstellungen kann so ohne Zeitverzögerung dem Fahrzeug übermittelt werden.[58]

Für PZB 90 und LZB sind auf dem Fahrzeug verschiedene Empfangsgeräte erforderlich, da die Signalmagnete, welche die Informationen bei der PZB 90 übertragen, neben dem Gleis angeordnet sind, während das Signalkabel der LZB zwischen den Schienen eines Gleises verlegt ist. Auch ist die Art der übertragenen Signale unterschiedlich. Neben höheren Geschwindigkeiten erlaubt die LZB gegenüber der PZB 90 auch eine dichtere Zugfolge.[59] Insgesamt gibt es in der Europäischen Union derzeit fast 20 verschiedene Signal- und Sicherungssysteme bei den Eisenbahnen.[60]

Indirekt zählen zu den Signal- und Sicherungssystemen auch die Zugfunkeinrichtungen. Früher wurde analoger Zugfunk verwendet, der aber inzwischen auf fast allen Strecken durch den neuen digitalen Zugfunk GSM-R abgelöst wurde. GSM ist der europäische Mobilfunkstandard, der für sämtliche Handy-Netze in Europa verwendet wird. Das R steht für Rail. GSM-R ist gleichzeitig Bestandteil des europäischen Signal- und Sicherungssystems ERTMS, was „European Rail Traffic Management System" bedeutet.[61] Die andere Komponente dieses Systems ist das eigentliche Signal- und Sicherungssystem ETCS, was die Abkürzung für „European Train Control System" ist. Die Einführung dieses Systems in ganz Europa ist in der RL 2008/57/EG in Verbindung mit den TSI zu Signal- und Sicherungssystemen festgelegt. Die Umsetzung in deutsches Recht ergibt sich aus der TEIV.

ETCS ist in drei verschiedene Level eingeteilt, wobei Level 3 derzeit noch in der Planungsphase ist, da einige technische Probleme bisher nicht gelöst sind. Level 1 ist ein punktförmiges Sicherungssystem, ähnlich der PZB 90. Die Signale werden über zwischen den Gleisen angeordnete

---

[58] Pachl, Systemtechnik des Schienenverkehrs, Seite 83 – 84
[59] Pachl, Systemtechnik des Schienenverkehrs, Seite 85
[60] GD Energie und Verkehr, ERTMS - Für einen flüssigen und sicheren Eisenbahnverkehr, Seite 2
[61] Kandels, ETR 2004, Seite 461

Signalgeber, sogenannte Balisen auf die Fahrzeuge übertragen. Diese müssen mit einem entsprechenden Empfangsgerät ausgerüstet sein.[62] Level 2 verfügt über vergleichbare Funktionen wie die LZB, überträgt die Signale auf das Fahrzeug aber nicht über Einrichtungen unmittelbar am Gleis, wie das Signalkabel bei der LZB, sondern über das Funksystem GSM-R.[63]

3. Fahrzeugspezifische Merkmale

Die bisher genannten Fahrzeugeigenschaften bezogen sich alle auf das Zusammenspiel von Fahrzeug und Infrastruktur. Daneben werden an die Fahrzeuge aber noch weitere technische Anforderungen gestellt, die erfüllt sein müssen, damit ein Fahrzeug zum Verkehr auf dem deutschen Schienennetz zugelassen wird. Hierzu gehören Anforderungen an die Bremsen der Fahrzeuge, die sowohl eine ausreichende Bremswirkung aufweisen müssen, als auch eine hinreichende Sicherheit gegen einen Ausfall der Bremsen bieten müssen. Die entsprechenden Anforderungen sind in § 23 EBO festgelegt.

Ein weiteres solches Merkmal sind die Zug- und Stoßvorrichtungen, also Puffer und Kupplungen an den Fahrzeugen. Aus naheliegenden Gründen müssen diese so beschaffen sein, daß eine Kupplung der einzelnen Fahrzeuge zu Zügen möglich ist. Die entsprechenden Standards sind in § 24 in Verbindung mit Anlage 10 sowie in § 25 EBO festgelegt.

Weitere Anforderungen an die Fahrzeuge sind in § 28 EBO festgelegt. So müssen Triebfahrzeuge und andere führende Fahrzeuge eine Vorrichtung haben, um akustische Signale geben zu können, wie Hup-, Pfeif- oder Klingelsignale. Sie müssen einen Schienenräumer und einen Geschwindigkeitsanzeiger haben und über eine Sicherheitsfahrschaltung verfügen, die den Zug zwangsweise zum Stehen bringt, wenn der Triebfahrzeugführer nicht mehr in der Lage ist, das Fahrzeug zu führen. Dies wird in der Regel durch eine Taste, welche der Triebfahrzeugführer in bestimmten Abständen betätigen muß, verwirklicht.[64]

---

[62] Pachl, ETR 2000, Seite 730
[63] Pachl, ETR 2000, Seite 731
[64] Naumann, Leit- und Sicherungstechnik, Seite 183

Darüber hinaus enthält die Norm Vorschriften für die Beschaffenheit der Türen und deren Verriegelung an Personenwagen. Für Fahrzeuge, die nach dem 1. Januar 1970 erstmalig in Betrieb genommen wurden, wird eine Türblockierung verlangt, die verhindert, daß die Türen, von Notfällen abgesehen, während der Fahrt unbefugt geöffnet werden können.

Über diese Festlegungen hinaus verlangt die zuständige Aufsichtsbehörde zusätzliche Fahrzeugmerkmale. So wird zum Beispiel für alle Fahrzeuge, die Tunnel mit einer Länge von mehr als 500 Metern befahren sollen, eine Notbremsüberbrückung verlangt, die es dem Triebfahrzeugführer im Falle einer Betätigung der Notbremse erlaubt, die Bremsung zu unterbrechen, um zu verhindern, daß der Zug im Tunnel zum Stehen kommt.[65]

4. Zuständigkeit

Umstritten ist, wer für die Festlegung der technischen Netzzugangskriterien zuständig ist. Der größte Betreiber von Eisenbahninfrastruktur in Deutschland beansprucht die Zuständigkeit für die Festlegung technischer Netzzugangskriterien für sich, jedenfalls soweit die EBO keine Regelung trifft.[66] Auch das EBA als nach § 5a Abs. 1 AEG für die Sicherheit des Eisenbahnbetriebs zuständige Aufsichtsbehörde reklamiert für sich die Zuständigkeit zur Festlegung technischer Netzzugangskriterien und hat Richtlinien und Allgemeinverfügungen zu einzelnen technischen Netzzugangskriterien erlassen.

a) Rechtslage

Die erste Fassung der EIBV enthielt in § 3 Abs. 1 Nr. 3 die Regelung, daß die Infrastrukturunternehmen technische und betriebliche Anforderungen für die Nutzung ihrer Infrastruktur auf das für die Sicherheit des Eisenbahnbetriebs erforderliche Minimum zu beschränken hatten. Mit

---

[65] EBA, Tunnelrichtlinie vom 1. Juli 2008, Seite 24
[66] Kandels, ETR 2004, Seite 460
   Grauf, ETR 2004, Seite 553 - 554
   Mittmann, ETR 2004, Seite 566
   Ludes in Eisenbahn Ingenieur Kalender 2001, Seite 192
   Richtlinie 810 der DB Netz AG

der Neufassung der EIBV im Jahr 2005 ist diese Regelung weggefallen. Dies könnte den Schluß nahelegen, daß der Normgeber den Spielraum der Infrastrukturbetreiber diesbezüglich erweitern wollte. Die Gesetzgebungsmaterialien enthalten leider keinerlei Hinweise zur Intention des Normgebers, die zum Wegfall dieser Regelung geführt hat. Andererseits kann der Wegfall auch dadurch begründet sein, daß technische Netzzugangskriterien ausschließlich in der EBO geregelt werden sollten und die diesbezügliche Regelung in der EIBV lediglich zur Rechtsvereinheitlichung gestrichen wurde.

Wie bereits ausgeführt, regelt § 2 Abs. 1 EBO, daß Bahnanlagen und Fahrzeuge den Vorschriften der EBO und soweit diese keine Regelung trifft, den anerkannten Regeln der Technik entsprechen müssen. Dies bedeutet, daß unabhängig von der Zuständigkeit zur Festlegung der technischen Netzzugangskriterien keine technischen Anforderungen für den Netzzugang aufgestellt werden können, die über die Festlegung von § 2 Abs. 1 EBO hinausgehen. Nur dort, wo die EBO keine Regelung trifft oder die Regelungen der EBO einen Spielraum gestatten, besteht überhaupt die rechtliche Möglichkeit für zusätzliche technische Anforderungen für den Netzzugang. Da diesbezüglich jedoch die anerkannten Regeln der Technik maßgeblich und diese ohnehin von allen Eisenbahnunternehmen einzuhalten sind, von den Eisenbahnunternehmen aber technische Merkmale, welche über eben diese anerkannten Regeln der Technik hinausgehen, nicht verlangt werden können, verbleibt kein Spielraum, den ein Infrastrukturbetreiber oder eine Aufsichtsbehörde auszufüllen befugt wäre. Streit kann allenfalls darüber entstehen, was im Einzelfall unter die anerkannten Regeln der Technik fällt.

b) Fahrzeugzulassung

Die Frage, wer die technischen Netzzugangskriterien festlegen darf, ist besonders relevant bei der Zulassung von Schienenfahrzeugen. Zuständig hierfür ist das EBA. Dieses hat ein umfassendes Regelwerk zur Fahrzeugzulassung aufgestellt.[67] Wie oben bereits ausgeführt, ist dieses Regelwerk jedoch nur verbindlich, soweit die darin aufgestellten Anforderungen den anerkannten Regeln der Technik entsprechen. Da die Verwei-

---

[67] EBA, VV IBG Fahrzeuge vom 15. März 2010

gerung der Zulassung eines Fahrzeugs stets einen Eingriff in das Grundrecht des Unternehmens, welches die Fahrzeugzulassung begehrt, aus Art. 12 Abs. 1 GG darstellt, ist es regelmäßig Sache des EBA nachzuweisen, daß eine bestimmte umstrittene Anforderung zu den anerkannten Regeln der Technik gehört. Dazu genügt nicht der allgemeine Hinweis auf Normen oder Regelwerke von Branchenverbänden.[68] Es muß vielmehr in jedem Fall nachweisen, daß die Mehrheit der relevanten Fachleute eine bestimmte Anforderung tatsächlich als technischen Standard anerkennt.[69]

Überlagert werden die Regelungen zur Fahrzeugzulassung in der EBO von den Regelungen in der TEIV. Diese wiederum beruht auf den Richtlinien zur Interoperabilität 96/48/EG und 2001/16/EG, die durch die RL 2008/57/EG aufgehoben und deren Regelungen in der zuletzt genannten Richtlinie zusammengefaßt und vereinheitlicht wurden. Nach § 1 Abs. 1 TEIV gilt diese Verordnung für alle Fahrzeuge, die auf dem Teil des deutschen Schienennetzes verkehren, welcher zum transeuropäischen Eisenbahnsystem gehört. Da hierzu praktisch alle Hauptstrecken des deutschen Schienennetzes gehören, wie sich aus Anlage 1 zur TEIV ergibt, ist diese auch auf nahezu alle Vollbahnfahrzeuge in Deutschland anwendbar. Nicht hierzu gehören die Fahrzeuge für Straßenbahnen und U-Bahnen sowie die S-Bahnen in Hamburg und Berlin, die jeweils eigene Infrastrukturen haben. § 6 EIBV Abs. 1 TEIV verlangt eine Inbetriebnahmegenehmigung für strukturelle Teilsysteme des Eisenbahnsystems. Nach Nr. 1 der Anlage II zur Richtlinie 2008/57/EG stellen die Fahrzeuge ein solches Teilsystem dar. Dieses Teilsystem ist in Nr. 2.6 der Anlage II zur Richtlinie 2008/57/EG wiederum in Elemente aufgeteilt. Die Anforderungen, welche ein Fahrzeug erfüllen muß, um eine Inbetriebnahmegenehmigung zu erhalten, sind in § 6 Abs. 3 in Verbindung mit § 4 TEIV und den TSI für Fahrzeuge geregelt, die wiederum teilweise Bezug auf Normen und technische Regelwerke nehmen. Anders als die EBO sieht die TEIV in § 6 Abs. 8 Satz 1 eine Frist für die Entscheidung der Aufsichtsbehörde über den Antrag auf Erteilung einer Inbetriebnahmegenehmigung von vier Monaten vor. Nicht geregelt ist allerdings, was passiert, wenn die Behörde diese Frist nicht einhält. Schon im Hinblick auf die

---

[68] VG Koblenz, Beschluß vom 14. Januar 2002, 8 K 534/01.KO
[69] VG Koblenz, Beschluß vom 14. Januar 2002, 8 K 534/01.KO

Sicherheit des Eisenbahnbetriebs scheidet eine Genehmigungsfiktion aus. Hier bliebe den betroffenen Unternehmen allenfalls ein Schadenersatzanspruch gegen den Staat. Als weiteren Unterschied zur EBO sieht die TEIV in § 7 eine Baumusterzulassung vor. Mit einer solchen wird faktisch allen Fahrzeugen einer Baureihe, die technisch identisch sind, eine Art Sammelgenehmigung erteilt, allerdings nach § 7 Abs. 2 Satz 2 TEIV für höchstens fünf Jahre. Das Kriterium der technischen Identität eines Fahrzeugs mit einer Bauartzulassung in § 7 Abs. 4 Nr. 2 TEIV wird jedoch sehr eng ausgelegt. Schon bei geringen technischen Abweichungen geht die Aufsichtsbehörde davon aus, daß ein Fahrzeug nicht mit einer zugelassenen Bauart übereinstimmt. Hierfür genügt zum Beispiel eine Änderung der Software des Fahrzeugs.[70] Auch sieht die TEIV in § 9 anders als die EBO eine erneute Pflicht zur Einholung einer Inbetriebnahmegenehmigung bei einer umfangreichen Umrüstung oder Erneuerung eines Teilsystems vor. Wann eine solche bei einem Fahrzeug vorliegt, ist in Anlage 3 D zur TEIV detailliert, teilweise unter Bezugnahme auf technische Normen und Regelwerke, geregelt. Schließlich fehlt in der TEIV und auch in den dieser zugrundeliegenden EU-Richtlinien eine Generalklausel wie in § 2 EBO.

Das rechtliche Verhältnis zwischen TEIV und EBO bezüglich der Fahrzeugzulassung ist nicht geregelt. Die Auslegungsregel, daß die jüngere Norm Vorzug vor der älteren hat, würde zu einem überwiegenden Vorrang der TEIV führen, allerdings nicht vollständig, da auch die EBO in jüngster Zeit noch geändert wurde, was es dem Rechtsanwender erschwert zu bestimmen, welche Norm im Einzelfall tatsächlich die jüngere ist. Für einen Vorrang der TEIV spricht allerdings auch § 6 Abs. 5 TEIV, der festlegt, daß Fahrzeuge, die über eine Inbetriebnahmegenehmigung nach der TEIV verfügen, keiner weiteren Abnahme oder sonstigen eisenbahnrechtlichen Genehmigung mehr bedürfen, also insbesondere nicht einer solchen nach § 32 Abs. 1 EBO. Zwar sieht die Richtlinie 2008/57/EG in Anhang III sogenannte grundlegende Anforderungen vor, insbesondere:

---

70 EBA, VV IBG Fahrzeuge, Seite 87

- Sicherheit

- Zuverlässigkeit und Betriebsbereitschaft

- Technische Kompatibilität

Wann diese Kriterien erfüllt sind, ist im Anhang der Richtlinie jedoch im Einzelnen geregelt. Eine Generalklausel als Auffangklausel für den Fall, daß in der Richtlinie Anforderungen vergessen wurden, fehlt.

c) Pflicht zur nachträglichen Umrüstung

Eine weitere heftig umstrittene Frage bezüglich der technischen Netzzugangskriterien ist, ob es eine Pflicht zur nachträglichen Anpassung der Fahrzeuge an geänderte anerkannte Regeln der Technik oder geänderte Anforderungen in der EBO gibt. Eine klare Regelung hierzu fehlt. Für eine solche Pflicht spricht der Wortlaut von § 2 Abs. 1 EBO, der festlegt, daß Fahrzeuge den Vorgaben der EBO und den anerkannten Regeln der Technik entsprechen müssen. Daraus ließe sich schließen, daß sie dies stets müssen, mithin bei Änderungen der EBO oder der anerkannten Regeln der Technik entsprechend angepaßt werden müssen.

Für eine Nachrüstpflicht spricht auch, daß die Signal- und Sicherungssysteme voraussetzen, daß die Ausrüstungen in den Fahrzeugen und an den Strecken kompatibel zueinander sind. Bestünde keine Pflicht zur Nachrüstung, könnten diese Systeme nur soweit fortentwickelt werden, wie eine Abwärtskompatibilität mit den bestehenden Systemen gewährleistet bleibt. Damit wäre vor allem ein grundsätzlicher Systemwechsel in diesem Bereich, wie er von der Europäischen Union zur Vereinheitlichung der Signal- und Sicherungssysteme bei den Eisenbahnen in Europa angestrebt wird, ausgeschlossen.

Gegen eine Nachrüstpflicht spricht jedoch die Regelung in § 28 Abs. 2 EBO, die für die Türblockierung ausdrücklich eine Nachrüstpflicht für solche Fahrzeuge vorsieht, die nach dem 1. Januar 1970 erstmalig in Betrieb genommen wurden. Daraus kann der Umkehrschluß gezogen werden, daß bezüglich aller anderen Merkmale gerade keine Nachrüstpflicht besteht.

Ferner spricht § 12 Nr. 1 TEIV gegen eine Nachrüstpflicht, da dort festgelegt ist, daß ein Teilsystem und damit auch ein Fahrzeug nur die bei Erteilung der Inbetriebnahmegenehmigung geltenden Anforderungen erfüllen muß. Daraus folgt im Umkehrschluß, daß Anforderungen, die erst nach Erteilung der Inbetriebnahmegenehmigung aufgestellt werden, von einem Fahrzeug nicht erfüllt werden müssen, auch nicht nachträglich.

Letztlich ist die Frage der Nachrüstpflicht rechtlich ungeklärt, da eine eindeutige Regelung fehlt und sich aus dem derzeit geltenden Recht Argumente sowohl für als auch gegen eine solche Pflicht finden lassen. Hier besteht eine Lücke im Eisenbahnrecht, die in Bezug auf die Einführung der PZB 90 bereits zu rechtlichen Auseinandersetzungen geführt hat.

5. Beispiele umstrittener technischer Netzzugangskriterien

Im folgenden sind mehrere Beispiele technischer Netzzugangskriterien aufgeführt, die bisher zu Diskussionen in der Praxis geführt haben und anhand derer sich die oben aufgeworfenen Rechtsfragen hinsichtlich ihrer praktischen Auswirkungen erläutern lassen.

a) GSM-R

Gemäß § 16 Abs. 4 EBO ist Zugfunk für einen erheblichen Teil des Eisenbahnnetzes vorgeschrieben. In der Vergangenheit wurde hierfür in Deutschland ein spezielles analoges Funksystem eingesetzt. Vor einigen Jahren wollte die DB Netz AG dieses analoge Zugfunksystem durch den digitalen Zugfunk GSM-R ersetzen. Da die Ausrüstung von mehreren tausend Kilometern Bahnstrecken mit einem neuen Funksystem nicht über Nacht erfolgen konnte, war eine schrittweise Einführung des Systems vorgesehen.[71] Da die DB Netz AG sich weigerte, zwei Zugfunksysteme parallel an ein und derselben Strecke zu betreiben, mußten die Eisenbahnverkehrsunternehmen ihre Fahrzeuge für die Übergangszeit mit Funkgeräten sowohl für das alte analoge Zugfunksystem als auch für GSM-R ausrüsten, was zusätzliche Kosten verursachte und zu Protesten

---

[71] Stätter, Bahn-Report, Heft 4/2004, Seite 14
    Stätter, Bahn-Report, Heft 1/2005, Seite 21

der betroffenen Unternehmen führte.[72] Sie verlangten von der DB Netz AG, beide Systeme parallel zu betreiben.

Rechtlich ist die Frage, wie solch ein Systemwechsel vorzunehmen ist, ungeklärt. Er betrifft aber eine ganz entscheidende Frage bezüglich technischer Netzzugangskriterien, nämlich diejenige nach der Verteilung der Kosten zwischen Infrastrukturbetreibern und Eisenbahnverkehrsunternehmen. Im Fall der Einführung von GSM-R hat sich die DB Netz AG mit ihrer Haltung letztlich durchgesetzt und die Mehrkosten für die Übergangszeit des Systemwechsels auf die Eisenbahnverkehrsunternehmen abgewälzt. Geklärt wurde diese Streitfrage im Zusammenhang mit der Einführung von GSM-R jedoch nicht.

Einige Eisenbahnverkehrsunternehmen haben die Berechtigung zur Einführung eines neuen Zugfunksystems generell in Frage gestellt. Die Einführung von GSM-R war jedoch nicht dafür geeignet, die Rechtsfrage zu klären, ob eine Pflicht für die Eisenbahnverkehrsunternehmen besteht, ihre Fahrzeuge mit neuen Systemen der Sicherungstechnik, zu denen auch der Zugfunk gehört, nachzurüsten. Als wesentliche Komponente des europäischen Zugsicherungssystems ERTMS ist die Einführung von GSM-R als einheitliches Zugfunksystem in Europa durch die entsprechenden TSI zu den Signal- und Sicherungssystemen europarechtlich vorgegeben, so daß das nationale Recht insoweit nachrangig ist.[73] Zwar ist in den TSI noch kein verbindlicher Termin für die Einführung des Systems vorgegeben, wohl aber die Einführung an sich verbindlich festgelegt.

b) PZB 90

Am Beispiel der PZB 90 lassen sich fast alle umstrittenen Fragen bezüglich technischer Netzzugangskriterien erläutern. PZB 90 ist ein punktförmiges Zugsicherungssystem, was mit einem entsprechenden Signalsystem verbunden und bei einem Abstand zwischen Vor- und Haupt-

---

[72] Bahn-Report, Heft 4/2004, Seite 13
    Bahn-Report, Heft 1/2005, Seite 14
[73] Kandels, ETR 2004, Seite 460 - 461

signal von 1000 Metern für Geschwindigkeiten bis 160 km/h geeignet ist. Die PZB 90 ist abwärtskompatibel zum Vorgängersystem Indusi.[74]

Anlaß für die Entwicklung und Einführung der PZB 90 war ein schwerer Eisenbahnunfall bei Rüsselsheim mit 16 Toten im Jahr 1990. Ein S-Bahn-Zug hatte an einem Bahnsteig gehalten und fuhr dann an, obwohl das in einiger Entfernung stehende Signal rot war, also Halt anzeigte. Das Überfahren des roten Signals führte auch bei der damals verwendeten Indusi zu einer sofortigen Vollbremsung. In diesem Fall kam es dennoch zu einer Kollision, weil der S-Bahn-Zug aufgrund seiner hohen Beschleunigung vom Halt am Bahnsteig bis zum Standort des roten Signals bereits eine vergleichsweise hohe Geschwindigkeit erreicht hatte. Daher konnte der Zug durch die Zwangsbremsung nicht mehr rechtzeitig zum Stehen gebracht werden und stieß frontal mit einem entgegenkommenden S-Bahn-Zug zusammen.[75] Dies war möglich, weil die Indusi vor einem Halt zeigenden Signal keine weiteren Einschränkungen der Zugfahrt mehr vorsah, wenn der Zug zwischen Vor- und Hauptsignal mindestens einmal vollständig zum Stehen gekommen war, wie im Fall des Unfalls in Rüsselsheim am Bahnsteig. Daher konnte der Zugführer seinen Zug vom Halt am Bahnsteig ungehindert beschleunigen.

Zu einem Sicherheitsproblem wird dies jedoch nur dann, wenn sich hinter dem betreffenden Signal ein Gefahrpunkt befindet. Im Fall des Unfalls bei Rüsselsheim war dies die Einmündung in ein anderes Gleis, wie aus der folgenden Darstellung ersichtlich:[76]

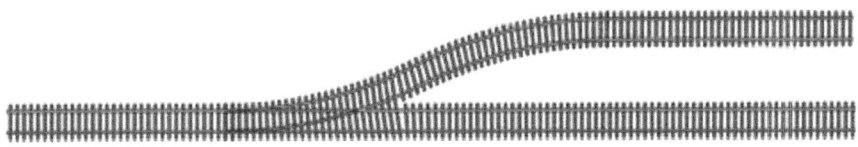

Ein solches Sicherheitsproblem läßt sich am besten mit einer Schutzweiche lösen, wie sie im folgenden dargestellt ist:[77]

---

[74] Brauweiler, Signal + Draht, Heft 12/2000, Seite 29
[75] Grauf, ERI 2004, Seite 333 - 334
[76] eigene Grafik
[77] eigene Grafik

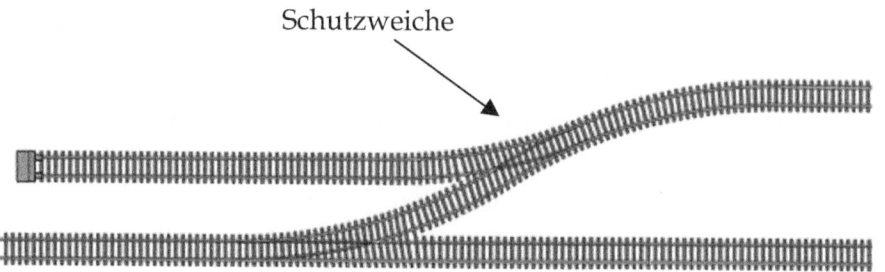

Schutzweiche

Über die Schutzweiche gelangt der Zug dann auf ein Stumpfgleis, wenn er das Halt-zeigende Signal überfährt, so daß es nicht zu einer Kollision mit dem Zug auf den Nachbargleis kommen kann.[78] Die damalige Deutsche Bundesbahn entschied sich jedoch dafür, das Problem durch eine Anpassung des Sicherungssystems zu lösen. Die PZB 90 schränkt die Zugfahrt nach Überfahren eines Halt ankündigenden Vorsignals auch dann noch ein, wenn der Zug nach der Vorbeifahrt an dem Halt ankündigenden Vorsignal noch vor dem Hauptsignal vollständig zum Stehen gekommen ist. Überschreitet der Zugführer vor Erreichen des Hauptsignals eine Geschwindigkeit von 25 km/h, löst das System eine Zwangsbremsung aus.[79] Bei dem Vorgängersystem Indusi hingegen konnte der Zugführer seinen Zug nach einem Halt uneingeschränkt beschleunigen, so daß die Zwangsbremsung erst bei Überfahren des Halt zeigenden Hauptsignals ausgelöst wurde. Zu diesem Zeitpunkt konnten Züge mit hoher Beschleunigung, wie die S-Bahn beim Unfall in Rüsselsheim, bereits eine erhebliche Geschwindigkeit erreicht haben und daher erst weit hinter dem Halt zeigenden Hauptsignal zum Stehen kommen.

Wie oben dargestellt, wurde die Entwicklung des Systems noch zur Zeit der Deutschen Bundesbahn angestoßen. Als integriertes Bahnunternehmen, das sowohl die Infrastruktur als auch den Zugverkehr darauf abwickelt, war es für die Deutsche Bundesbahn naheliegend, die im Gesamtsystem preiswertere Problemlösung zu wählen. An dieser Entscheidung ist zunächst zu kritisieren, daß die Deutsche Bundesbahn die preiswertere der sichereren Lösung vorgezogen hat. Während der Einsatz von Schutzweichen an allen relevanten Stellen im Bahnnetz solche Unfälle wie den bei Rüsselsheim mit fast hundertprozentiger Sicherheit

[78] Adler, Lexikon der Eisenbahn, Seite 678
[79] Pachl, Systemtechnik des Schienenverkehrs, Seite 81

verhindern könnte, kann die PZB 90 keine derart hohe Sicherheit gewährleisten.

Nach der zumindest formellen Trennung von Infrastruktur und Zugverkehr durch die Bahnreform wirft diese Entscheidung zusätzlich die Frage nach der Verteilung der Kosten auf. Während der Einbau von Schutzweichen auf Kosten des Infrastrukturbetreibers gegangen wäre, fallen die Kosten für die PZB 90 überwiegend für die entsprechende Ausrüstung der Fahrzeuge und damit bei den Eisenbahnverkehrsunternehmen an.

Es dauerte jedoch bis nach dem Jahrtausendwechsel, bis die PZB 90 schließlich auf dem Netz der DB Netz AG eingeführt werden sollte. Vor allem Museumseisenbahnen wehrten sich dagegen, ihre Fahrzeuge nachrüsten zu müssen und begründeten dies damit, die PZB 90 bringe keinen zusätzlichen Sicherheitsgewinn.[80] Der Streit führte schließlich dazu, daß das EBA im September 2007 eine Allgemeinverfügung erließ, mit welcher es die Verwendung der PZB 90 auf den Strecken, die mit diesem System ausgerüstet sind, zwingend vorschrieb. Allerdings eröffnete der Bescheid den Eisenbahnverkehrsunternehmen die Möglichkeit nachzuweisen, daß die von ihnen verwendeten Systeme die gleiche Sicherheit wie die PZB 90 bieten. Die gleiche Sicherheit wurde dann angenommen, wenn der jeweilige Zug mit dem alternativen Sicherungssystem unter gleichen Rahmenbedingungen nicht später zum Stehen kommt als bei einer Ausrüstung desselben Zuges mit PZB 90.[81] Hinzu kommt allerdings, daß ein alternatives Sicherungssystem kompatibel zur PZB 90 sein mußte, damit es überhaupt funktionieren konnte.

Gegen diesen Bescheid des EBA legten mehrere Eisenbahnverkehrsunternehmen Widerspruch ein. Dies führte schließlich zur Aufhebung der Allgemeinverfügung durch das EBA mit Wirkung zum 1. April 2008. Stattdessen wurden die §§ 15 Abs. 2, 28 Abs. 1 Nr. 4 EBO dahingehend geändert, daß nunmehr für Strecken, auf denen eine Geschwindigkeit von mehr als 100 km/h zugelassen ist, ein System verlangt wird, welches einen Zug nicht nur selbsttätig zum Halten bringen kann, sondern auch ein Anfahren gegen Halt zeigende Signale selbsttätig verhindern kann. Genau das tut die PZB 90 aber nicht. Sie beschränkt lediglich die Ge-

---

[80] Trinckauf, Gutachten zur PZB 90
[81] EBA, Allgemeinverfügung vom 25. September 2007, Pr3415AüT, Seite 1

schwindigkeit nach einem Anfahren gegen ein Halt zeigendes Signal.[82] Nur die LZB oder ETCS Level 2, die ein Führen der Fahrzeuge im Sinne des § 15 Abs. 3 EBO erlauben, ermöglichen auch, ein Anfahren gegen Halt zeigende Signale zu verhindern. Damit entsprach der Betrieb auf dem größten Teil des deutschen Schienennetzes derzeit nicht den Vorgaben der EBO. Schließlich erkannte der Normgeber das Problem und ersetzte in den genannten §§ das Wort „verhindert" durch das Wort „überwacht". Allerdings kann auch hier darüber gestritten werden, ob die PZB 90 diese Anforderung erfüllt.

Bei der Änderung der EBO hat der Normgeber die Frage der Pflicht zur Nachrüstung offensichtlich übersehen und daher nicht geregelt. Auch die Materialien zur Normgebung lassen nicht erkennen, daß sich der Normgeber mit dieser Frage befaßt hat.[83] Da die PZB 90 abwärtskompatibel ist, wäre eine Nachrüstung der Fahrzeuge jedenfalls nicht zwingend erforderlich, um die Funktion des Sicherungssystems weiter zu gewährleisten.

c) Notbremsüberbrückung

Ein weiteres umstrittenes Thema ist die Notbremsüberbrückung für Personenzüge. Gemäß § 23 Abs. 3 EBO darf die Notbremseinrichtung so beschaffen sein, daß eine einmal ausgelöste Notbremsung wieder aufgehoben werden kann. Relevant wurde das Thema mit dem Bau der Neubaustrecken und der dort zahlreich vorhandenen langen Tunnel. Im Falle einer Notbremsung sollte ein Zug möglichst nicht innerhalb eines Tunnels zum Stehen kommen. Daher wurden die entsprechenden Fahrzeuge mit einer sogenannten Notbremsüberbrückung ausgerüstet, die es dem Triebfahrzeugführer erlaubte, die Notbremsung aufzuheben und den Zug kontrolliert außerhalb der Tunnel anzuhalten.

Das EBA verlangt von den Eisenbahnverkehrsunternehmen, Personenzüge, die Tunnel mit einer Länge von mehr als 500 Metern befahren, mit einer Notbremsüberbrückung auszurüsten.[84] Wie oben ausgeführt, ist eine solche Vorrichtung nach der EBO zwar erlaubt, aber nicht zwingend vorgeschrieben. Gemäß § 2 Abs. 1 EBO genügen Fahrzeuge den Anfor-

---

[82] Abel in Eisenbahn Ingenieur Kalender 1998, Seite 287 - 292
[83] Bundesrats-Drucksache 99/1/08
[84] EBA, Tunnelrichtlinie vom 1. Juli 2008, Seite 5, 24

derungen an Sicherheit und Ordnung, wenn sie die Anforderungen der EBO erfüllen. Nur soweit die EBO keine Vorgaben enthält, kann auf die anerkannten Regeln der Technik zurückgegriffen werden. Da die EBO eine Notbremsüberbrückung zwar zuläßt, aber nicht zwingend vorschreibt, fehlt es an einer rechtlichen Grundlage für die EBA-Vorschrift. Dafür spricht insbesondere die Tatsache, daß die „Darf"-Regelung in der EBO gerade vor dem Hintergrund des Problems des unbeabsichtigten Halts im Tunnel geschaffen wurde, der Normgeber also gerade keine zwingende Regelung schaffen wollte.[85] Allerdings führte dies in der Praxis bisher nicht zu rechtlichen Auseinandersetzungen, im Gegensatz zum Streit um die PZB 90.

d) Türen

In § 28 Abs. 2 bis 4 enthält die EBO verschiedene Vorschriften für die Ausführung der Türen an Personenfahrzeugen. Unter anderem ist vorgeschrieben, daß Fahrzeuge, die nach dem 1. Januar 1970 erstmalig in Betrieb genommen wurden, mit einer Vorrichtung ausgerüstet sein müssen, die verhindert, daß die Türen sich während der Fahrt unbefugt öffnen lassen. Inzwischen sind jedoch weiterreichende Türsteuerungssysteme technischer Standard. So sind alle modernen Schienenfahrzeuge für die Beförderung von Personen heute mit einer sogenannten „seitenselektiven Türsteuerung" ausgerüstet. Diese erlaubt es, die Türen auch bei stehendem Zug zu blockieren und bei einem Halt im Bahnhof nur die Türen auf der Bahnsteigseite freizugeben. Dadurch kann zum einen verhindert werden, daß Fahrgäste bei einem Halt auf freier Strecke unerlaubt aussteigen, zum anderen, daß im Bahnhof Fahrgäste auf der falschen Seite aussteigen und dadurch möglicherweise auf ein anderes Gleis geraten.

An diesem Beispiel zeigt sich, daß die teilweise sehr detaillierten Regelungen der EBO der Fortentwicklung der Sicherheit im Eisenbahnverkehr nicht förderlich sind. In anderen Ländern, so zum Beispiel in Österreich, fehlen solche Regelungen mit Gesetzesrang völlig. Stattdessen gibt es dort eine Generalklausel, welche die zuständige Aufsichtsbehörde, in Österreich das Bundesverkehrsministerium, ermächtigt, die technischen Regeln für das Eisenbahnwesen festzulegen und bei Bedarf auch zu

---

85 Bundesrats-Drucksache 27/91, Seite 111 - 112

ändern. Nachteil einer solchen Regelung ist wiederum, daß entsprechende Allgemeinverfügungen einer Aufsichtsbehörde auf dem Rechtsweg angegriffen und damit ihr Inkrafttreten erheblich verzögert werden kann, während der Normgeber eine Regelung mit Gesetzesrang im Notfall auch mit sofortiger Wirkung in Kraft setzen kann.

III. Vergabe der Infrastrukturkapazität

Die Vergabe der Trassen, also der Infrastrukturkapazität für die verschiedenen Zugfahrten, ist der wichtigste Teilaspekt des diskriminierungsfreien Zugangs zur Eisenbahninfrastruktur. Entsprechend gibt es zu diesem Thema bereits eine Reihe wissenschaftlicher Veröffentlichungen.[86]

1. Definition

Eine Zugtrasse ist in § 2 Abs. 1 EIBV als derjenige Anteil der Schienenwegkapazität eines Betreibers der Schienenwege definiert, der erforderlich ist, damit ein Zug zu einer bestimmten Zeit zwischen zwei Orten verkehren kann. Diese Definition ist für die Praxis jedoch unzureichend, da die genaue Lage einer Zugtrasse nur dann durch die Zeit, die ein Zug benötigt, um zwischen zwei Orten zu verkehren, hinreichend definiert ist, wenn dieser Zug die jeweilige Streckenhöchstgeschwindigkeit oder die Fahrzeughöchstgeschwindigkeit, wenn diese geringer ist als die Streckenhöchstgeschwindigkeit, ausschöpft. Verkehrt ein Zug jedoch mit einer geringeren Geschwindigkeit, als die befahrene Strecke oder die eingesetzten Fahrzeuge grundsätzlich ermöglichen würden, sind durch die oben aufgeführte Definition nur die Abfahrtszeit am Startbahnhof und die Ankunftszeit am Zielbahnhof festgelegt, nicht jedoch die Durchfahrtszeiten an den Unterwegsbahnhöfen. Während dies für den Güterverkehr in der Regel unerheblich ist, sind die Ankunfts- und Abfahrtszeiten an den Unterwegsbahnhöfen im Personenverkehr sehr wohl von Bedeutung.

---

[86] Aberle, Trassenmärkte und Netzzugang, Seite 13 – 43
Gaupp, Der Netzzugang im Eisenbahnwesen, Seite 122 – 134
Munzert, Das Schienennetz in Deutschland nach der Bahnreform, Seite 89 – 101
Ross, Strategische Infrastrukturplanung im Schienenverkehr, Seite 111 – 151
Berndt, Trassenpreise, Seite 121 - 160

Daher wird in der Eisenbahnbetriebswissenschaft der Begriff "Fahrplan-trasse" benutzt und als die im Fahrplan vorgesehene Inanspruchnahme der Infrastruktur durch eine Zugfahrt definiert.[87] Damit ist die zeitlich genaue Lage der Zugfahrt im Fahrplan auf dem gesamten Laufweg definiert und nicht nur die Abfahrts- und Ankunftszeit, sondern auch die Durchfahrtszeiten.

Schon diese Ausführungen zeigen, daß sich rechtlich sinnvolle Regelungen für die Netzzugang im Schienenverkehr nur dann finden lassen, wenn die Grundlagen des Eisenbahnbetriebs berücksichtigt werden. Daher sollen diese zunächst erläutert werden, bevor die bestehenden rechtlichen Regelungen des Netzzugangs im Schienenverkehr dargestellt und auf ihre Praktikabilität hin überprüft werden.

2. Grundlagen der Eisenbahntechnik und des Eisenbahnbetriebs

Die Eisenbahn weist gegenüber dem Straßenverkehr einige Besonderheiten auf, wegen derer sich überhaupt erst die Frage nach einer rechtlichen Regelung des Netzzugangs stellt. Am Straßenverkehr kann jeder, der eine Fahrerlaubnis und ein zum Straßenverkehr zugelassenes Fahrzeug besitzt, ohne weitere Voraussetzungen teilnehmen. Dazu muß kein Antrag auf Zuweisung von Infrastrukturkapazität gestellt werden. Zwar sind zahlreiche Regeln für die Abwicklung des Straßenverkehrs gesetzlich festgelegt, aber im Rahmen dieser Regeln ist der Straßenverkehr selbstorganisierend. Nur in Ausnahmefällen greift die Polizei direkt in den Verkehrsfluß ein.

Der Schienenverkehr erfordert dagegen eine Koordination aller Zugfahrten, da nur so eine sichere Abwicklung des Verkehrs auf der Schiene gewährleistet werden kann.

---

[87] Pachl, Systemtechnik des Schienenverkehrs, Seite 266

a) Grundlagen der Eisenbahntechnik

Zwei Merkmale unterscheiden den Schienenverkehr vom Straßenverkehr:

- Die Spurführung
- Lange Bremswege durch geringe Haftreibung

Aus der Spurführung folgt, daß Züge sich nicht beliebig überholen oder einander ausweichen oder auf eine andere Strecke wechseln können. Dies ist nur an hierfür entsprechend eingerichteten Stellen der Infrastruktur möglich. Zugbegegnungen oder -überholungen müssen daher so koordiniert werden, daß sie an einer Stelle der Infrastruktur stattfindet, die über die hierfür erforderlichen Einrichtungen verfügt.

Im Straßenverkehr rollen Gummireifen auf Asphalt, was eine vergleichsweise hohe Haftreibung und damit relativ kurze Bremswege ermöglicht. Dadurch ist es möglich, bei entsprechend angepaßter Geschwindigkeit das Fahrzeug jederzeit innerhalb der Sichtweite des Fahrers zum Stehen zu bringen. Im Schienenverkehr dagegen rollen Stahlräder auf Stahlschienen. Diese Materialpaarung Stahl auf Stahl führt zu einem geringen Haftreibungswert, wodurch der Rollwiderstand eines Schienenfahrzeugs deutlich geringer ist als der eines Straßenfahrzeugs. Daraus folgt allerdings auch ein deutlich längerer Bremsweg, der schon bei relativ niedrigen Geschwindigkeiten zu einem Bremsweg führt, der die Sichtweite des Fahrers übersteigt, bei höheren Geschwindigkeiten erheblich.[88] Daher muß durch eine übergeordnete Koordination der Zugfahrten oder durch selbsttätig wirkende Sicherungssysteme gewährleistet werden, daß alle Züge rechtzeitig vor einem Hindernis, einer Gefahrenstelle oder einem anderen Zug zum Stehen kommen können. Hierzu muß sichergestellt werden, daß die Züge einen ausreichenden Abstand zueinander einhalten. Dazu wird heute überwiegend das bereits erläuterte Fahren im festen Raumabstand verwendet.[89] Bei selbsttätig wirkenden Systemen wird dabei durch entsprechende technische Einrichtungen an den Strecken automatisch überprüft, ob ein bestimmter Streckenabschnitt frei oder belegt ist.[90]

---

[88] Pachl, Systemtechnik des Schienenverkehrs, Seite 1
[89] Pachl, Systemtechnik des Schienenverkehrs, Seite 41
[90] Pachl, Systemtechnik des Schienenverkehrs, Seite 69 - 71

b) Grundlagen des Eisenbahnbetriebs I: Fahrplankonstruktion

Die Grundlage des Eisenbahnbetriebs ist der Fahrplan. Der Fahrplan stellt die Festlegung der Fahrtverläufe der Züge hinsichtlich der Verkehrstage und der Fahrzeiten auf dem gesamten Laufweg dar, sowie die Laufwege selbst. Die Fahrplankonstruktion stellt betrieblich gleichzeitig die Vergabe der Fahrplantrassen an die Eisenbahnverkehrsunternehmen dar.[91] Probleme entstehen dann, wenn zwei Trassenwünsche derart miteinander kollidieren, daß der erforderliche Abstand zwischen beiden Zügen an mindestens einer Stelle der Infrastruktur nicht eingehalten werden kann, beide Züge sich also gleichzeitig im selben Streckenabschnitt befinden würden, in dem sich aber zur gleichen Zeit nur ein Zug befinden darf.

Der zeitliche Abstand, mit dem sich zwei Züge in einem Abschnitt folgen dürfen, die sogenannte Mindestzugfolgezeit, hängt von der Länge der Abschnitte ab, in denen sich jeweils nur ein Zug befinden darf und der jeweiligen Geschwindigkeit, mit der diese Abschnitte von den verschiedenen Zügen befahren werden. Wie bereits ausgeführt, können bei der Verwendung eines Signalsystems mit Vor- und Hauptsignalen die einzelnen Blockabschnitte nicht kürzer sein, als der Abstand zwischen Vor- und Hauptsignal. Soll eine Zugfahrt störungsfrei, also ohne unerwünschte Bremsvorgänge erfolgen, muß jedoch nicht nur ein Blockabschnitt vor einem Zug frei sein, sondern zwei, jedenfalls dann, wenn die Länge der Blockabschnitte dem Abstand zwischen Vor- und Hauptsignal entspricht. Ist in dem Fall nur der Abschnitt unmittelbar vor einem Zug frei, der darauffolgende Abschnitt aber belegt, muß der Zugführer seinen Zug abbremsen, weil er durch das Vorsignal angezeigt bekommt, daß das nächste Signal noch Halt anzeigt, er also damit rechnen muß, vor dem nächsten Hauptsignal seinen Zug anhalten zu müssen.[92]

Auf eingleisigen Strecken dürfen sich zwischen zwei Ausweichstellen, an denen sich die Züge begegnen oder überholen können, zwar mehrere Züge befinden, aber nur, wenn diese in dieselbe Richtung fahren. Hierzu muß die Strecke zwischen den Ausweichstellen zusätzlich in Blockabschnitte unterteilt sein. Ist dies nicht der Fall, was bei eingleisigen Strecken der Regelfall ist, darf sich zwischen zwei Ausweichstellen je-

---

[91] Pachl, Systemtechnik des Schienenverkehrs, Seite 189
[92] Six, Signal + Draht, Heft 4/1996, Seite 17

weils nur ein Zug befinden. Daraus folgt, daß zwei in dieselbe Richtung fahrende Züge einen Abstand von mindestens zwei Ausweichstellen haben müssen,[93] wie aus der folgenden Darstellung ersichtlich:[94]

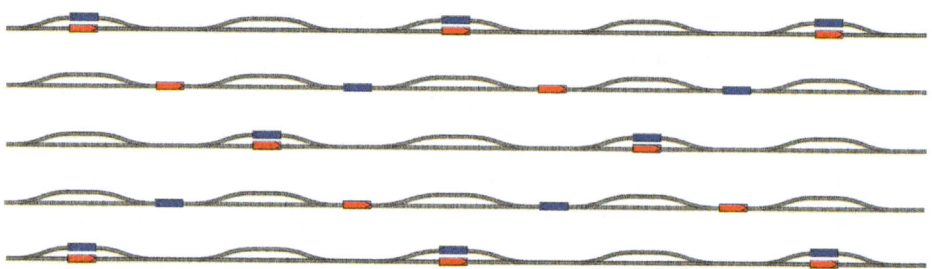

Zusätzlich ist vor allem bei eingleisigen Strecken darauf zu achten, daß keine sogenannte Deadlock-Situation entsteht.[95] Eine solche liegt dann vor, wenn die Züge derart in einen Bereich der Infrastruktur gefahren sind, daß kein Zug seine Fahrt mehr fortsetzen kann, wenn nicht mindestens ein Zug zurückgesetzt wird. Im folgenden Bild ist solche Deadlock-Situationen beispielhaft dargestellt:[96]

c)   Betriebsprogramm

Die Kapazität der Eisenbahninfrastruktur hängt zum einen vom Ausbau derselben ab, zum anderen vom Betriebsprogramms, das auf dieser Infrastruktur abgewickelt werden soll, also der Art und der Reihenfolge der Züge, die auf einer bestimmten Infrastruktur fahren sollen.[97]

---

[93] Stebens, Simulation von Eisenbahnverkehr auf der Basis von Zellularautomaten, Seite 93 - 94
[94] eigene Grafik
[95] Martin, ETR, Heft 4/2011, Seite 44
[96] eigene Grafik
[97] Brux, Verkehr und Technik 1976, Seite 228
     Jochim, EI, Heft 7/2000, Seite 5
     Segalla, Offener Netzzugang im Schienenverkehr, Seite 11

Bei eingleisigen Strecken hängt die Kapazität vom Abstand der Ausweichstellen ab, sowie von der Geschwindigkeit, mit der die Streckenabschnitte zwischen den Ausweichstellen befahren werden können.[98] Ist die Fahrzeit für die beiden Streckenabschnitte auf beiden Seiten einer Ausweichstelle verschieden, muß der Zug mit der kürzeren Fahrzeit den Gegenzug an der Ausweichstelle abwarten. Folgen sich die Züge in einer Richtung mit dem doppelten Abstand der Ausweichstellen, ist die Kapazität der Strecke erschöpft.

Bei zweigleisigen Strecken hängt die Kapazität zum einen von der Länge der Blockabschnitte, zum anderen von der Geschwindigkeit und Reihenfolge der Züge, die über die Strecke fahren sollen, ab. Die größte Kapazität hat eine zweigleisige Strecke dann, wenn sie nur von gleichartigen Zügen mit derselben Geschwindigkeit befahren wird,[99] wie aus der folgenden Darstellung ersichtlich:[100]

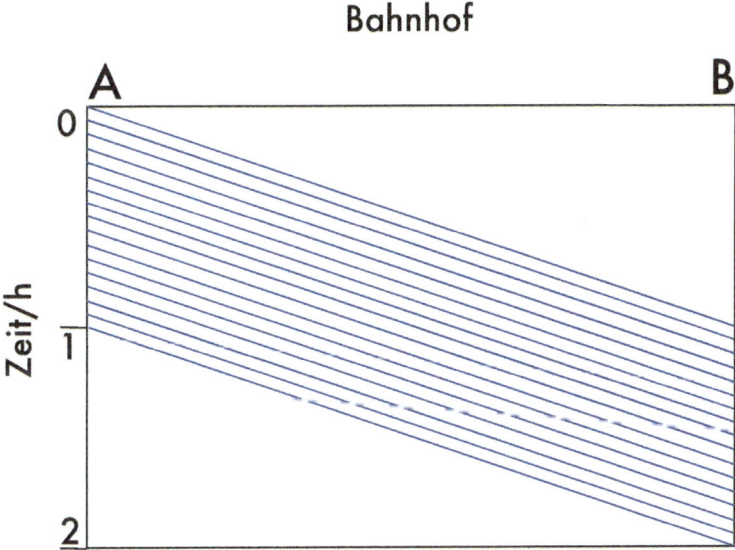

Im Fernverkehr lassen sich dann Mindestzugfolgezeiten von nur drei Minuten realisieren.[101] Bei städtischen Schnellbahnsystemen sind theore-

[98] Fiedler, Bahnwesen, Seite 223
    Weigand in Das System Bahn, Seite 340
[99] Bitterberg, IVW 1997, Seite 106
[100] eigene Grafik, Fahrplangrafik, Erläuterung im Anhang
[101] Andersen, ERI 1998, Seite 466 - 471

tisch sogar Zugfolgezeit von nur 90 Sekunden möglich.[102] Wird eine Strecke dagegen von Zügen mit sehr unterschiedlicher Geschwindigkeit befahren, kann die Kapazität einer Strecke dagegen sehr stark sinken,[103] wie aus der folgende Darstellung ersichtlich:[104]

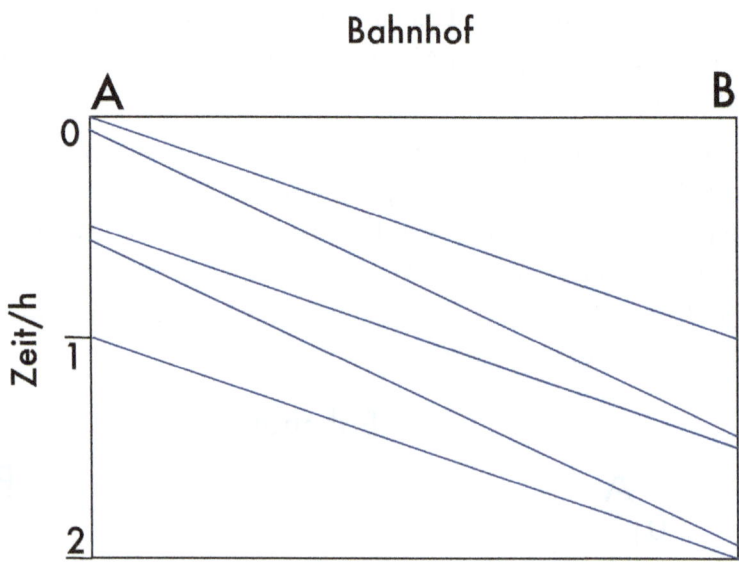

Wenn die Infrastruktur dafür ausreicht, läßt sich dieses Problem am besten dadurch lösen, daß schnelle und langsame Züge auf unterschiedlichen Strekken oder auf unterschiedlichen Gleisen derselben Strecke fahren. So sind die Hochgeschwindigkeitsstrecken zwischen Nürnberg und Ingolstadt und zwischen Köln und Frankfurt ausschließlich dem schnellen Personenverkehr vorbehalten[105] und auf der Strecke Hamm - Minden gibt es getrennte Gleise für den Personen- und Güterverkehr. Allerdings ist die Eisenbahninfrastruktur in Deutschland auf vielen stark befahrenen Strecken nicht so großzügig ausgebaut.

---

[102] Liebscher, ERI 2006, Seite 42
[103] Andersen, ERI 2008, Seite 424
[104] eigene Grafik
[105] SNB 2011 der DB Netz AG, Seite 9 und 23

Eine Maßnahme zur Steigerung der Kapazität bei stark unterschiedlichen Geschwindigkeiten sind die Bündelung von Zügen gleicher oder ähnlicher Geschwindigkeit,[106] wie in der folgenden Darstellung:[107]

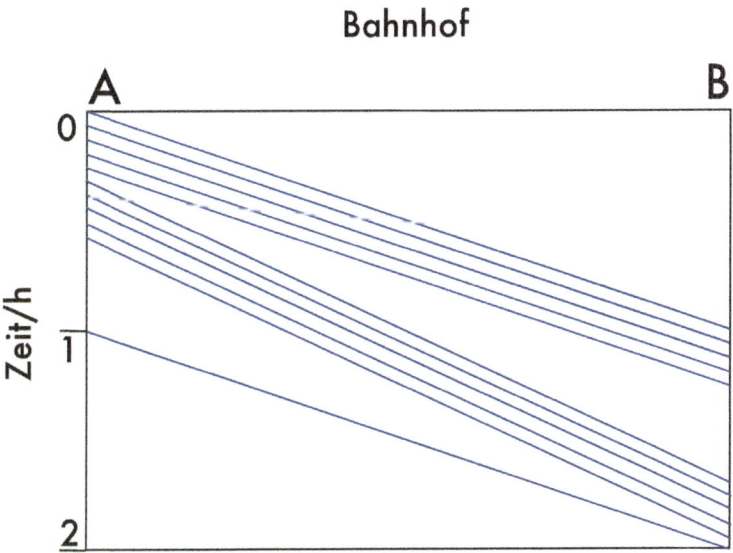

Eine andere Möglichkeit zur Steigerung der Streckenkapazität ist die Harmonisierung der unterschiedlichen Geschwindigkeiten der verschiedenen Züge, also der Beschleunigung der langsamen Züge oder / und der Verzögerung der schnellen Züge,[108] wie in der nachfolgenden Darstellung:[109]

---

[106] Runge, ETR 1991, Seite 564
[107] eigene Grafik
[108] Runge, ETR 1996, Seite 134
[109] eigene Grafik

Bahnhof

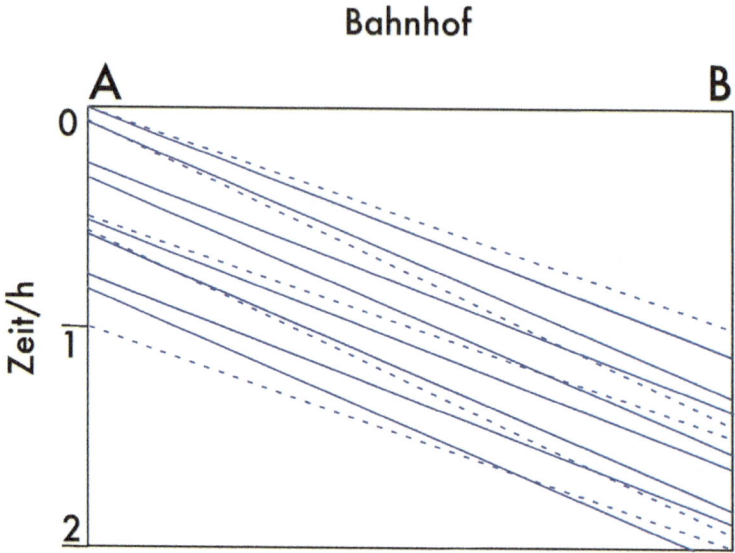

Die Bündelung von Zügen mit ähnlicher Geschwindigkeit ist jedoch meist nicht möglich, da die schnellen Personenzüge häufig in einem festen Takt, also mit gleichen zeitlichen Abständen verkehren sollen, zum Beispiel jede Stunde.[110] Daher ist der "Verbrauch" von Infrastrukturkapazität durch Taktfahrpläne besonders groß.[111] Beträgt die Mindestzugfolgezeit auf einer Strecke zum Beispiel 10 Minuten und die Züge sollen auf dieser Strecke in einem Taktabstand von 15 Minuten verkehren, ist die Kapazität der Strecke vollständig erschöpft, da zwischen zwei Taktzügen im Abstand von 15 Minuten kein weiterer Zug verkehren kann, der zu beiden Zügen den erforderlichen Mindestabstand von 10 Minuten einhält.

Die Harmonisierung der Geschwindigkeiten bedeutet eine Fahrzeitverlängerung für die schnellen Züge, in der Regel also die Personenzüge, und hier vor allem diejenigen des Fernverkehrs. Unproblematisch ist dies auf Strecken, die ohnehin nur eine vergleichsweise geringe Höchstgeschwindigkeit zulassen, wie zum Beispiel die beiden Strecken entlang des Rheins zwischen Koblenz und Bingen bzw. Rüdesheim. Hier liegt die Streckenhöchstgeschwindigkeit im Bereich der normalen Höchstge-

---

[110] Bitterberg, IVW 1997, Seite 105
[111] Heimerl in Die intelligente Bahn, Seite 35 - 36

schwindigkeit von Güterzügen,[112] so daß diese dort ohnehin so schnell fahren wie die Intercityzüge. Problematisch hingegen ist eine Harmonisierung der Geschwindigkeiten auf Strecken mit sehr großen Unterschieden zwischen den schnellsten und den langsamsten Zügen. So wurde die Strecke Köln - Düren mit viel Aufwand für eine Höchstgeschwindigkeit von 250 km/h ausgebaut, die dort auch von den ICE von Köln nach Brüssel und zurück ausgenutzt wird. Am anderen Ende der Geschwindigkeitsskala fahren auf dieser Strecke Güterzüge mit 80 km/h. Durch diese starke Spreizung der Höchstgeschwindigkeiten der verschiedenen Züge wird die Kapazität dieser Strecke stark eingeschränkt. Würden die ICE-Züge deutlich verzögert, wären die Investitionen in den aufwendigen Ausbau der Strecke für eine Höchstgeschwindigkeit von 250 km/h weitgehend nutzlos. Andererseits würde der Fahrzeitverlust bei einer Reduzierung der Höchstgeschwindigkeit der ICE-Züge auf dieser Strecke auf zum Beispiel 160 km/h nur wenige Minuten betragen, da der Streckenabschnitt, der hier mit 250 km/h befahren werden kann, mit 30 km vergleichsweise kurz ist.[113] Auf der anderen Seite setzt eine Harmonisierung der Geschwindigkeiten der Züge eine Beschleunigung der langsamen Züge, also vor allem der Güterzüge voraus. Einer solchen Beschleunigung sind jedoch aus technischen und betriebswirtschaftlichen Gründen Grenzen gesetzt. So gab es bei der Deutschen Bahn AG zwar schon Versuche mit Güterzügen, die bis zu 160 km/h fahren. Diese wurden aber nach relativ kurzer Zeit wieder aufgegeben.[114] Zum einen werden für solche Züge technisch wesentlich aufwendiger gestaltete Güterwagen mit ganz anderen Bremsen und Fahrwerken als bei den heutigen Güterwagen üblich benötigt, zum anderen benötigen derart schnelle Güterzüge viel mehr Antriebsleistung als langsamere Güterzüge, da der Luftwiderstand bei Güterzügen mit der Geschwindigkeit noch deutlich stärker wächst als bei Personenzügen, denn Güterzüge sind von wenigen Ausnahmen abgesehen aerodynamisch vergleichsweise ungünstig gestaltet.[115] Daher ist eine Anhebung der Höchstgeschwindigkeit von Güterzügen über 120 km/h weder technisch noch betriebswirtschaftlich sinnvoll. Schon die Anhebung der Höchstgeschwindigkeit eines Güter-

---

[112] Kandler, Die linke Rheinstrecke, Seite 55 - 57
[113] Holsten, ETR 2001, Seite 728
[114] Dorn, ETR 2001, Seite 464
[115] Netzwerk Privatbahnen, Netz 21, Seite 27

zugs von 100 km/h auf 120 km/h hat erhebliche Auswirkungen auf die Wirtschaftlichkeit eines solchen Zugs, da schon bei dieser vergleichsweise moderaten Geschwindigkeitserhöhung die benötigte Antriebsleistung deutlich ansteigt.[116] Darüber hinaus sind zahlreiche, vor allem ältere Güterwagen nur für eine Höchstgeschwindigkeit von 100 km/h zugelassen, so daß eine darüber hinausgehende Beschleunigung der Züge, die solche Waggons mitführen, bereits daran scheitert.

Eine weitere Maßnahme zur Erhöhung der Infrastrukturkapazität durch die Anpassung des Betriebsprogramms ist die zeitliche Entzerrung von Zügen unterschiedlicher Geschwindigkeiten. Dies bedeutet in der Regel, die Strecken tagsüber für den Personenverkehr zu reservieren und die Güterzüge nachts fahren zu lassen.[117] Dieses Konzept läßt sich heute in der Praxis jedoch nur noch sehr eingeschränkt umsetzen. Um Güter- und Personenverkehr auf der Schiene zeitlich sinnvoll trennen zu können, werden für den Güterverkehr nachts ausreichend lange Zeitfenster, in denen keine Personenzüge verkehren, benötigt. Diese sind jedoch gerade auf den stark belasteten Hauptstrecken meist kaum noch vorhanden.[118] Erschwerend hinzu kommt noch, daß die Fahrstrecken der Güterzüge im Durchschnitt immer länger werden,[119] so daß es vielen Güterzügen gar nicht möglich ist, in den knappen nächtlichen Zeitfenstern die Strecke vom Abfahrts- zum Zielbahnhof vollständig zurückzulegen. Einen solchen Güterzug tagsüber auf einem Überhol- oder Abstellgleis warten zu lassen bis zum nächsten nächtlichen Zeitfenster, ist wegen der damit verbunden drastischen Verlängerung der Gesamtfahrzeit und der damit einhergehenden langen zeitlichen Bindung des eingesetzten Rollmaterials wirtschaftlich inakzeptabel.

Die letzte Möglichkeit zur Erhöhung der Streckenkapazität bei Zügen mit unterschiedlichen Geschwindigkeiten sind Überholungen von langsamen

---

[116] Netzwerk Privatbahnen, Netz 21, Seite 27
[117] Runge, ETR 1991, Seite 564 - 565
[118] Bitterberg, IVW 1997, Seite 107
[119] Kille, Wirtschaftliche Rahmenbedingungen des Güterverkehrs, Seite 32
  Kremper, IVW 2007, Seite 136
  Elders, IVW 2007, Seite 568

Zügen durch schnelle Züge, wie in den folgenden beiden Darstellungen:[120]

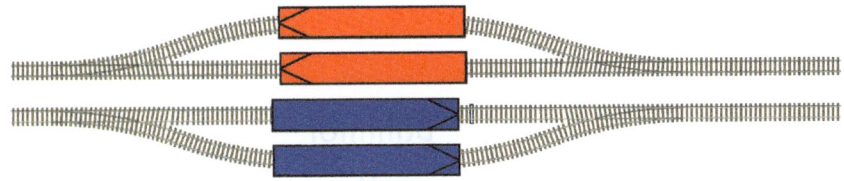

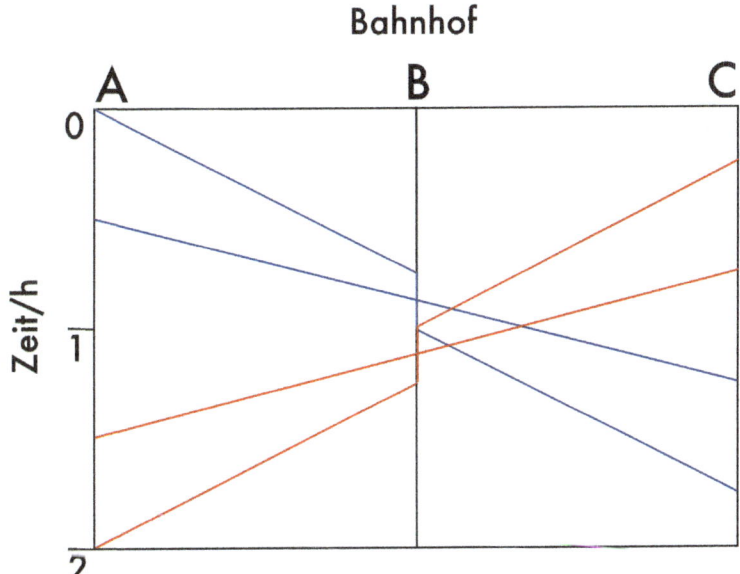

Bei Überholungen ist zunächst zu berücksichtigen, daß der zu überholende Zug hierfür seine Fahrt in der Regel unterbrechen, also anhalten muß, und daß die Infrastruktur hierfür eingerichtet sein muß, also insbesondere für die Länge des zu überholenden Zuges ausreichende Überholgleise an geeigneter Stelle aufweisen muß. Ferner ist zu beachten, daß der Zeitverlust des überholten Zuges durch die Überholung fast immer größer ist als der theoretische Zeitverlust des überholenden Zuges, wenn dieser den langsamen Zug nicht überholen würde, sondern hinter diesem

---

120 eigene Grafiken

herfahren würde.[121] Liegen die Überholgleise ungünstig in Bezug auf den Fahrplan, kann dieses Verhältnis leicht ein Vielfaches betragen, da der überholte Zug dann unnötig lange warten muß, wie aus der folgenden Darstellung ersichtlich:[122]

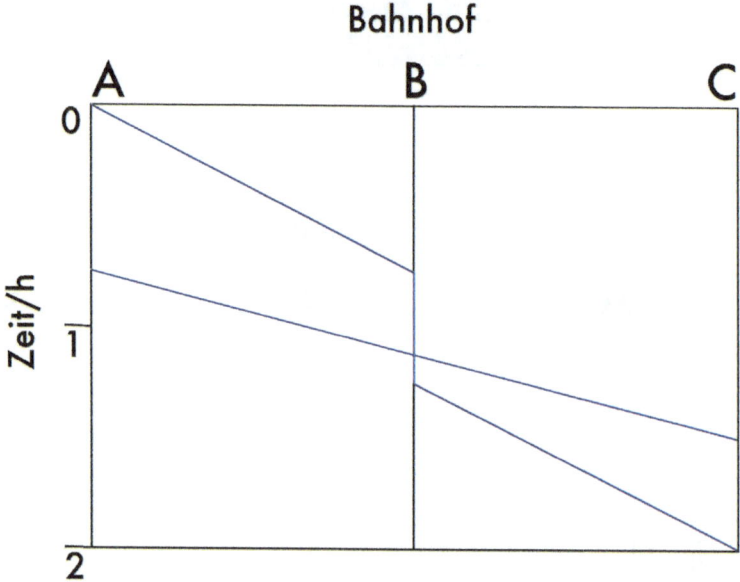

Hinzu kommt, daß der überholte Zug meist zwei Fahrplantrassen "verbraucht", wie aus der folgenden Darstellung ersichtlich:[123]

---

[121] Fülling, ETR 1957, Seite 92 - 94
[122] eigene Grafik
[123] eigene Grafik

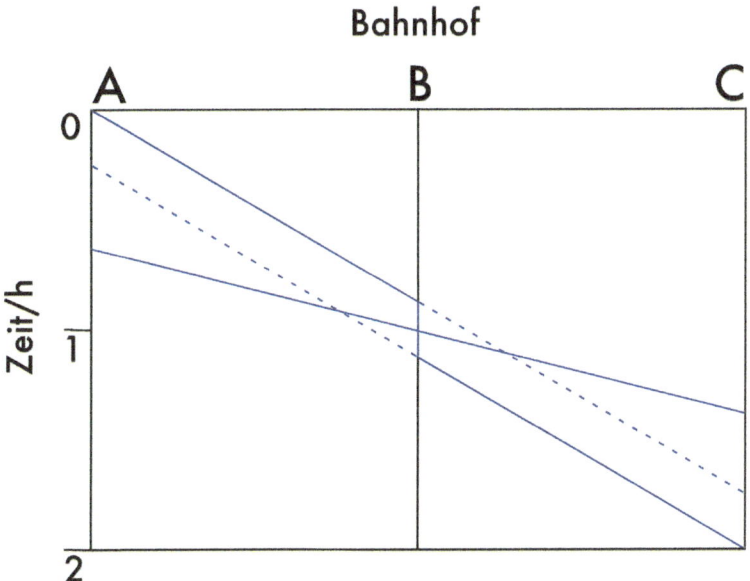

Daher hält sich der "Gewinn" an Kapazität, der durch Überholungen erzielt werden kann, in engen Grenzen. Sinnvoll ist eine Überholung immer dann, wenn es sich bei dem überholten Zug um einen langsamen Personenzug handelt, der an der Stelle der Überholung ohnehin zum Ein- und Aussteigen halten muß. Unsinnig ist sie immer dann, wenn der langsame und der schnelle Zug nicht weit von der möglichen Überholung ihre Fahrt auf getrennten Gleisen fortsetzen können. Bei der heutigen Fahrplangestaltung werden vor allem Güterzüge häufiger überholt, meist von schnellen Personenzügen. Dies ist wirtschaftlich und ökologisch besonders ungünstig, weil sich durch das Abbremsen und erneute Beschleunigen der schweren Güterzüge der Energieverbrauch zu deren Beförderung deutlich erhöht.

d) Betriebsqualität

Neben dem Ausbau der Infrastruktur und dem darauf abzuwickelnden Betriebsprogramm hat schließlich die gewünschte Betriebsqualität entscheidenden Einfluß auf die Kapazität einer Eisenbahninfrastruktur.[124]

---

[124] Pachl, Systemtechnik des Schienenverkehrs, Seite 144 – 145
Schaer, Signal + Draht, Heft 9/2003, Seite 8

Das Maß für die Betriebsqualität ist der Umfang, in dem durch außerbetriebliche Ursachen entstandene Verspätungen im laufenden Betrieb wieder abgebaut werden können.[125] Eine gute Betriebsqualität liegt demnach vor, wenn sich solche Verspätungen rasch abbauen lassen und nach vergleichsweise kurzer Zeit wieder nach dem Regelfahrplan gefahren werden kann. Entsprechend ist die Betriebsqualität schlecht, wenn sich eine einmal entstandene Verspätung immer weiter aufschaukelt und auch in erheblichem Umfang auf andere Züge überträgt.[126]

Wird die theoretische Mindestzugfolgezeit auf einer Strecke vollkommen ausgeschöpft, ist kein Verspätungsabbau mehr möglich. Werden also zum Beispiel auf einer Strecke, deren Mindestzugfolgezeit fünf Minuten beträgt, die Züge tatsächlich im Abstand von fünf Minuten im Fahrplan eingeplant, kann auf dieser Strecke eine einmal auftretende Verspätung nie mehr abgebaut werden und überträgt sich zwingend auf alle nachfolgenden Züge, da im Fahrplan keinerlei Pufferzeiten vorhanden sind, um eine Verspätungsübertragung zu reduzieren. Da es im realen Betrieb immer zu kleineren Störungen kommt, würde sich bei einer derartigen Fahrplangestaltung eine endlose Warteschlange vor dieser Strecke bilden.[127] Der Betrieb würde letztlich zum erliegen kommen. Aus diesem Grund müssen im Fahrplan immer Pufferzeiten eingeplant werden, die es ermöglichen, bei Störungen die auftretenden Verspätungen jedenfalls mittelfristig wieder abzubauen.[128] Allerdings reduziert sich mit zunehmenden Pufferzeiten und damit zunehmender Betriebsqualität natürlich die Kapazität einer Strecke.[129] Daher muß bei der Fahrplangestaltung festgelegt werden, welche Betriebsqualität gewünscht wird.

Die Betriebsqualität muß auch nicht immer gleich sein. So kann zum Beispiel in Spitzenzeiten wie dem morgendlichen und abendlichen Berufsverkehr die Streckenauslastung deutlich höher sein, wenn sie in den jeweils nachfolgenden Stunden wieder sinkt und dann Verspätungen, die

---

[125] DB-RL 405, Modul 104, Seite 5
[126] DB-RL 405, Modul 104, Seite 6
[127] Pachl, Systemtechnik des Schienenverkehrs, Seite 145
[128] Ross, Strategische Infrastrukturplanung im Schienenverkehr, Seite 223
[129] Ross, Strategische Infrastrukturplanung im Schienenverkehr, Seite 224

aus Betriebsstörungen während der Spitzenbelastung einer Strecke resultieren, zeitlich versetzt wieder abgebaut werden können.[130]

3. Rechtliche Regeln für die Trassenvergabe

Das AEG enthielt ursprünglich in § 14 Abs. 1 Satz 2 die Regelungen, daß vertakteter oder "ins Netz eingebundener" Verkehr bei der Vergabe von Infrastrukturkapazitäten angemessen zu berücksichtigen ist. Daraus wurde überwiegend ein Vorrang für vertaktete Verkehre abgeleitet.[131] Was mit "ins Netz eingebundenem" Verkehr gemeint sein könnte, erschließt sich leider weder aus dem Normtext noch aus den entsprechenden Gesetzgebungsmaterialien. Weitere Regelungen zur Trassenvergabe enthielt das AEG nicht. Konsequenterweise wurde auch diese Regelung schließlich gestrichen und durch den Verweis auf die EIBV ersetzt. Diese wiederum setzt die Vorgaben des EU-Rechts zur Trassenvergabe in deutsches Recht um.

a) Europarechtliche Vorgaben

Die europarechtlichen Vorgaben zur Trassenvergabe finden sich in RL 2001/14/EG. Die Trassenvergabe ist in den Art. 13 bis 29 der Richtlinie geregelt, die in der EIBV in deutsches Recht umgesetzt wurden.

b) EIBV

Die rechtlichen Regeln für die Trassenvergabe finden sich in der EIBV. Neben der Definition der Zugtrasse in § 2 Nr. 1 EIBV enthält die Verordnung in den §§ 6 bis 19 umfangreiche Regeln für die Vergabe der Infrastrukturkapazität. § 3 Abs. 1 EIBV legt fest, daß die Infrastrukturbetreiber den Zugang zu ihrer Infrastruktur diskriminierungsfrei zu gewähren haben. In der ursprünglichen Fassung der EIBV war dies in § 3 Abs. 1 Nr. 1 noch näher dahingehend definiert, daß die Infrastrukturbetreiber

---

[130] Pachl, Systemtechnik des Schienenverkehrs, Seite 200 - 201
[131] Riegger, Wettbewerb im Eisenbahnverkehr, Seite 145
Schwalbach, Wettbewerb auf der Schiene, Seite 155
Braun, Der Zugang zu wirtschaftlicher Netzinfrastruktur, Seite 267
Aberle, Transportwirtschaft, Seite 359

über Anmeldungen zur Benutzung ihrer Infrastruktur nicht ohne sachlich gerechtfertigten Grund unterschiedlich entscheiden dürfen. Mit der Neufassung der EIBV im Jahr 2005 ist diese Definition nun in § 9 Abs. 1 Satz 2 EIBV zu finden. Die Pflicht der Eisenbahninfrastrukturunternehmen zur Aufstellung von Benutzungsbedingungen und deren Veröffentlichung ist nunmehr in § 4 EIBV geregelt.

§ 8 Abs. 1 EIBV geht von einem Jahresfahrplan aus. Für grenzüberschreitende Verkehre ist in § 8 Abs. 1 Nr. 1 EIBV eine Frist von elf Monaten vor Beginn einer Fahrplanperiode für die Anmeldung entsprechender Trassen vorgesehen. Der Beginn einer Fahrplanperiode ist in § 8 Abs. 2 Satz 1 EIBV auf den zweiten Samstag im Dezember, 24 Uhr festgelegt. Für nationale Verkehre können die Infrastrukturbetreiber nach § 8 Abs. 1 Nr. 2 EIBV diese Anmeldefrist selbst festlegen. Sie beträgt zur Zeit acht Monate vor Beginn der Fahrplanperiode.[132] Nach § 8 Abs. 1 Nr. 4 EIBV müssen die Infrastrukturbetreiber innerhalb von vier Monaten nach Ablauf der Anmeldefrist für nationale Trassen einen Entwurf für den Netzfahrplan erstellen. Gemäß § 8 Abs. 1 Nr. 5 EIBV müssen die Betreiber der Schienenwege nach Erstellung des Netzfahrplanentwurfs den Eisenbahnverkehrsunternehmen, die Trassen angemeldet haben, einen Monat Zeit zur Stellungnahme hierzu einräumen. Eine solche Stellungnahme können diese Unternehmen aber nur dann sinnvoll abgeben, wenn sie Einsicht in den Netzfahrplanentwurf erhalten und hier insbesondere Kenntnis aller Anmeldungen erhalten, die mit ihren eigenen Anmeldungen in Konflikt stehen. Die Praxis des größten Betreibers von Eisenbahninfrastruktur in Deutschland, der DB Netz AG, sieht derzeit jedoch anders aus. Die Eisenbahnverkehrsunternehmen erhalten nur ein Angebot für die von ihnen angemeldeten Trassen, zu dem sie dann Stellung nehmen können.[133] Weicht das Angebot von der Anmeldung ab, erhält das Eisenbahnverkehrsunternehmen keine Begründung für die Abweichung. Eine Stellungnahme zum Fahrplanentwurf, wie in § 8 Abs. 1 Nr. 5 EIBV vorgesehen, ist so nicht möglich, da ein Eisenbahnverkehrsunternehmen mangels Kenntnis der anderen im Fahrplanentwurf vorgesehenen Zugfahrten sich kein Bild von möglichen Alternativen zu den vom Infrastrukturbetreiber angebotenen Zugtrassen machen kann. Nach § 8 Abs. 1 Nr. 6 EIBV müs-

---

[132] SNB 2011 der DB Netz AG, Seite 31
[133] SNB 2011 der DB Netz AG, Seite 35

sen die Infrastrukturbetreiber eine weitere Frist festlegen, innerhalb derer berechtigten Beanstandungen am Netzfahrplanentwurf Rechnung zu tragen ist. Nach Ablauf dieser Frist gilt der Fahrplanentwurf als verbindlich.

§ 9 EIBV schließlich regelt das Verfahren, wenn für eine Fahrplanperiode Trassen angemeldet werden, die miteinander in Konflikt stehen. Hierzu legt § 9 Abs. 1 Satz 1 EIBV zunächst fest, daß allen Anträgen auf Zuweisung von Infrastrukturkapazität soweit möglich stattzugeben ist. Fraglich ist, ob hieraus schon folgt, daß hierzu auch Änderungen an den Trassenanmeldungen entsprechend den oben beschriebenen Maßnahmen zur Steigerung der Infrastrukturkapazität durch Anpassung der Zuggeschwindigkeiten oder der Zugreihenfolge erfolgen sollen oder müssen. Dagegen spricht jedoch § 9 Abs. 3 Satz 2 EIBV, der vorsieht, daß der Infrastrukturbetreiber solche Abweichungen erst im Rahmen von Verhandlungen über miteinander in Konflikt stehende Trassenanmeldungen anbieten kann. Eine entsprechende Pflicht besteht daher für den Infrastrukturbetreiber jedenfalls nicht. Er muß allerdings die Regeln für dieses Koordinierungsverfahren zur Lösung von Konflikten zwischen verschiedenen Trassenanmeldungen in seinen Schienennetz-Benutzungsbedingungen festlegen.

Kommt eine Einigung im Koordinierungsverfahren nicht zustande, legen die weiteren Absätze des § 9 EIBV ein abgestuftes Verfahren zur Lösung von Konflikten zwischen Trassenanmeldungen fest. § 9 Abs. 4 EIBV enthält zunächst einige Prioritätsregeln. So haben alle vertakteten Zugtrassen und solche, die "ins Netz eingebunden" sind, Vorrang vor allen anderen Zügen. Vertaktet sind nach § 9 Abs. 7 EIBV alle Züge, die mindestens viermal täglich in einem maximalen Abstand von zwei Stunden jeweils zur selben Minute verkehren. "Ins Netz eingebunden" sollen Züge sein, die derart miteinander verknüpft sind, daß sie ein Umsteigen ermöglichen.[134] Als zweite Prioritätsstufe sind Trassen für grenzüberschreitende Verkehre vorgesehen. Nach diesen kommen als dritte Prioritätsstufe schließlich die Zugtrassen für den Güterverkehr. In letzter Konsequenz bedeutet dies, daß nicht vertaktete nationale Personenverkehre nachrangig nach allen anderen Zügen sind. Damit sind nach dem Wortlaut der Norm auch solche Züge nachrangig, die nicht in einem strengen Takt

---

[134] Bundesrats-Drucksache 249/05, Seite 43

sondern mit wenigen Minuten Abweichung hierzu verkehren. Ursprünglich rangierten grenzüberschreitende Verkehre vor den Taktverkehren. Der Normgeber befürchtete jedoch, daß dadurch Taktverkehre im Nahverkehr empfindlich gestört werden könnten,[135] so daß die Prioritätsregelung geändert wurde.[136] Tatsächlich wurden für den Jahresfahrplan, der im Dezember 2010 begann, internationale Trassen angemeldet, die zu Konflikten mit Trassen des Taktverkehrs im Personennahverkehr führten.[137] Die entsprechenden Anmeldungen für den grenzüberschreitenden Verkehr wurden jedoch schließlich wieder zurückgezogen.[138]

Die in § 9 Abs. 4 EIBV festgelegte Reihenfolge steht allerdings unter Vorbehalten. So kann nach § 9 Abs. 4 Satz 2 EIBV von der in Satz 1 dieser Norm festgelegten oben dargestellten Reihenfolge aus Gründen der Sicherheit abgewichen werden. In den Gesetzgebungsmaterialien werden als Beispiel Gefahrgutzüge genannt.[139] Ferner sieht § 9 Abs. 4 Satz 1 EIBV Vorbehalte für Trassen aus Rahmenverträgen nach § 13 EIBV und für Strecken vor, die gemäß § 19 EIBV für bestimmte Züge vorbehalten sind. Nach § 13 Abs. 1 Satz 5 EIBV sind Eisenbahnverkehrsunternehmen, die für eine bestimmte Zugtrasse einen Rahmenvertrag abgeschlossen haben, aber nur vom Höchstpreisverfahren nach § 9 Abs. 6 EIBV befreit. Im Umkehrschluß daraus würde folgen, daß die in § 9 Abs. 4 und 5 EIBV festgelegten Prioritätsregeln uneingeschränkt auch für Trassenanmeldungen aus einem Rahmenvertrag gelten würden. Damit ließen sich aber Trassen aus einem Rahmenvertrag relativ einfach verdrängen, wenn sie mit nach § 9 Abs. 4 oder 5 EIBV höherrangigen Zügen in Konflikt stehen, was den Wert eines Rahmenvertrags, insbesondere für Züge des Güterverkehrs, stark einschränken und das Rechtsinstitut der Rahmenverträge insgesamt in Frage stellen würde. Ein weitergehender Vorrang von Trassenanmeldungen aus Rahmenverträgen wiederum würde jedoch dem insoweit eindeutigen Normtext widersprechen. Nach § 19 EIBV können bestimmte Strecken für bestimmte Verkehrsarten reserviert werden. Diese Frage hat auch schon die Gerichte beschäftigt. Die DB Netz AG sieht in ihren SNB für die Strecke Nürnberg - Ingolstadt ein Verbot für den Güterverkehr

---

[135] Bundesrats-Drucksache 249/1/05, Seite 2
[136] Bundesrats-Drucksache 783/08, Seite 17
[137] Bahn-Report, Heft 1/2010, Seite 20
[138] Bahn-Report, Heft 3/2010, Seite 13
[139] Bundesrats-Drucksache 249/05, Seite 43

vor.[140] Dies wurde von der Bundesnetzagentur neben anderen Bestimmungen der SNB nach § 14e Abs. 1 Nr. 4 AEG beanstandet.[141] Das OVG NRW hat jedoch sowohl im Eilverfahren als auch im Hauptsacheverfahren die Postition der DB Netz AG und damit das Güterzugverbot auf dieser Strecke bestätigt.[142] Angesichts von § 19 Satz 2 EIBV erscheint es zweifelhaft, ob diese Entscheidung richtig ist, da dort festgelegt ist, daß freie Kapazitäten auch an andere als die auf den entsprechenden Strecken bevorzugt vorgesehenen Zugverkehre zu vergeben sind.

Führt die Prioritätsregel in § 9 Abs. 4 EIBV nicht zur Lösung eines Trassenkonflikts, legt § 9 Abs. 5 EIBV fest, daß derjenigen Trassenanmeldung der Vorzug zu geben ist, welche das höchste Regelentgelt erzielen würde. Stehen mehr als zwei Trassenanmeldungen in Konflikt zueinander, ist denjenigen Trassen der Vorzug zu geben, die in der Summe das höchste Regelentgelt erzielen würden. Diese Regelung führt zu einer Bevorzugung langlaufender Züge gegenüber solchen, die nur über eine kurze Strecke verkehren, was aus Sicht einer möglichst guten Nutzung des Schienennetzes sinnvoll erscheint. Darüber hinaus führt das bei dem derzeit gültigen Trassenpreissystem der DB Netz AG dazu, daß schnelle Züge gegenüber langsamen bevorzugt werden, da im Trassenpreissystem für sogenannte Expreßtrassen höhere Entgelte vorgesehen sind als für langsamere Züge.

Wenn auch die Regelung in § 9 Abs. 5 EIBV zu keiner Lösung eines Trassenkonflikts führt, was nur dann denkbar ist, wenn identische Trassenanmeldungen von verschiedenen Unternehmen vorliegen, sieht § 9 Abs. 6 EIBV das Höchstpreisverfahren vor. Das heißt, die betroffenen Unternehmen müssen ein über dem im Trassenpreissystem festgelegten Regelentgelt für die angemeldete Trasse liegendes Entgelt anbieten. Das Eisenbahnverkehrsunternehmen, welches das höchste Entgelt geboten hat, erhält die begehrte Zugtrasse. Es handelt sich dabei nicht um eine Versteigerung, sondern um ein Verfahren ähnlich der bei der Vergabe öffentlicher Aufträge im Bieterverfahren. Jedes betroffene Unternehmen kann nur ein Angebot für die umstrittene Zugtrasse abgeben.

---

140 SNB 2011 der DB Netz AG, Seite 9
141 Bescheid der Bundesnetzagentur vom 20. November 2006, 7S3-06-054, Seite 37 - 40
142 OVG NRW, Beschluß vom 26. März 2007, 13 B 2592/06
   OVG NRW, Urteil vom 17. Juni 2010, 13 A 2557/09

§ 9 Abs. 2 EIBV verpflichtet die Infrastrukturbetreiber, die Instandhaltung der Infrastruktur bei der Erstellung des Fahrplans zu berücksichtigen und insbesondere die Behinderungen und Beschränkungen des Netzzugangs durch Baumaßnahmen an der Infrastruktur so gering wie möglich zu halten.

Nicht ausdrücklich geregelt ist, wie sich das in § 9 EIBV geregelte Verfahren in den in § 8 EIBV festgelegten Zeitablauf einfügt. Da ein Netzfahrplanentwurf nur erstellt werden kann, wenn alle Trassenkonflikte gelöst sind, muß das in § 9 EIBV geregelte Verfahren innerhalb der in § 8 Abs. 2 Nr. 4 EIBV festgelegten vier Monate zur Erstellung eines Entwurfs für den Netzfahrplan abgeschlossen sein.

Während die erste Fassung der EIBV aus dem Jahr 1997 in § 4 Abs. 6 die Übertragung einer Zugtrasse, die einem Eisenbahnverkehrsunternehmen im Rahmen der Erstellung des Netzfahrplans zugewiesen wurde, auf ein anderes Eisenbahnverkehrsunternehmen untersagte, ist eine solche Übertragung nunmehr nach § 11 Abs. 3 EIBV gestattet. Macht ein Eisenbahnverkehrsunternehmen allerdings davon Gebrauch, haftet es nach § 11 Abs. 3 Satz 3 EIBV zusammen mit dem Eisenbahnverkehrsunternehmen, welches die Fahrplantrasse übernimmt, gegenüber dem Infrastrukturbetreiber als Gesamtschuldner für die Forderungen des Infrastrukturbetreibers aus der Infrastrukturnutzung. Ausserdem räumt § 11 Abs. 3 Satz 2 EIBV dem Infrastrukturbetreiber ein Widerspruchsrecht gegen die Übertragung einer Zugtrasse ein, das allerdings nur aus Gründen der Sicherheit des Eisenbahnbetriebs ausgeübt werden kann.

Nutzt ein Eisenbahnverkehrsunternehmen eine zum Jahresfahrplan angemeldete Trasse nicht innerhalb eines Monats nach Beginn der Fahrplanperiode, oder, falls der vereinbarte Nutzungsbeginn nicht mit dem Beginn der Fahr-planperiode übereinstimmt, innerhalb eines Monats nach dem vereinbarten Nutzungsbeginn, kann der Infrastrukturbetreiber den entsprechenden Vertrag gemäß § 12 Satz 1 EIBV fristlos kündigen, wenn das Eisenbahnverkehrsunternehmen die Nichtnutzung der Trasse zu vertreten hat.

§ 13 EIBV schließlich regelt das Rechtsinstitut der Rahmenverträge. Mittels eines Rahmenvertrags kann sich ein Eisenbahnverkehrsunternehmen theoretisch nach § 13 Abs. 1 Satz 1 EIBV Zugtrassen innerhalb bestimmter

Zeitfenster über die Dauer einer Fahrplanperiode hinaus sichern. Nach § 13 Abs. 4 und 5 EIBV kann dies längstens für fünf Jahre erfolgen. Gemäß § 14a Abs. 2 AEG bedürfen Rahmenverträge, die länger als fünf Jahre laufen, der Genehmigung der Regulierungsbehörde. Das Zeitfenster für eine Zugtrasse muß nach § 13 Abs. 1 Satz 3 EIBV mindestens so bemessen sein, daß innerhalb des Zeitfensters die Konstruktion von mindestens drei Zugtrassen möglich ist. Wie oben im Kapitel über die Grundlagen der Eisenbahntechnik und des Eisenbahnbetriebs ausgeführt, hängt die Inanspruchnahme von Infrastrukturkapazität und damit auch die Länge eines Zeitfensters für drei Zugtrassen aber entscheidend davon ab, welche Art von Zügen aufeinanderfolgen. Wenn die Norm so zu verstehen ist, daß es sich um drei gleichartige Zugtrassen handeln soll, betrüge das Zeitfenster das dreifache der Mindestzugfolgezeit, was bei der realen Fahrplankonstruktion mit Zügen unterschiedlicher Geschwindigkeiten häufig nur eine einzige tatsächlich fahrbare Zugtrasse ergeben dürfte. § 13 Abs. 2 Satz 1 EIBV legt fest, daß durch Rahmenverträge maximal 75 % der Infrastrukturkapazität vergeben werden sollen. Wie oben im Kapitel über die Grundlagen der Eisenbahntechnik und des Eisenbahnbetriebs dargelegt, ist die Kapazität einer Eisenbahninfrastruktur jedoch in erheblichem Maße abhängig von dem darauf abzuwickelnden Betriebsprogramm und der gewünschten Betriebsqualität. Der Normgeber geht hier jedoch anscheinend von einem fixen Wert der Infrastrukturkapazität aus, denn nur dann hätte diese Regelung einen Sinn. In den Gesetzgebungsmaterialien ist lediglich die Rede davon, daß der Fahrplan so gestaltet werden soll, daß Behinderungen durch verspätete Züge auf ein erträgliches Maß begrenzt werden.[143] Ein darüber hinausgehende Definition der Infrastrukturkapazität fehlt jedoch auch in den Gesetzgebungsmaterialien. Darüber hinaus stellt die 75 %-Grenze eine Sollregelung dar, die im Einzelfall auch überschritten werden kann, nach dem Willen des Normgebers insbesondere für den Aufbau von Taktverkehren.[144] § 13 Abs. 2 Satz 2 EIBV legt fest, daß die durch Rahmenverträge gebundene Infrastrukturkapazität andere, also zusätzliche Zugfahrten nicht ausschließen darf. Auch hier ist unklar, ob damit beliebige Zugfahrten gemeint sind oder ob es genügt, wenn überhaupt noch zusätz-

---

[143] Bundesrats-Drucksache 249/05, Seite 35
[144] Bundesrats-Drucksache 249/05, Seite 50

liche Zugfahrten mit an die durch die Rahmenverträge gebundenen Infrastrukturkapazität angepaßten Eigenschaften möglich sind. § 13 Abs. 4 EIBV legt für die Rahmenverträge eine Rahmenfahrplanperiode fest, die fünf Jahre dauert und deren erste mit dem Fahrplanwechsel im Dezember 2010 endete. Zwar hat der Normgeber in § 13 Abs. 5 EIBV festgelegt, daß Rahmenverträge grundsätzlich eine Laufzeit von fünf Jahren haben sollen, ist in den Gesetzgebungsmaterialien aber ausdrücklich davon ausgegangen, daß auch kürzere Rahmenverträge geschlossen werden können, wenn ihr Ende auf das Ende einer Rahmenfahrplanperiode fällt.[145] Dies ist auch in § 13 Abs. 11 Nr. 1 EIBV zum Ausdruck gekommen. Es ist jedoch kein rechtlich relevanter Grund ersichtlich, warum der Abschluß eines Rahmenvertrags, der nach dem Beginn einer Rahmenfahrplanperiode beginnt und vor deren Ablauf wieder endet, ausgeschlossen sein sollte. Liegen für die Rahmenverträge Anträge vor, die miteinander in Konflikt stehen, sehen §§ 13 Abs. 9 und 10 ein Koordinierungs- und Konfliktlösungsverfahren entsprechend dem in § 9 EIBV beschriebenen vor.

Hinsichtlich Trassenanmeldungen, die nach Ablauf der Frist aus § 8 Abs. 1 Nr. 2 EIBV zur Anmeldung von Trassen für den Jahresfahrplan eingehen, unterscheidet § 14 EIBV zwischen Anträgen auf Zuweisung einzelner Zugtrassen, über die der Infrastrukturbetreiber nach Abs. 1 der Norm innerhalb von vier Wochen entscheiden muß, und Anträgen auf Zuweisung kurzfristiger Zugtrassen, über die der Infrastrukturbetreiber nach Abs. 2 der Norm innerhalb von fünf Arbeitstagen entscheiden muß. Wann eine Trassenanmeldung kurzfristig sein soll im Sinne der Norm, läßt weder diese noch die dazugehörigen Gesetzgebungsmaterialien erkennen. In der europarechtlichen Vorgabe, der RL 2001/14/EG, findet sich in Art. 23 nur eine dem § 14 Abs. 2 EIBV entsprechende Regelung. Was den deutschen Normgeber zur Schaffung von § 14 Abs. 1 EIBV veranlaßt hat, ist nicht erkennbar. Nach § 14 Abs. 4 EIBV hat der Infrastrukturbetreiber schon bei der Erstellung des Jahresfahrplans ausreichend Kapazität für absehbare kurzfristige Trassenanmeldungen, die er nach Erstellung des Jahresfahrplans erwartet, vorzusehen. Dies soll nach dem ausdrücklichen Wortlaut der Norm auch für überlastete Schienenwege gelten.

---

[145] Bundesrats-Drucksache, 249/05, Seite 50 - 51

Kann nicht allen Trassenanmeldungen entsprochen werden, liegt ein überlasteter Schienenweg in Sinne von § 2 Nr. 5 EIBV vor, also immer dann, wenn § 9 Abs. 4, 5 oder 6 EIBV zur Anwendung kommen. In diesem Fall hat der Infrastrukturbetreiber gemäß § 16 EIBV den entsprechenden Teil seines Netzes unverzüglich für überlastet zu erklären. Die Erklärung hat gegenüber der Eisenbahnaufsichtsbehörde und der Regulierungsbehörde zu erfolgen. Innerhalb von sechs Monaten nach Abgabe der Erklärung hat der Infrastrukturbetreiber für den betroffenen Teil des Netzes eine Kapazitätsanalyse nach § 17 EIBV durchzuführen und innerhalb von weiteren sechs Monaten nach § 18 EIBV einen Plan zur Erhöhung der Schienenwegkapazität aufzustellen. Fraglich ist, ob ein überlasteter Schienenweg auch dann vorliegt, wenn kurzfristige Trassenanmeldungen abgelehnt werden mußten oder nur dann, wenn nicht alle zum Jahresfahrplan angemeldeten Trassen im Fahrplanentwurf berücksichtigt werden konnten.

c) Netzzugangsbedingungen der DB Netz AG

Die Schienennetz-Benutzungsbedingungen (SNB) der DB Netz AG enthalten zunächst eine Zusammenstellung der Strecken, die besondere Schienenwege im Sinne des § 19 EIBV darstellen. Dies sind mit Ausnahme der Strecke Wolfsburg - Berlin sämtliche Schnellfahrstrecken (Mannheim - Stuttgart, Hannover - Würzburg, Köln - Frankfurt, Nürnberg - Ingolstadt),[146] sowie die Tunnelstrecke der Nord-Süd-Gleise des Berliner Hauptbahnhofs einschließlich der Zulaufstrecken.[147]

Ferner enthalten die SNB eine Liste der derzeit nach § 16 EIBV für überlastet erklärten Strecken.[148] In den Anlagen der SNB finden sich für alle derzeit für überlastet erklärten Strecken besondere Regelungen für die Trassenvergabe auf diesen Strecken, insbesondere Einschränkungen für Güterzüge, bzw. Mindestanforderungen an diese, sowie Vorschläge für Alternativstrecken.[149]

---

[146] SNB 2011 der DB Netz AG, Seite 22 - 24
[147] SNB 2011 der DB Netz AG, Seite 9
[148] SNB 2011 der DB Netz AG, Seite 24
[149] Anlage 6.1 zu den SNB 2011 der DB Netz AG

Weiter enthalten die SNB Regeln für die Trassenvergabe. Diese bestehen zunächst aus formalen Anforderungen an die Trassenanmeldung.[150] Hierzu hält die DB Netz AG auf ihrer Internetseite Formulare für die Trassenanmeldungen bereit.[151] Darüber hinaus sind in den SNB die Fristen für die Trassenanmeldungen festgelegt, sowie die Fristen für die weiteren Bearbeitungsschritte.[152] Schließlich enthalten die SNB Regeln für die eigentliche Trassenvergabe einschließlich der Regeln für das Koordinierungsverfahren und die Vorrangregeln, falls im Rahmen des Koordinierungsverfahrens keine Einigung erzielt werden kann.[153] Hierbei ist insbesondere bemerkenswert, daß sich die DB Netz AG einen Spielraum von +/- 3 Minuten für die Planung von Trassen für den Personenverkehr und von +/- 15 Minuten für den Güterverkehr gegenüber den Trassenanmeldungen einräumt, den sie im Rahmen eines ersten Fahrplanentwurfs ohne Rücksprache mit den anmeldenden Eisenbahnverkehrsunternehmen und vor Einleitung des Koordinierungsverfahrens nutzt, um Konflikte zwischen Trassenanmeldungen zu lösen. Erst wenn auf diese Weise keine konfliktfreie Trassenkonstruktion möglich ist, wird das Koordinierungsverfahren eingeleitet, welches nur telefonisch oder schriftlich durchgeführt wird. Wird auf telefonischem Weg keine Einigung erzielt, werden die betroffenen Eisenbahnverkehrsunternehmen aufgefordert, Spielräume und Zwangspunkte bezüglich ihrer Trassenanmeldung offenzulegen. Werden solche nicht benannt, wird das Entscheidungsverfahren nach § 9 Abs. 4 bis 6 EIBV durchgeführt.[154]

Für das Entscheidungsverfahren sehen die SNB im wesentlichen dasselbe Verfahren vor, das schon in der EIBV vorgegeben ist. In Bezug auf den Vorrang von Trassenanmeldungen aus einem Rahmenvertrag weichen sie allerdings insofern von der EIBV ab, als diese schon dann Vorrang genießen, wenn die Prioritätsregel in § 9 Abs. 4 EIBV zu keiner Lösung eines Trassenkonflikts führt, mithin also nicht nur vom Höchstpreisverfahren nach § 9 Abs. 6 EIBV befreit sind, wie es in § 13 Abs. 1 Satz 5 EIBV festgelegt ist, sondern auch vom Regelentgeltverfahren nach § 9 Abs. 5 EIBV.[155]

---

[150] SNB 2011 der DB Netz AG, Seite 30 - 32
[151] SNB 2011 der DB Netz AG, Seite 30
[152] SNB 2011 der DB Netz AG, Seite 36
[153] SNB 2011 der DB Netz AG, Seite 32 - 33
[154] SNB 2011 der DB Netz AG, Seite 32
[155] SNB 2011 der DB Netz AG, Seite 33

Außerdem konkretisieren die SNB die Regelung aus § 9 Abs. 5 EIBV dahingehend, daß nicht nur die Länge des Laufwegs der miteinander in Konflikt stehenden Trassenanmeldungen für die Bestimmung des Regelentgelts relevant ist, sondern auch die Anzahl der Verkehrstage, so daß häufiger verkehrende Züge gegenüber seltener fahrenden bevorzugt werden. Schließlich enthalten die SNB Regelungen für bedarfsweise angemeldete Trassen. Dabei handelt es sich um Zugtrassen, von welchen das anmeldende Eisenbahnverkehrsunternehmen bei deren Anmeldung noch nicht weiß, ob es diese tatsächlich benötigen wird, sich aber die entsprechende Infrastrukturkapazität schon einmal sichern will. Die SNB legen fest, daß bedarfsweise angemeldete Trassen keinen Vorrang gegenüber fest angemeldeten Trassen genießen.[156] Diese Formulierung erscheint etwas unglücklich, da sie den Eindruck erweckt, daß bedarfsweise angemeldete Trassen gegenüber den fest angemeldeten Trassen gleichrangig seien. Tatsächlich gemeint ist aber wohl, daß bedarfsweise angemeldete Trassen gegenüber den anderen Trassenanmeldungen nachrangig behandelt werden. Diese Auslegung wird auch von der Regelung in den SNB gestützt, daß ein Eisenbahnverkehrsunternehmen, das eine Bedarfstrasse zum Jahresfahrplan angemeldet hat, sich entscheiden muß, ob es diese fest bestellt oder aufgibt, wenn nach Ablauf der Frist zur Anmeldung von Trassen für den Jahresfahrplan ein anderes Eisenbahnverkehrsunternehmen diese Trasse fest bestellten möchte. Die Frist für diese Entscheidung beträgt zwei Arbeitstage.[157] Unabhängig davon, welches Eisenbahnverkehrsunternehmen eine solche Trasse schließlich fest bestellt, ist für diese Trasse dann eine spätere Stornierung mit entsprechender Reduzierung des Nutzungsentgelts in den SNB ausgeschlossen.[158] Eine Bedarfstrasse stellt also eine Art Vorkaufsrecht auf eine bestimmte Trasse dar. Die Anzahl der Anmeldungen für Bedarfstrassen ist auf 15 % der gesamten angemeldeten Trassen bezogen auf die Anzahl der angemeldeten Trassenkilometer begrenzt.[159]

Einigen allgemeinen Regelungen in den SNB hat die Bundesnetzagentur jedoch mit Billigung der Gerichte gemäß § 14e Abs. 1 Nr. 4 AEG wider-

---

[156] SNB 2011 der DB Netz AG, Seite 33
[157] SNB 2011 der DB Netz AG, Seite 60 - 61
[158] SNB 2011 der DB Netz AG, Seite 61
[159] SNB 2011 der DB Netz AG, Seite 60

sprochen. Insbesondere wurde das in den SNB festgelegte einseitige Leistungsbestimmungsrecht der DB Netz AG für unwirksam erklärt.[160] Ferner wurde der Versuch der DB Netz AG, sich von der Haftung für den Zustand der Infrastruktur freizuzeichnen, und der in den SNB vorgesehene damit verbundene Haftungsauschluß von der Bundesnetzagentur unterbunden.[161]

4. Informationen zur Trassenvergabe

Die EIBV enthält für die Infrastrukturbetreiber nur wenige Verpflichtungen zur Information der Eisenbahnverkehrsunternehmen. So legt § 4 Abs. 1 EIBV fest, daß die Infrastrukturbetreiber Schienennetz-Benutzungsbedingungen aufstellen und veröffentlichen müssen. Der Mindestinhalt solcher Benutzungsbedingungen ist in Anlage 2 zur EIBV festgelegt. Nach § 10 Abs. 1 EIBV müssen die Infrastrukturbetreiber auch für den Zugang zu Serviceeinrichtungen Benutzungsbedingungen aufstellen. Der Mindestinhalt dieser Bedingungen ist direkt in dieser Norm geregelt.

Darüber hinaus verpflichtet § 8 Abs. 1 Nr. 5 EIBV die Infrastrukturbetreiber zur Bekanntgabe des Netzfahrplanentwurfs gegenüber denjenigen Eisenbahnverkehrsunternehmen, die Trassen zum jeweiligen Jahresfahrplan angemeldet haben.

Nach § 9 Abs. 3 Satz 3 EIBV müssen die Infrastrukturbetreiber die Grundsätze des Koordinierungsverfahrens zur Lösung von Konflikten zwischen verschiedenen Trassenanmeldungen in ihren Schienennetz-Benutzungsbedingungen festlegen, die wiederum, wie oben ausgeführt, zu veröffentlichen sind. Schließlich müssen die Infrastrukturbetreiber den nach § 14 Abs. 2 AEG Zugangsberechtigten nach Erstellung des Netzfahrplans gemäß § 14 Abs. 3 EIBV auf Verlangen Auskunft über die verbleibenden Infrastrukturkapazitäten geben. Dies kann auch durch Veröffentlichung

---

[160] BNetzA, Bescheid vom 20. November 2006, 7S3-06-054, Seite 23 - 28
VG Köln, Urteil vom 21. August 2009, 18 K 2722/07
OVG NRW, Urteil vom 17. Juni 2010, 13 A 2557/09
[161] BNetzA, Bescheid vom 20. November 2006, 7S3-06-054, Seite 30
VG Köln, Urteil vom 21. August 2009, 18 K 2722/07
OVG NRW, Urteil vom 17. Juni 2010, 13 A 2557/09

dieser Kapazitäten im Internet geschehen, wobei die Internetadresse im Bundesanzeiger bekannt zu machen ist.

Weitere Informationspflichten betreffend die Vergabe der Infrastrukturkapazität enthält das Eisenbahnrecht nicht. Dies wird selbst vom Normgeber als unzureichend beurteilt,[162] hat bisher aber noch nicht zur Verschärfung der Informationspflichten der Infrastrukturbetreiber geführt.

5. Vergabe der Kapazitäten in Serviceeinrichtungen

Die Regelungen zur Vergabe der Kapazitäten in Serviceeinrichtungen finden sich in § 10 EIBV und sind deutlich knapper gehalten als diejenigen für die Vergabe der Zugtrassen. Auch bei Serviceeinrichtungen soll nach § 10 Abs. 5 EIBV bei Konflikten zwischen verschiedenen Zugangswünschen möglichst versucht werden, eine einvernehmliche Regelung zu finden. Allerdings ist hier im Gegensatz zu den Regelungen für die Lösung von Konflikten verschiedener Trassenanmeldungen eine Frist für die Verhandlungen über eine einvernehmliche Regelung von 14 Tagen vorgesehen.

Für den Fall, daß eine einvernehmliche Regelung nicht erzielt werden kann, enthält § 10 Abs. 6 EIBV nur zwei Prioritätsregeln, nämlich daß denjenigen Zugangswünschen der Vorzug zu gewähren ist, die notwendig für die Nutzung vereinbarter Zugtrassen sind und daß beim Zugang zu Werkstätten deren Eigentümer Vorrang genießt.

Darüber hinaus enthält § 10 Abs. 4 EIBV eine Pflicht für Infrastrukturbetreiber, den Zugang zu Serviceeinrichtungen zu vermitteln, die nicht Teil seiner Infrastruktur sind, jedoch an diese angrenzen. Dies soll den Netzzugang insgesamt erleichtern.[163]

IV. Trassenpreise

Mit dem Thema Trassenpreise, also der Höhe des Entgelts für die Nutzung der Eisenbahninfrastruktur, haben sich bereits zahlreiche Autoren

---

[162] Bundesrats-Drucksache 783/08, Seite 7 - 8
[163] Bundesrats-Drucksache 249/05, Seite 46

befaßt, teils auf allgemein theoretischer Basis,[164] teils konkret bezogen auf das jeweils aktuelle Trassenpreissystem der DB Netz AG.[165] Die Trassenpreise sind in der wissenschaftlichen Literatur vor allem deshalb auf großes Interesse gestoßen, weil sie neben der Vergabe der Trassen den wichtigsten Teilaspekt des Zugangs zur Eisenbahninfrastruktur darstellen. Das Zugangsentgelt bildet einen der größten, wenn nicht gar den größten Kostenfaktor der Eisenbahnverkehrsunternehmen. Die Angaben in den verschiedenen Quellen reichen bis zu 50 % der Gesamtkosten eines Eisenbahnverkehrsunternehmens, welche auf die Entgelte für die Infrastrukturnutzung entfallen.[166] Die Höhe der Trassenpreise ist daher von entscheidender Bedeutung für die Frage, ob eine bestimmte Verkehrsleistung auf der Schiene für den Anbieter derselben wirtschaftlich rentabel ist oder nicht. Entsprechend hat das Thema auch schon zu einigen juristischen Auseinandersetzungen geführt, welche sowohl die Zivil- als auch die Verwaltungsgerichte beschäftigt haben.

Im Folgenden sollen zunächst einige theoretische Ansätze zur Bemessung der Trassenpreise dargestellt werden. Anschließend werden die rechtlichen Vorgaben hierzu erläutert, um schließlich die bisherigen Trassenpreissysteme der DB Netz AG sowie anderer Infrastrukturbetreiber in Deutschland darzustellen und daraufhin zu überprüfen, inwieweit sie mit dem geltenden Recht im Einklang stehen. Zum Vergleich werden

---

[164] Kühling, Entgeltregulierung im Eisenbahnrecht
  Gersdorf, Entgeltregulierung im Eisenbahnsektor, Seite 19 – 57
  Wiese, Kalkulation von Fahrplantrassen bei der Deutschen Bahn
  Gerhard, EI 2001, Heft 3/2001, Seite 12 – 15
  Aberle, Trassenmärkte und Netzzugang, Seite 45 – 72
  Hedderich, Vertikale Desintegration im Schienenverkehr, Seite 119 – 182
  Rodi, Effizienz im Schienenverkehr, Seite 86 – 125
  Berndt, Trassenpreise, Seite 205 - 244

[165] Soldner, Liberalisierung des Eisenbahnwesens, Seite 241 – 247
  Berndt, Trassenpreise, InfraCard und Kostendeckung
  Schienen-Control GmbH, Deutschland als Lokomotive der Bahnreform?, Seite 25 - 46
  Ewers, Trassenpreissystem der Deutschen Bahn AG (TPS 98)
  Ewers, Trassenpreissystem TPS 01
  Berndt in Zwischen Regulierung und Wettbewerb, Seite 172 – 204
  Aberle, IVW 1994, Seite 704 – 711
  Haase, IVW 1998, Seite 460 – 465
  Knieps, IVW 1998, Seite 466 – 470
  Aberle, IVW 1998, Seite 471 - 475

[166] BAG-SPNV, Die Finanzierung des SPNV sichern, Seite 11
  Hass-Klau, Der Nahverkehr, Heft 3/1999, Seite 26

92

auch die Trassenpreissysteme aus anderen europäischen Ländern herangezogen.

1. Theoretische Ansätze zur Trassenpreisfestlegung

In der Literatur wird zunächst für die Festlegung von Preisen für eine Leistung zwischen kostenbasierten Preisen und nachfragebasierten Preisen unterschieden. Ferner wird nach der Struktur eines Preissystems zwischen linearen und nichtlinearen Preisen unterschieden.

a) Kostenbasierte Preise

Kostenbasierte Preise orientieren sich an den Kosten des Anbieters einer Leistung. Das heißt, sie werden so bemessen, daß sie die Kosten des Anbieters zuzüglich eines Aufschlags für den angestrebten Gewinn abdecken. Bietet ein Unternehmen nur eine Art von Produkt an, ist die Zuordnung der Kosten einfach: Es können alle Kosten aufsummiert und durch die Anzahl der hergestellten gleichartigen Produkte geteilt werden, denn in einem solchen Fall kann davon ausgegangen werden, daß die Kosten für alle Produkte gleich sind, da die Produkte identisch sind.[167] Bietet ein Unternehmen dagegen verschiedene Produkte an, lassen sich nur solche Kosten eindeutig zuordnen, die unmittelbar durch die Herstellung und den Vertrieb eines bestimmten Produkts anfallen, die sogenannten Einzelkosten.[168] Bei den übrigen Kosten handelt es sich um sogenannte Gemeinkosten, also Kosten, die sich keinem Produkt eindeutig zuordnen lassen, zum Beispiel Verwaltungskosten und Kosten für Immobilien.[169] Will ein Unternehmen mindestens kostendeckend arbeiten, muß es auch die Gemeinkosten auf die Preise für die verschiedenen Produkte umlegen. Da eine eindeutige Zuordnung dieser Kosten zu einzelnen Produkten aber nicht möglich ist, ist jede Aufteilung von Gemeinkosten auf einzelne Produkte letztlich immer willkürlich.[170] Weiter wird noch zwischen sogenannten echten und unechten Gemeinkosten unterschieden. Echte Gemeinkosten sind solche, die sich tatsächlich keinem einzel-

---

[167] Friedl, Kostenrechnung, Seite 177
[168] Thommen, Lexikon der Betriebswirtschaft, Seite 195
[169] Thommen, Lexikon der Betriebswirtschaft, Seite 261
[170] Diederich, Allgemeine Betriebswirtschaftlehre, Seite 515

nen Produkt zuordnen lassen, unechte solche, bei denen eine Zuordnung zwar theoretisch möglich, praktisch jedoch mit einem Aufwand verbunden wäre, der in keinem Verhältnis zu einem wie auch immer gearteten Nutzen einer eindeutigen Zuordnung stünde.[171]

Darüber hinaus muß ein Unternehmen, welches seine Preise basierend auf seinen Kosten festlegen will, zumindest eine ungefähre Kenntnis der absetzbaren Menge seiner Produkte haben, da es nur in diesem Fall weiß, auf welche Produktmenge die Kosten umgelegt werden können. Nimmt es eine zu große Produktmenge an, die dann tatsächlich nicht vollständig auf dem Markt abgesetzt werden kann, ist der aufgrund der zu groß angenommenen Produktmenge festgelegte Preis zu niedrig, so daß das Unternehmen seine Kosten nicht vollständig decken kann.

Ein weiterer Nachteil kostenbasierter Preissysteme ist, daß dem Anbieter einer Leistung bei einem solchen Preissystem ein Anreiz zu effizienter Produkterstellung fehlt,[172] vorausgesetzt natürlich, die kostenbasierten Preise lassen sich auch tatsächlich am Markt durchsetzen.

Die Eisenbahninfrastruktur ist durch einen sehr hohen Anteil von Gemeinkosten an den Gesamtkosten geprägt.[173] Zwar wird häufig der unmittelbar durch eine Zugfahrt verursachte Verschleiß an der Infrastruktur als dieser Zugfahrt direkt zurechenbar angesehen.[174] Für die Praxis ist es jedoch faktisch unmöglich, diesen Verschleiß mit vertretbarem Aufwand festzustellen.[175] Darüber hinaus ist dieser Verschleiß selbst bei identischen Zügen wesentlich vom Fahrtverlauf abhängig. Während er bei einem Zug der ungehindert dahinrollen kann, gegen null geht, kann er bei demselben Zug erhebliche Ausmaße annehmen, wenn dieser häufig stark abbremsen und wieder beschleunigen muß. Darüber hinaus ist der Verschleiß auch vom Zustand der Schienen und der Räder des jeweiligen Zuges abhängig. Schließlich kann ein einzelner Zug zum Beispiel aufgrund durchdrehender Räder derart starke Schäden an der Infrastruktur

---

[171] Horsch, Kostenrechnung, Seite 33
　　 Prell-Leopoldseder, Grundlagen der Kostenrechnung, Seite 61
[172] Kretschmer, zfbf Sonderheft 64/2011, Seite 7
　　 EU-Kommission, Faire Preise für die Infrastrukturnutzung, Anhang I, Seite 51
[173] Abegg, zfbf, Sonderheft 64/2011, Seite 88
　　 Kunz in Zwischen Regulierung und Wettbewerb, Seite 51
[174] Berndt, Trassenpreise, Seite 107
[175] Schwalbach, Wettbewerb auf der Schiene, Seite 87 - 88

verursachen, daß nur aufgrund dieser Zugfahrt die Schienen bereits gewechselt werden müssen.[176] In einem solchen Extremfall ließen sich die damit verbundenen Kosten zwar eindeutig dieser einen Zugfahrt zuordnen, eine Basis für ein allgemeines Preissystem ist dadurch aber nicht gegeben.

Da die Kosten eines Eisenbahninfrastrukturbetreibers somit faktisch ausschließlich Gemeinkosten darstellen, deren Zuordnung zu einzelnen Zugfahrten daher letztlich immer willkürlich ist, scheint ein kostenbasierter Ansatz zur Gestaltung eines Trassenpreissystems wenig geeignet. Diese Bewertung wird noch dadurch verstärkt, daß kostenbasierte Preise keine Anreize für effizientes Wirtschaften bieten und dadurch zu Ineffizienzen und folglich zu überhöhten Preisen führen können.

b) Nachfragebasierte Preise

Nachfrageorientierte Preise richten sich nach der Zahlungsbereitschaft der potentiellen Kunden. Um eine solche Differenzierung vornehmen zu können, muß der Leistungsanbieter allerdings über Informationen zur Zahlungsbereitschaft seiner potentiellen Kunden verfügen.[177] Sind solche Informationen vorhanden, kann der Betreiber einer Eisenbahninfrastruktur durch Gestaltung seiner Trassenpreise die Zahlungsbereitschaft seiner Kunden abschöpfen, da diese zur Nutzung der Eisenbahninfrastruktur in der Regel keine Alternative haben. Aus volkswirtschaftlicher Sicht ist eine Differenzierung der Preise nach der Zahlungsbereitschaft der Nachfrager wünschenswert, da auf diesem Weg im Idealfall die gesamte Nachfrage befriedigt werden kann.[178] Im Extremfall führt das dazu, daß der Preis für jede einzelne Leistung, also im hier interessierenden Zusammenhang für jede einzelne Zugfahrt, gesondert ausgehandelt wird.

Liegen keine oder nur unzureichende Informationen über die Zahlungsbereitschaft der potentiellen Kunden vor, stehen dem Anbieter andere Möglichkeiten zur Differenzierung seiner Preise zur Verfügung.[179] Für

---

[176] Anfahrversuch einer E-Lok der Baureihe E94 in Nördlingen am 15. September 2011
[177] Wied-Nebbeling, Preistheorie und Industrieökonomik, Seite 42
[178] Wied-Nebbeling, Preistheorie und Industrieökonomik, Seite 43
[179] Wied-Nebbeling, Preistheorie und Industrieökonomik, Seite 44 - 52

den Schienenverkehr kommen folgende Kriterien für eine Preisdifferenzierung in Frage:

- Quantität der Nachfrage (nachgefragte Menge)

- Qualität der Trassen (z.B. Priorität bei Betriebsstörungen)

- zeitliche Differenzierung (Tag / Nacht, Spitzenlastzeiten / Schwachlastzeiten)

- räumliche Differenzierung (schwach ausgelastete Strecken / stark ausgelastete Strecken)

- Nutzergruppen (Personenfernverkehr, Personennahverkehr, Güterverkehr, letzterer weiter differenziert nach Gütergruppen, wie Massengüter, Stückgüter)

Im Schienenverkehr verfügen die Infrastrukturbetreiber zum einen für den Personennahverkehr, zum anderen für Teile des Güterverkehrs über wesentliche Informationen, die Rückschlüsse auf die Zahlungsbereitschaft der jeweiligen Nutzer zulassen. Der Schienenpersonennahverkehr wird nach § 5 RegG vom Bund aus dem Mineralölsteueraufkommen finanziert. Der hierfür zur Verfügung stehende Betrag ist in dieser Norm festgelegt, so daß der Infrastrukturbetreiber insoweit einen Anhaltspunkt für die Zahlungsbereitschaft des Schienenpersonennahverkehrs bezüglich des Netzzugangs hat.

c)   Lineare Preissysteme

Unabhängig davon, ob als Anknüpfungspunkt für die Trassenpreise Kosten oder Nachfrage gewählt werden, lassen sich Trassenpreissysteme auch nach ihrer Struktur einteilen. Hierbei wird zwischen linearen und nichtlinearen Preissystemen unterschieden.[180] Lineare Preissysteme knüpfen an bestimmte Merkmale der in Rede stehenden Leistung an, anhand derer sich die Leistung messen läßt.[181] Das Preissystem sieht dann für jede Einheit denselben Preis vor. Als Anknüpfungspunkte im Eisenbahnverkehr kommen zum Beispiel folgende Faktoren oder eine Kombination davon in Frage:

---

[180] Berndt, Trassenpreise, Seite 211
[181] Meier, eBusiness & eCommerce, Seite 53

- Anzahl der Zugfahrten
- Anzahl der Fahrzeuge (Lokomotive, Waggons, Triebwagen)[182]
- Anzahl der Achsen/Radsätze[183]
- Zuggewicht[184]
- gefahrenem Zugkilometer[185]
- für eine Zugfahrt verbrauchte Energie
- Stärke des durch einen Zug verursachten Lärms[186]

Für den Personenverkehr kommen als weitere Anknüpfungspunkte in Frage:

- Anzahl der Plätze (Sitzplätze oder Sitz- und Stehplätze)
- Anzahl der Fahrgäste
- Anteil an den Fahrgeldeinnahmen

Für den Güterverkehr kommen folgende weitere Anknüpfungspunkte in Betracht:

- Transportkapazität eines Zuges nach Masse, Volumen oder Stellplätzen für Ladeeinheiten (letzteres vor allem im Kombinierten Verkehr)
- transportierte Frachtmenge nach Masse, Volumen oder Ladeeinheiten (letzteres vor allem im Kombinierten Verkehr)187
- Erlöse des Eisenbahnverkehrsunternehmens aus dem Frachttransport

Neben den genannten Anknüpfungspunkten kommen weitere Differenzierungen zum Beispiel nach Verkehrsarten (Personen- und Güterverkehr, Nah- und Fernverkehr), Zug- oder Streckengeschwindigkeiten, sowie die oben bereits genannten qualitativen, zeitlichen und räumlichen Differenzierungen in Frage. Eine mengenmäßige Differenzierung wider-

---

[182] Gerhard, EI, Heft 3/2001, Seite 12 - 13
[183] Liebert, Konzept für ein einheitliches Trassenpreissystem, Seite 29
[184] Schwalbach, IVW 1998, Seite 479
[185] Schwalbach, Wettbewerb auf der Schiene, Seite 252 - 254
[186] Kalivoda, ETR 2006, Seite 323 - 328
[187] Gerhard, EI, Heft 3/2001, Seite 14

spricht dagegen der Struktur eines linearen Preissystems, da dann nicht mehr derselbe Preis pro Einheit berechnet wird.

Sämtliche Anknüpfungspunkte haben jeweils Vor- und Nachteile. Die einfachste Gestaltung der Preise in Form eines festen Preises pro Zugfahrt bietet sich dann an, wenn auf einer Strecke überwiegend gleichartige Züge in der Regel dieselbe Entfernung zurücklegen, was auf einigen Nebenstrecken, aber auch zum Beispiel auf S-Bahn-Netzen in Ballungsgebieten oder Hochgeschwindigkeitsstrecken im Fernverkehr der Fall sein kann. Für Strecken, auf denen alle denkbaren Arten von Zügen über unterschiedliche Entfernungen verkehren, erscheint dagegen ein differenzierteres Preissystem sinnvoll. Die gefahrenen Zugkilometer sind ein sehr üblicher Anknüpfungspunkt. Eine solche Preisgestaltung bevorzugt lange und schwere Züge, da diese dieselben Trassenpreise zahlen, wie leichte und kurze Züge. Vor allem im Güterverkehr entsteht so ein Anreiz für Eisenbahnverkehrsunternehmen, Züge möglichst gut auszulasten. Andererseits wird so der Transport kleinerer Mengen per Zug schnell unwirtschaftlich, da die Trassenkosten dann auf eine geringere Transportmenge umgelegt werden müssen. Andererseits beanspruchen kurze und lange Züge im wesentlichen dieselbe Kapazität der Eisenbahninfrastruktur, so daß eine weitere Differenzierung über die gefahrenen Zugkilometer hinaus nicht angebracht erscheint. Hinzu kommt, daß auf stark belasteten Strecken auch der Infrastrukturbetreiber ein Interesse an einer möglichst guten Auslastung der Züge und einer damit möglicherweise verbundenen Reduzierung der Anzahl der Züge hat. Andererseits können auf schwach belasteten Strecken Verkehre durch rein zugkilometerbezogene Trassenpreise unwirtschaftlich werden.

Während die Anknüpfung der Trassenpreise an die gefahrenen Zugkilometer für den Infrastrukturbetreiber einfach umzusetzen ist, da die Zugkilometer sich unmittelbar aus der Trassenanmeldung ergeben, setzen Trassenpreissysteme, die an die Kapazität oder Transportleistung anknüpfen, voraus, daß der Infrastrukturbetreiber über entsprechende Informationen verfügt. Zwar lassen sich Informationen über die Kapazität eines Zuges im Zusammenhang mit der Trassenanmeldung erheben, aber es bleibt dabei unklar, welche Auswirkungen nachträgliche Änderungen der Kapazität eines Zuges haben, die sowohl im Personenverkehr als auch im Güterverkehr regelmäßig vorkommen. Noch schwieriger wäre die Erhebung von Informationen über die Verkehrsleistung, also über die transportierte Frachtmenge oder die Anzahl der beförderten Fahrgäste. Während erstere dem jeweiligen Eisenbahnverkehrsunternehmen in der Regel bekannt ist, werden Fahrgastzahlen nur allenfalls stichprobenartig erhoben.[188] Darüber hinaus haben die Eisenbahnverkehrsunternehmen kein Interesse daran, den Infrastrukturbetreibern solche Informationen zur Verfügung zu stellen, da diese damit unter anderem auch wesentliche Informationen über die Zahlungsbereitschaft der Eisenbahnverkehrsunternehmen in Bezug auf den Infrastrukturzugang erhalten. Dies gilt erst Recht für Informationen über die erzielten Umsätze, also die Fahrgeldeinnahmen und Erlöse aus Frachttransporten, insbesondere, wenn der größte Infrastrukturbetreiber zu einem Unternehmen gehört, welches auch die Märkte für Eisenbahnverkehrsleistungen in allen Bereichen dominiert und damit über seinen Infrastrukturbetrieb an wesentliche betriebswirtschaftliche Informationen seiner Wettbewerber gelangen kann.

Einfacher umzusetzen wären Preissysteme, die an die Anzahl der Achsen anknüpfen, da sich hierfür die Informationen, die von den an vielen Strecken vorhandenen Achszähleinrichtungen erfaßt werden, auswerten lassen. Allerdings sind diese Einrichtungen nicht flächendeckend vorhanden, so daß für Strecken ohne Achszähler eine andere Regelung gefunden werden müßte.

Der von Zügen verursachte Lärm gefährdet zunehmend die Akzeptanz der Eisenbahn als Verkehrsträger.[189] Daher erscheint es naheliegend, bei der Bemessung der Trassenpreise den von einem Zug verursachten Lärm zu berücksichtigen. Dies wirft jedoch die Frage auf, wie der Lärm erfaßt werden soll. Bisher werden nur sporadisch Lärmmessungen an Eisenbahnstrecken ausgeführt. Das Eisenbahnbundesamt veröffentlich im Internet zwar Lärmkarten, welche die durch den Schienenverkehr verursachte Lärmentwicklung entlang der Eisenbahnstrecken darstellen, aber eine Zuordnung des Lärms zu einzelnen Zugfahrten erfolgt bisher nur bei

---

[188] Richtlinie zur Erstattung der Fahrgeldausfälle im Nachverkehr nach § 148 SBG IX
Wermuth, Mobilitätsuntersuchung für den Großraum Braunschweig, Seite 1 – 3
[189] Behnsen, Bahn-Report, Heft 4/2010, Seite 8 – 10
Bahn-Report, Heft 2/2010, Seite 73 – 74
Bahn-Report, Heft 4/2011, Seite 13

entsprechenden Versuchsfahrten, nicht jedoch im Regelbetrieb. Um eine solche Komponente im Trassenpreissystem in der Praxis umzusetzen, müßte zumindest der überwiegende Teil des Schienennetzes mit entsprechenden Meßeinrichtungen ausgerüstet werden. Ob den damit verbundenen Investitionen tatsächlich ein entsprechender Nutzen gegenüber stehen würde, erscheint fraglich. Bisher wurden lärmbezogene Komponenten in den Trassenpreissystemen in den Niederlanden und der Schweiz umgesetzt. Die dadurch gesetzten Anreize haben bisher jedoch nicht zu zusätzlichen Investitionen in die Schienenfahrzeuge zur Reduzierung des Lärms geführt.[190]

d) Nichtlineare Preissysteme

Auch bei nichtlinearen Preissystemen werden die Preise in der Regel auf ein Leistungsmerkmal des Bahnverkehrs bezogen. Es wird allerdings entweder nicht für alle Einheiten des Leistungsmerkmals, an das die Preise anknüpfen, derselbe Preis berechnet oder aber es wird zusätzlich zu dem leistungsbezogenen Preisbestandteil ein fixer, leistungsunabhängiger Preisbestandteil berechnet.[191]

Im ersten Fall werden in der Regel auf die Preise eines an sich linearen Preissystems Rabatte gewährt, die an die abgenommene Menge oder an die Vertragsdauer gekoppelt sind. Auch kann ein solches Preissystem eine Kappungsgrenze vorsehen, so daß oberhalb einer bestimmten Nachfragemenge kein weiteres Entgelt berechnet wird.

Bei der zweiten Variante ist das Preissystem in eine leistungsunabhängige Komponente und eine lineare leistungsabhängige Komponente aufgeteilt.[192] Dies hat zur Folge, daß bei zunehmender Leistungsnachfrage der leistungsunabhängige Teil des Entgelts auf eine immer größere Zahl von Einheiten der Leistung umgelegt werden kann, was einem degressiven Tarif entspricht, wie aus der folgenden Darstellung ersichtlich:[193]

---

[190] Isenmann, Das Politikum Trassenpreis, Seite 33
[191] Diller, Entwicklungslinien in Preistheorie und -management, Seite 18
[192] Berndt, Trassenpreise, Seite 211 - 212
[193] eigene Grafik

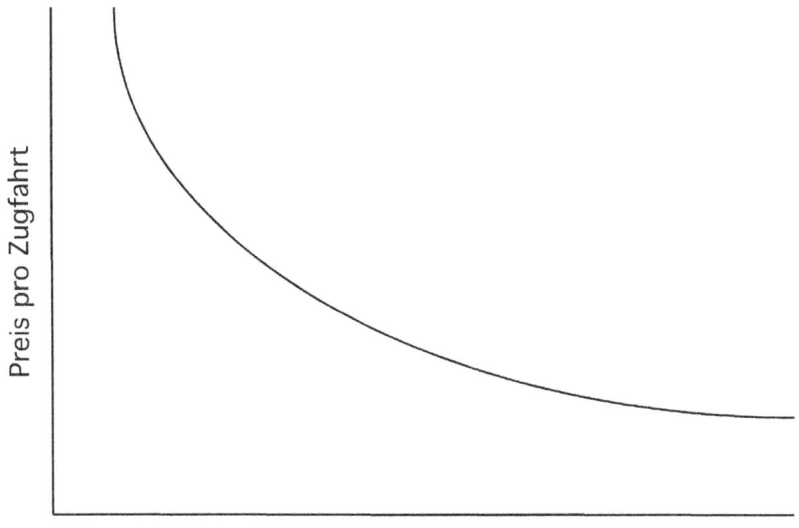

Anzahl der Zugfahrten pro Tag und Strecke

Vor allem diese Variante nichtlinearer Preise erscheint wegen des hohen Gemeinkostenanteils bei den Kosten der Eisenbahninfrastruktur sinnvoll, da ein erheblicher Teil dieser Gemeinkosten durch den leistungsunabhängigen Teil des Entgelts gedeckt werden kann. Ein solches Preissystem entspricht also am ehesten der Kostenstruktur der Eisenbahninfrastruktur. Als weiterer Vorteil eines solchen Preissystems werden die vergleichsweise niedrigen zusätzlichen Kosten pro Zugfahrt angesehen, so daß ein Eisenbahnverkehrsunternehmen für zusätzliche Zugfahrten nur ein vergleichsweise geringes Entgelt kalkulieren muß und damit einen wirtschaftlichen Anreiz für zusätzliche Verkehre habe.[194]

Der wesentliche Nachteil nichtlinearer Preissysteme ist die Bevorzugung grosser Nachfrager und die damit verbundene Benachteiligung kleiner Nachfrager.[195] Eisenbahnverkehrsunternehmen mit einer großen Nachfrage nach Infrastrukturkapazität zahlen aufgrund der mit der nachgefragten Menge fallenden Durchschnittspreise pro nachgefragter Einheit für jede Einheit einen geringeren Preis als Eisenbahnverkehrsunternehmen mit einer geringeren Nachfrage nach Infrastrukturkapazität. Aufgrund des oben dargestellten hohen Anteils der Infrastrukturnutzungs-

---

[194] Schwalbach, Wettbewerb auf der Schiene, Seite 99 - 100
[195] Aberle, Transportwirtschaft, Seite 353

entgelte an den Gesamtkosten eines Eisenbahnverkehrsunternehmens ist es für kleine Eisenbahnverkehrsunternehmen sehr schwer oder gar unmöglich, einen solchen Kostenvorteil großer Eisenbahnverkehrsunternehmen zu kompensieren. Für einen Markt wie den des Eisenbahnverkehrs, der in allen Bereichen noch immer deutlich vom ehemaligen staatlichen Monopolunternehmen dominiert wird, wirkt ein solches Preissystem daher diskriminierend, da unter diesen Bedingungen kleinere Eisenbahnverkehrsunternehmen aufgrund ihres Kostennachteils beim Infrastrukturzugang kaum Chancen haben, nennenswerte Marktanteile zu gewinnen. Effektiver Wettbewerb kann so nicht entstehen.

2. Rechtliche Regeln für die Festlegung der Trassenpreise

Die rechtlichen Regelungen in Bezug auf die Gestaltung der Trassenpreise sind in § 14 Abs. 4 bis 6 AEG sowie in §§ 20 bis 24 EIBV zu finden. Sie beruhen zum Teil auf den europäischen Vorgaben in den RL 91/440/EWG und 2001/14/EG.

a) Regelungen im AEG

Das AEG geht in § 14 Abs. 4 Satz 1 zunächst davon aus, daß die Infrastrukturbetreiber selbst die Entgelte für die Infrastrukturnutzung festlegen. Die Regelung geht von kostenbasierten Trassenpreisen aus, da als Bemessungsgröße die Kosten des Infrastrukturbetreibers zuzüglich einer Rendite, die am Markt erzielt werden kann, festgelegt ist. Zu berücksichtigen sind dabei alle Kosten, die dem Infrastrukturbetreiber durch die Erbringung der Pflichtleistungen nach Anhang 1 Nr. 1 EIBV entstehen. Dies wird allgemein so verstanden, daß das Prinzip der Vollkostendeckung bei der Bemessung der Trassenpreise für die Eisenbahninfrastruktur in Deutschland gilt.[196] In § 14 Abs. 4 Satz 2 AEG ist von Aufschlägen die Rede, welche der Infrastrukturbetreiber bei der Bemessung der Entgelte auf die unmittelbar durch den Zugbetrieb anfallenden Kosten erheben kann. Eine Differenzierung nach den verschiedenen Verkehrsarten sowie nach verschiedenen Marktsegmenten innerhalb der verschiedenen Verkehrsarten ist dabei zulässig. Unter den unmittelbar durch

---

[196] Kramer, Das Recht der Eisenbahninfrastruktur, Seite 211 – 212
Beck'scher AEG-Kommentar-Gerstner, § 14, Rdnr. 179

den Zugbetrieb anfallenden Kosten werden die Grenzkosten der einzelnen Zugfahrten, also deren Einzelkosten verstanden.[197] Dies gibt der Wortlaut der Norm jedoch nicht her, da unmittelbar durch den Zugbetrieb auch eine Reihe von Gemeinkosten, insbesondere für Personal und Energie, die sich gerade nicht einzelnen Zugfahrten zuordnen lassen, dennoch aber für den Zugbetrieb unabdingbar sind, verursacht werden. Lediglich bezüglich der Kosten für Wartung und Instandhaltung der Infrastruktur und den Abschreibungen auf das Anlagevermögen ist fraglich, ob diese unmittelbar aufgrund des Zugbetriebs anfallen. Darüber hinaus wären wegen der bereits dargestellten Kostenstruktur der Eisenbahninfrastruktur ganz erhebliche Aufschläge auf die faktisch gegen Null gehenden Grenzkosten erforderlich, um die nach Satz 1 der Norm vorgesehene Vollkostendeckung zu ermöglichen. Die nach § 14 Abs. 4 Satz 2 AEG zulässigen Aufschläge sind allerdings so zu bemessen, daß die Wettbewerbsfähigkeit des Eisenbahnverkehrs nicht beeinträchtigt wird. Wann von einer Beeinträchtigung der Wettbewerbsfähigkeit des Eisenbahnverkehrs durch die Höhe der Trassenpreise auszugehen ist, läßt sich weder der Norm, noch den Gesetzgebungsmaterialien hierzu entnehmen. Art. 8 Abs. 1 der RL 2001/14/EG sieht hierzu vor, Marktsegmenten, welche die Kosten, die unmittelbar durch den Zugbetrieb entstehen zuzüglich einer Rendite, die der Markt tragen kann, die Nutzung der Infrastruktur zu diesen Kosten zu gewähren. Aufgrund der Unbestimmtheit der verwendeten Begriffe liefert jedoch auch diese Formulierung keine Anhaltspunkte für eine Gestaltung der Trassenpreise in der Praxis. Ausgehend von einem beliebigen Niveau der Trassenpreise werden sich mit jeder Absenkung der Trassenpreise neue Anbieter von Eisenbahnverkehrsleistungen finden, deren Leistungen durch die jeweilige Absenkung der Trassenpreise in den Bereich der Wirtschaftlichkeit gelangt ist. Die größte Nachfrage nach Eisenbahninfrastrukturkapazität wird mithin dann vorliegen, wenn kein Entgelt mehr für die Nutzung der Eisenbahninfrastruktur erhoben wird. Die Wettbewerbsfähigkeit von Eisenbahnverkehrsleistungen erscheint daher als Kriterium für die Bemessung der Infrastrukturnutzungsentgelte ungeeignet. § 14 Abs. 4 Satz 3 AEG schließlich beschränkt die nach Satz 2 der Norm zulässigen Aufschläge dahingehend, daß diese die Kosten, die unmittelbar aufgrund des Zugbetriebs

---

[197] Beck'scher AEG-Kommentar-Gerstner, § 14, Rdnr. 181

in einem Marktsegment entstehen, zuzüglich einer Rendite, die am Markt erzielt werden kann, nicht übersteigen dürfen. Als Marktsegmente kommen hier zum Beispiel der Güterverkehr, sowie der Personennah- und -fernverkehr in Betracht. Diese Regelung steht in offenem Widerspruch zu Satz 1 der Norm, da Satz 3 ausdrücklich eine Vollkostendeckung ausschließt. Den Gesetzgebungsmaterialien läßt sich kein Hinweis auf die Intention des Normgebers bei der Schaffung dieser Regelung entnehmen, der eine Auflösung dieses Widerspruchs ermöglichen würde. § 14 Abs. 4 Satz 4 AEG sieht außerdem vor, daß von der Entgeltbemessung nach Satz 1, also der Vollkostendekkung dann abgewichen werden darf, aber nicht muß, wenn die Kosten anderweitig gedeckt werden. Diese Regelungen geht offensichtlich von niedrigeren als kostendeckenden Trassenpreisen aus. Auch kann die Aufsichtsbehörde, also das Eisenbahn-Bundesamt ermächtigt werden, im Benehmen mit der Bundesnetzagentur § 14 Abs. 4 Satz 1 AEG durch Allgemeinverfügung für alle Infrastrukturbetreiber außer Kraft zu setzen.

§ 14 Abs. 5 AEG regelt die Entgeltbemessung für Serviceeinrichtungen. Die Norm enthält im wesentlichen ein allgemeines Diskriminierungsverbot. Für die Bemessung der Nutzungsentgelte für Serviceeinrichtungen ist lediglich in § 14 Abs. 5 Satz 2 Nr. 1 AEG festgelegt, daß die Nutzungsentgelte die Kosten, welche dem Infrastrukturbetreiber durch die Serviceeinrichtungen entstehen, nicht unangemessen übersteigen dürfen. Mehr noch als bei den Kosten für die Eisenbahnstrecken ist bei den Serviceeinrichtungen eine Zuordnung von Kosten zu einzelnen Serviceeinrichtungen sehr schwierig, da die meisten Serviceeinrichtungen nur geringe zusätzliche Kosten über die Gemeinkosten des allgemeinen Infrastrukturbetriebs hinaus verursachen. Daher erscheint auch hier eine kostenbasierte Preissetzung für die Praxis ungeeignet.

§ 14 Abs. 6 AEG legt fest, daß die Zugangsbedingungen zur Eisenbahninfrastruktur einschließlich der Nutzungsentgelte zwischen Infrastrukturbetreiber und Eisenbahnverkehrsunternehmen in einem privatrechtlichen Vertrag unter Berücksichtigung der Vorgaben der EIBV zu vereinbaren sind. Das AEG geht damit grundsätzlich von einem verhandelten Netz-zugang aus[198] und verweist im übrigen auf die Regelungen in der EIBV.

b) Regelungen in der EIBV

Die EIBV legt zunächst in § 20 Abs. 1 Satz 1 fest, daß Investitionen in das Schienennetz, die von einem Dritten finanziert werden, bei der Bemes-sung der Nutzungsentgelte berücksichtigt werden sollen. Hier kommen insbesondere die Mittel in Betracht, welche die DB Netz AG aufgrund der Leistungs- und Finanzierungsvereinbarung vom 9. Januar 2009 (LuFV) vom Bund erhält. Nach § 2 Abs. 1 dieser Vereinbarung erhält die DB Netz AG jedes Jahr 2,2 Mrd. Euro vom Bund für Investitionen in das Be-standsnetz. Weitere 300 Mio. Euro erhalten die DB Station & Service AG für Investitionen in die Personenbahnhöfe und die DB Energie AG für Investitionen in das Energieversorgungsnetz der Bahn. Die Mittel dürfen nach § 1 Abs. 2 LuFV sowohl für die Instandhaltung der bestehenden Eisenbahninfrastruktur verwendet werden, als auch für Ersatzinvestitio-nen, also Maßnahmen zur Erneuerung bestehender Infrastruktureinrich-tungen.

Nach § 20 Abs. 1 Satz 1 EIBV soll eine Vereinbarung, nach der ein Dritter Investitionen in das Schienennetz finanziert, eine Regelung enthalten, wie diese Investitionen bei der Berechnung der Nutzungsentgelte zu berück-sichtigen sind. Erstaunlicherweise fehlt in der LuFV aber eine solche Regelung. Damit besteht für die DB Netz AG keine rechtliche Verpflich-tung, die Mittel, welche ihr der Bund aufgrund der LuFV für Investitio-nen in ihr Schienennetz gewährt, bei der Bemessung der Trassenpreise zu berücksichtigen. Ob es sich hierbei um eine unbeabsichtigte Lücke in der LuFV handelt, ist unklar.

§ 21 EIBV enthält verschiedene Vorgaben, die bei der Gestaltung der Nutzungsentgelte für die Eisenbahninfrastruktur zu berücksichtigen sind, sowie einige Kriterien, welche der Infrastrukturbetreiber bei der Ge-staltung seiner Nutzungsentgelte berücksichtigen darf.

---

[198] Beck'scher AEG-Kommentar-Gerstner, § 14, Rdnr. 220
Ruge, AöR 2006, Seite 18
Hermes in Die Zukunft der Bahn, Seite 21

Zwingend sind für den Infrastrukturbetreiber das Diskriminierungsverbot aus § 21 Abs. 6 Satz 1 EIBV sowie die Minderungspflicht bei nicht vertragsgemäßem Zustand der Infrastruktur aus § 21 Abs. 6 Satz 2 EIBV. Auch die Verpflichtung aus § 21 Abs. 1 EIBV, die Nutzungsentgelte so zu gestalten, daß sowohl für den Infrastrukturbetreiber als auch für die Eisenbahnverkehrsunternehmen ein Anreiz besteht, Störungen beim Eisenbahnbetrieb möglichst zu reduzieren und die Leistungsfähigkeit des Schienennetzes zu erhöhen, ist als Mußvorschrift ausgestaltet. Unklar ist das Verhältnis zwischen den nach § 21 Abs. 1 EIBV zu setzenden Anreizen und der Minderungspflicht nach § 21 Abs. 6 Satz 2 EIBV. Während die DB Netz AG davon ausgeht, daß Zu- und Abschläge auf die Trassenpreise aus der Anreizregelung mit eventuellen Minderungen zu verrechnen seien,[199] so daß ein Mangel an der Infrastruktur nicht zu einer doppelten Minderung der Trassenpreise führt, geht die Bundesnetzagentur davon aus, daß beide Regelungen unabhängig nebeneinanderstehen und damit zwei unabhängig voneinander bestehende Pflichten für den Infrastrukturbetreiber begründen und daher eine Verrechnung ausschließen.[200] Vor dem OVG NRW hat sich die Bundesnetzagentur mit ihrer Ansicht durchgesetzt.[201] Darüber hinaus hat das OVG NRW entschieden, daß der Infrastrukturbetreiber das Minderungsrecht auch sonst nicht einseitig einschränken darf. Insbesondere ein Minderungsausschluß für baustellenbedingte Behinderungen oder eine nachträgliche Verschlechterung des Infrastrukturzustands hielt das Gericht zu Recht für unwirksam,[202] da das Minderungsrecht sonst faktisch leerlaufen würde. Ein Haftungsausschluß für Schäden durch Schlechtleistung des Infrastrukturbetreibers wurde vom VG Köln als mit dem geltenden Recht unvereinbar verworfen.[203]

Nach § 21 Abs. 4 EIBV dürfen die Infrastrukturbetreiber Kosten, die von einer Verkehrsleistung allein verursacht werden, nur dieser Verkehrsleistung anlasten. Auch hier ist umstritten, wann eine Verkehrsleistung besondere Kosten gegenüber anderen Verkehrsleistungen verursacht. Unproblematisch sind Fälle, in denen eine Verkehrsleistung zum Beispiel

---

[199] OVG NRW, Urteil vom 17. Juni 2010, 13 A 2557/09
[200] BNetzA, Bescheid vom 20. November 2006, 7S3-06-054, Seite 28 - 30
[201] OVG NRW, Urteil vom 17. Juni 2010, 13 A 2557/09
[202] OVG NRW, Urteil vom 17. Juni 2010, 13 A 2557/09
[203] VG Köln, Urteil vom 21. August 2009, 18 K 2722/07

das Lichtraumprofil einer Strecke oder die allgemein zulässigen Achslasten überschreitet und hierfür besondere Prüfungen an der Infrastruktur durchgeführt werden müssen, um sicherzustellen, daß die entsprechende Fahrt auch ohne Beeinträchtigung der Sicherheit des Eisenbahnbetriebs durchgeführt werden kann. Darüber hinaus geht die DB Netz AG aber auch dann von besonderen Kosten durch eine Zugfahrt aus, wenn diese außerhalb der von der DB Netz AG festgelegten Betriebszeiten einer Strecke stattfinden soll. In diesem Fall werden dem entsprechenden Eisenbahnverkehrsunternehmen die Kosten der Stellwerksbesetzung für die Dauer der Zugfahrt gesondert in Rechnung gestellt. Die Betriebszeiten richten sich dabei nach den Trassenanmeldungen zum Jahresfahrplan.[204] Dieses Vorgehen erscheint vor dem Hintergrund der allgemeinen Betriebspflicht aus §§ 4 Abs. 1 Satz 1, 11 Abs. 2 Satz 3 AEG fraglich, da aus dieser Pflicht abgeleitet werden kann, daß der Infrastrukturbetreiber seine Infrastruktur zu jeder Zeit betriebsbereit vorzuhalten hat. Da dies zu seinen Pflichtleistungen nach Anlage 1 zur EIBV Nr. 1 b) und c) gehört, kann er mithin hierfür kein zusätzliches Entgelt beanspruchen. Ferner erscheint das Vorgehen der DB Netz AG auch im Hinblick auf das Diskriminierungsverbot in § 21 Abs. 6 Satz 1 EIBV problematisch, da eine einzelne Zugfahrt, die zum Jahresfahrplan angemeldet wird, nicht mit zusätzlichen Kosten belastet wird. Schließlich ist zu berücksichtigen, daß bei der Höhe der normalen Trassenpreise die Kosten für die Stellwerksbesetzung schon berücksichtigt sind, so daß auch aus diesem Grund eine gesonderte Berechnung nicht statthaft erscheint. In keinem Fall rechtlich haltbar ist die Praxis der DB Netz AG, Kosten für die betriebssichere Herrichtung einer Strecke als besondere Kosten einer Zugfahrt gesondert in Rechnung zu stellen. Dies versucht der Infrastrukturbetreiber immer dann, wenn eine Strecke längere Zeit ohne Verkehr ist und die Instandhaltung dieser Strecke deshalb vernachlässigt oder gar ganz eingestellt wurde. In einem solchen Fall ist nicht die in Rede stehende Zugfahrt die Ursache für die Kosten der Herrichtung der Strecke, sondern die durch den Infrastrukturbetreiber entgegen der Pflicht aus §§ 4 Abs. 1 Satz 1, 11 Abs. 2 Satz 3 AEG unterlassene Instandhaltung.

---

[204] SNB 2011 der DB Netz AG, Seite 12

§ 21 Abs. 2 EIBV gestattet den Infrastrukturbetreibern, in ihre Preissysteme eine Komponente aufzunehmen, welche die Umweltauswirkungen des Schienenverkehrs berücksichtigt. Allerdings dürfen sich die Gesamteinnahmen durch diese Komponente nicht erhöhen. Diese Einschränkung entspricht den europarechtlichen Vorgaben, da nach § 7 Abs. 5 Satz 2 der RL 2001/14/EG eine Erhöhung der Gesamterlöse der Infrastrukturbetreiber durch umweltbezogene Entgeltkomponenten nur dann zulässig ist, wenn auch andere Verkehrsträger mit den Kosten ihrer Umweltauswirkungen belastet werden. Da dies derzeit in Deutschland nicht der Fall ist, mußte diese Einschränkung in deutsches Recht umgesetzt werden. In der Diskussion für eine umweltbezogene Komponente in den Trassenpreisen ist vor allem die Berücksichtigung des durch die Züge verursachten Lärms.[205] Bisher fehlt es allerdings an praktisch umsetzbaren Vorschlägen für die Einführung einer solchen Trassenpreiskomponente.

§ 21 Abs. 3 EIBV erlaubt Aufschläge auf die Trassenpreise für die Nutzung überlasteter Fahrwege. Wie bereits ausgeführt, muß eine Strecke nach §§ 16 Satz 1, 2 Nr. 5 EIBV dann für überlastet erklärt werden, wenn nicht alle Trassenanmeldungen zum Jahresfahrplan im Fahrplan berücksichtigt werden können. Nur in diesem Fall kann nach § 21 Abs. 3 EIBV ein Knappheitsaufschlag auf die normalen Trassenpreise erhoben werden. Nicht geregelt ist, wie der Infrastrukturbetreiber reagieren muß, wenn durch den Knappheitsaufschlag die Nachfrage nach Trassen im überlasteten Abschnitt so stark zurückgeht, daß nunmehr doch allen Trassenanmeldungen, die auch nach Erhebung der Knappheitsaufschläge noch aufrechterhalten werden, entsprochen werden kann. In diesem Fall wäre die Strecke nicht mehr überlastet im Sinne von § 2 Nr. 5 EIBV, was zur Folge hätte, daß kein Knappheitsaufschlag auf die Trassenpreise für diese Strecke mehr erhoben werden dürfte.

§ 21 Abs. 5 EIBV gestattet dem Infrastrukturbetreiber, die Aufschläge nach den Absätzen 2 bis 4 der Norm über angemessene Zeiträume zu mitteln. Das heißt, es können pauschale Aufschläge nach bestimmten Kategorien im Trassenpreissystem enthalten sein, ohne das für jeden einzelnen Zug konkret geprüft werden muß, ob für ihn die Kosten, welche

---

[205] Kalivoda, ETR 2006, Seite 323 – 328
Bahn-Report, Heft 4/2011, Seite 13
BAG-SPNV, Positionspapier zum Trassenpreissystem, Seite 3

durch den Aufschlag für die Kategorie, zu welcher der Zug gehört, berücksichtigt werden sollen, tatsächlich anfallen.

§ 21 Abs. 7 EIBV verpflichtet die Infrastrukturbetreiber, die Trassenpreise für eine Fahrplanperiode spätestens einen Monat vor Ablauf der Frist zur Anmeldung der Trassen für den entsprechenden Jahresfahrplan nach § 8 Abs. 1 Nr. 2 EIBV zu veröffentlichen.

§ 22 EIBV enthält Ausnahmen von den Entgeltgrundsätzen in § 21 EIBV. § 22 Abs. 1 EIBV entspricht § 14 Abs. 4 Satz 4 AEG, bzw. in § 22 Abs. 1 Nr. 2 EIBV hat der Normgeber von der Ermächtigung in § 14 Abs. 4 Satz 4 Nr. 2 AEG Gebrauch gemacht. § 22 Abs. 2 EIBV läßt Aufschläge auf die Trassenpreise zu für solche Strecken, in die besondere Investitionen geflossen sind und bei denen die Wirtschaftlichkeit dieser Investitionen davon abhängig ist, daß der Infrastrukturbetreiber Aufschläge auf seinen Trassenpreise erheben darf. Die Höhe der Aufschläge richtet sich nach der Höhe der Investitionen in die Infrastruktur. Praktische Bedeutung hat diese Norm für Eisenbahnstrecken bisher nicht erlangt, weil derzeit nahezu sämtliche Investitionen für den Ausbau des deutschen Schienennetzes und der überwiegende Teil der Ersatzinvestitionen in dieses Netz entsprechend den Regelungen im BSchwAG vom Bund finanziert werden, so daß es keine nach § 22 Abs. 2 EIBV bei der Bemessung der Trassenpreise berücksichtigungsfähigen Investitionen in das Schienennetz gibt.

§ 23 EIBV regelt Nachlässe auf die Trassenpreise. Abs. 1 der Norm beschränkt solche Nachlässe zunächst auf die tatsächlich beim Infrastrukturbetreiber eingesparten Verwaltungskosten. Abs. 2 der Norm läßt höhere Nachlässe vor allem für schwach ausgelastete Strecken oder zur Förderung neuer Eisenbahnverkehre zu. Diese müssen aber allen Eisenbahnverkehrsunternehmen gleichermaßen gewährt werden. § 23 Abs. 4 EIBV schließlich enthält ein gesondertes Diskriminierungsverbot für Entgeltnachlässe.

Darüber hinaus hat der Bundesrat einen Vorschlag zur Ergänzung der EIBV vorgelegt, mit der Fahrzeugen, die weniger Lärm als bisher üblich verursachen, ein Bonus auf die Trassenpreise gewährt werden soll. Die Höhe dieses Bonus soll in einer Anlage zur EIBV festgelegt werden. Für Fahrzeuge mit bestimmten Bremssystemen wird vermutet, daß diese weniger Lärm im Sinne der Norm verursachen. Als Maßstab sollen die in der TSI Lärm festgelegten Grenzwerte für den von Schienenfahrzeugen verursachten Lärm gelten.[206]

§ 24 EIBV regelt die Nutzungsentgelte für Serviceeinrichtungen. Abs. 1 der Norm entspricht der Anreizregelung in § 21 Abs. 1 EIBV. § 24 Abs. 2 EIBV entspricht der Regelung in § 20 Abs. 1 EIBV. Das heißt, auch bei Serviceeinrichtungen müssen Investitionen Dritter in diese bei der Bemessung der Nutzungsentgelte berücksichtigt werden. § 24 Abs. 3 und 4 EIBV schließlich enthalten Diskriminierungsverbote für die Bemessung der Nutzungsentgelte für Serviceeinrichtungen, indem sie festlegen, daß die Entgelte für die Nutzung von Serviceeinrichtungen gegenüber verschiedenen Unternehmen nicht unterschiedlich berechnet werden dürfen.

3. Entwicklung der Trassenpreise

Für die Gestaltung eines Trassenpreissystems gab es vor der Bahnreform, die 1994 in Kraft getreten ist, kein historisches Vorbild.[207] Entsprechend dauerte es einige Monate, bis die Fahrwegsparte der DB AG im Sommer 1994 ihr erstes Trassenpreissystem veröffentlichte. Dieses wurde in der Folge zweimal grundlegend in seiner Struktur geändert und erfuhr zwischen diesen grundlegenden Änderungen häufiger kleinere Anpassungen.

a) TPS 94

Das erste von der DB AG eingeführte Trassenpreissystem war nichtlinear. Es besaß zwar eine an sich lineare Preisstruktur, die an verschiedene Kriterien anknüpfte, gewährte aber auf diese Trassenpreise Mengen- und Zeitrabatte. Die Trassenpreise wurden in je einem Trassenpreisbuch für den Personen- und den Güterverkehr veröffentlicht.[208]

Zunächst wurden sogenannte Zugpreisklassen unterschieden. Es gab fünf solcher Klassen für den Güterverkehr, vier für den Personenfernverkehr

---

[206] Bundesrats-Drucksache 833/09
[207] Schwalbach, Wettbewerb auf der Schiene, Seite 137
[208] Aberle, IVW 1994, Seite 705

und drei für den Personennahverkehr.[209] Die wesentlichen Kriterien für die Einordnung der Züge in eine bestimmte Preisklasse waren die Zuglast, die Zuggeschwindigkeit und die Planungsqualität.[210] Bei der Zuggeschwindigkeit war die höchste Geschwindigkeit, die ein Zug auf seinem Laufweg erreichte, maßgebend. Die Planungsqualität bezog sich auf die zulässigen Abweichungen im Fahrplan von der in der Trassenanmeldung gewünschten Fahrzeit. Geringe Abweichungen von der Trassenanmeldung bedeuteten eine hohe Planungsqualität und damit hohe Trassenpreise und umgekehrt.[211]

Neben der Einteilung in Zugpreisklassen wies das TPS 94 als weiteres Kriterium zur Bemessung der Trassenpreise insgesamt 10 verschiedene Streckenkategorien auf. Diese setzten sich zusammen aus drei Hauptkategorien A, B und C und sieben Geschwindigkeitskategorien. Hieraus wurden die im folgenden ersichtlichen zehn verschiedenen Streckenkategorien gebildet:[212]

		Geschwindigkeitskategorie in km/h						
		250	200	160	120	100	80	50
Hauptstreckenkategorie	A	A250	A200	A160	A120			
	B			B160	B120			
	C				C120	C100	C80	C50

In den Trassenpreisbüchern waren allerdings keine kilometerbezogenen Preise, sondern für jeden Streckenabschnitt und jede Zugpreisklasse ein Festpreis angegeben. Zur Ermittlung des Gesamtpreises für eine Zugfahrt mußte für jeden Streckenabschnitt, den ein Zug befahren sollte, der zur entsprechenden Zugpreisklasse gehörende Preis aus dem Trassenpreisbuch ermittelt werden und die einzelnen Preise dann addiert werden.[213] Hierdurch war das Preissystem sehr intransparent, da zum einen der Aufwand für die Ermittlung des Gesamtpreises einer Zugfahrt relativ hoch war und zum anderen der Kilometerpreis nur schwer zu ermitteln war.

---

[209] Schwalbach, Wettbewerb auf der Schiene, Seite 144 - 145
[210] Haase in Wettbewerbspolitik in deregulierten Verkehrsmärkten, Seite 176
[211] Schwalbach, Wettbewerb auf der Schiene, Seite 143 - 149
[212] Haase in Wettbewerbspolitik in deregulierten Verkehrsmärkten, Seite 176 - 178
[213] Schwalbach, Wettbewerb auf der Schiene, Seite 148

Auf die so ermittelten Preise gewährte das TPS 94 Mengenrabatte, die als Gesamtmengenrabatt auf die insgesamt von einem Unternehmen innerhalb einer Fahrplanperiode nachgefragten Trassenkilometer bezogen waren. Der höchste erreichbare Rabatt betrug ursprünglich 20 %. Die Rabattstaffel kann der folgenden Tabelle entnommen werden:[214]

Personenfern- und Güterverkehr		Personennahverkehr	
Rabatt in %	Mio. Trassen-kilometer	Rabatt in %	Mio. Trassen-kilometer
1	14	1	0,3
2	28	2	3
3	42	3	25
4	56	4	63
5	70	5	134
6	84	6	205
7	98	7	250
8	112	8	293
9	126	9	333
10	140	10	370
11	154	11	407
12	168	12	444
13	182	13	481
14	196	14	518
15	210	15	555
16	224	16	592
17	238	17	629
18	252	18	666
19	266	19	703
20	280	20	740

---

[214] Aberle, IVW 1994, Seite 709

Aufgrund der hohen Trassenkilometerwerte, an welche die Rabatte vor allem bei den höheren Rabatten geknüpft waren, profitierten davon vor allem die Verkehrssparten des DB Konzerns, die alle zweistellige Rabattwerte erreichten, während die Wettbewerber der DB außer im Personennahverkehr gar keinen Rabatt auf die Trassenpreise erhalten konnten. Nach Protesten einiger Eisenbahnverkehrsunternehmen wurden die gewährten Mengenrabatte ab 1995 reduziert, so daß der Höchstrabatt nunmehr nur noch 5 % betrug. Die Rabattstaffel sah danach wie folgt aus:[215]

Personenfernverkehr		Personennahverkehr		Güterverkehr	
Rabatt in %	Mio. Tr.-km	Rabatt in %	Mio. Tr.-km	Rabatt in %	Mio. Tr.-km
0,5	18	0,5	0,1	0,5	15
1,0	36	1,0	0,3	1,0	30
1,5	54	1,5	20	1,5	45
2,0	72	2,0	45	2,0	60
2,5	90	2,5	80	2,5	75
3,0	108	3,0	120	3,0	90
3,5	126	3,5	170	3,5	105
4,0	144	4,0	240	4,0	120
4,5	162	4,5	340	4,5	135
5,0	180	5,0	480	5,0	150

Nach dieser Rabattstaffel erreichten nunmehr alle Verkehrssparten des DB Konzerns die höchste Rabattstufe, während die Wettbewerber ausschließlich im Personennahverkehr maximal ein Prozent Rabatt erreichen konnten. Allerdings war nach dieser Änderung die diskriminierende Wirkung der Mengenrabatte aufgrund des deutlich abgesenkten Höchstrabatts geringer als vorher.

Neben den Mengenrabatten wurden im TPS 94 auch zeitbezogene Rabatte gewährt, abhängig davon, für wieviele Fahrplanperioden im voraus eine Trasse fest bestellt wurde. Hier betrug der höchstmögliche Rabatt-

---

215 Schwalbach, Wettbewerb auf der Schiene, Seite 171

113

satz 6 % bei der festen Bestellung einer Trasse für mindestens fünf aufeinanderfolgende Fahrplanjahre.[216] Während dieser Zeitrabatt im Personennahverkehr, der durch langfristige Verträge der Eisenbahnverkehrsunternehmen mit den Aufgabenträgern gekennzeichnet ist, nicht diskriminierend wirkte, besaßen zur Zeit der Geltung des TPS 94 die Wettbewerber der DB im Gegensatz zu deren Güterverkehrssparte keine ausreichende Planungssicherheit im Güterverkehr für längerfristige Trassenbestellungen, so daß der Zeitrabatt in diesem Marktsegment diskriminierend wirkte. In Verbindung mit dem Mengenrabatt ergab sich so ein Preisvorteil der Güterverkehrssparte der DB bei den Trassenpreisen von über 10 % im Vergleich zu deren Wettbewerbern.

b)   TPS 98

1998 wurde die Struktur des Trassenpreissystems der Fahrwegsparte der DB AG zum 1. Mai grundlegend geändert. Es bot den Eisenbahnverkehrsunternehmen nunmehr die Wahl zwischen einem linearen rein leistungsabhängigen Tarif und einem solchen, der eine streckenbezogene leistungsunabhängige Komponente und eine leistungsabhängige Komponente mit erheblich niedrigeren Preisen als bei der rein linearen Variante enthielt.[217]

Der lineare Tarif, Variopreis genannt, sah sechs verschiedene Streckenkategorien vor, die wiederum in drei verschiedene Belastungsklassen eingeteilt waren. Die Streckenkategorien richteten sich nach der auf einer Strecke möglichen Höchstgeschwindigkeit eines Zuges. Die entsprechende Zuordnung ist der folgenden Tabelle zu entnehmen:[218]

---

[216] Haase in Wettbewerbspolitik in deregulierten Verkehrsmärkten, Seite 180
[217] Haase, IVW 1998, Seite 462
[218] Haase, IVW 1998, Seite 463

Streckenkategorie	Streckenhöchstgeschwindigkeit
K1	> 160 km/h
K2	160 km/h
K3	160 km/h
K4	120 km/h
K5	100 km/h
K6	80 km/h

Allerdings stimmte die Einordnung einer Strecke in eine der Kategorien nicht immer mit der tatsächlichen Streckenhöchstgeschwindigkeit überein.[219] Karten oder Listen, aus denen ersichtlich gewesen wäre, welche Strecken welcher Kategorie zugeordnet waren, wurden von der DB Netz AG nicht zur Verfügung gestellt. Dadurch war es den Eisenbahnverkehrsunternehmen faktisch nicht möglich, die Kosten einer bestimmten Trasse vorab selbst zu ermitteln.[220]

Eine Differenzierung der Trassenpreise nach den verschiedenen Verkehrsarten gab es nicht.[221] Neben den Streckenklassen wurde als weiteres Bemessungskriterium die Streckenauslastung herangezogen. Es wurden drei Belastungsklassen gebildet, wobei B I die Klasse mit der höchsten Streckenauslastung darstellte und B III diejenige mit der niedrigsten Streckenauslastung. Die linearen Trassenpreise des TPS 98 können der folgenden Tabelle entnommen werden (Angaben in DM je Trassenkilometer):[222]

---

[219] Ewers, Trassenpreissystem der Deutschen Bahn AG (TPS 98), Seite 4
[220] Ewers, Trassenpreissystem der Deutschen Bahn AG (TPS 98), Seite 20
[221] Berndt, Trassenpreise, InfraCard und Kostendeckung, Seite 4
[222] Berndt, Trassenpreise, InfraCard und Kostendeckung, Seite 4

		Belastungsklasse		
		B I	B II	B III
Streckenkategorie	K1	15,49	15,05	14,61
	K2	14,42	13,98	13,54
	K3	12,29	11,85	11,41
	K4	9,99	9,55	9,11
	K5	7,80	7,36	6,92
	K6	6,33	5,89	5,45

Auf diese Trassenpreise wurden Abschläge gewährt, wenn das Eisenbahnverkehrsunternehmen Abweichungen von der angemeldeten Trasse in Kauf nahm. Die Abschläge und ihre Voraussetzungen können der folgenden Tabelle entnommen werden:[223]

Abschlag	Voraussetzungen
0%	Taktverkehre
10%	Spielraum für Abfahrt, Ankunft oder Unterwegshalt von maximal +/- 10 Minuten
20%	Spielraum von maximal +/- 10 Minuten für zwei der drei Punkte Abfahrt, Ankunft und Unterwegshalt und freie Festlegung des dritten Punktes durch den Infrastrukturbetreiber
30%	Spielraum von maximal +/- 10 Minuten für einen der drei Punkte Abfahrt, Ankunft und Unterwegshalt und freie Festlegung der beiden anderen Punkte durch den Infrastrukturbetreiber
40%	Keine Vorgaben des Eisenbahnverkehrsunternehmens hinsichtlich der Verkehrszeiten oder des Laufwegs.
60%	Bedarfstrassen

Bei den Bedarfstrassen handelte es sich um vom Infrastrukturbetreiber nach Erstellung des Jahresfahrplans auf verbliebenen freien Infrastruktur-

---

[223] DB Netz NL Südost, Produkte & Leistungen, Seite 35

kapazitäten vorkonstruierte Trassen, die von den Eisenbahnverkehrsunternehmen kurzfristig gebucht werden konnten.[224] Das Preisniveau der
linearen Trassenpreise im TPS 98 lag ohne Abschläge in etwa auf dem
Niveau der Preise nach dem TPS 94 ohne Rabatte.[225]

Neben diesem linearen Tarif sah das TPS 98 einen zweistufigen nichtlinearen Tarif vor, der sich aus einer fixen streckenbezogenen leistungsunabhängigen Komponente, der sogenannten InfraCard und aus einem
leistungsabhängigen Preisbestandsteil zusammensetzte. Die InfraCard
mußte für konkrete Strecken erworben werden. Ihr Preis richtet sich nach
der Länge der jeweiligen Strekken. Ferner unterschieden sich die Preise
der InfraCard für die verschiedenen Verkehrsarten. Die Preise sind der
folgenden Tabelle zu entnehmen (Angaben in DM je Streckenkilometer
und Jahr):[226]

		Verkehrsart		
		Personen-fernverkehr	Personen-nahverkehr	Güterverkehr
	K1	118.300	111.200	49.100
	K2	111.200	111.200	49.100
Strecken kategorie	K3	99.200	99.200	30.000
	K4	25.200	85.100	27.500
	K5	11.300	52.500	11.300
	K6	4.700	21.800	4.700

Bemerkenswert ist, daß die Preise für den Güterverkehr zum Teil erheblich unter denen für den Personenverkehr lagen und für den Personennahverkehr die höchsten Preise berechnet wurden mit Ausnahme der
Streckenkategorie K1. Auf die genannten Preise für die InfraCard wurden
Zeitrabatte eingeräumt, die bis zu 10 % der angegebenen Preise bei einer
10-jährigen Vertragsbindung betragen konnten.[227]

---

[224] Haase, IVW 1998, Seite 464
[225] DB AG, Mehr Verkehr auf die Schiene, Seite 9
[226] Berndt, Trassenpreise, InfraCard und Kostendeckung, Seite 3
[227] DB AG, TPS '98, Seite 11

Für kleinere Eisenbahnverkehrsunternehmen enthielt der zweistufige Tarif des TPS 98 noch eine weitere Hürde: Die InfraCard mußte für ein zusammenhängendes Netz einer bestimmten Größe erworben werden. Diese Mindestnetzgröße betrug zunächst für den Personenfernverkehr 1.000 km, für den Personennahverkehr 250 km und für den Güterverkehr 500 km.[228] Aufgrund dieser Mindestnetzgrößen war es für die Wettbewerber der Verkehrssparten der DB AG faktisch wirtschaftlich uninteressant, eine InfraCard zu erwerben, da die erforderlichen Mindestnetzgrößen von keinem Wettbewerber erreicht wurden. Aufgrund von Protesten einiger Wettbewerber wurden die Mindestnetzgrößen schließlich reduziert und betrugen dann für den Personenfernverkehr noch 800 km, für den Personennahverkehr nur noch 25 km und für den Güterverkehr 250 km.[229] Doch auch mit diesen Mindestnetzgrößen war die InfraCard für Unternehmen außerhalb des DB-Konzerns nur im Personennahverkehr wirtschaftlich interessant. Weder im Güterverkehr noch im Personenfernverkehr wurden InfraCards an Unternehmen verkauft, die nicht dem DB Konzern angehörten.[230]

Zur InfraCard kam eine nach Trassenkilometern berechnete leistungsabhängige Preiskomponente, die nur nach der Streckenauslastung variierte. Die entsprechenden Preise sind der folgenden Tabelle zu entnehmen (Angaben in DM je Trassenkilometer):[231]

Belastungsklasse		
B I	B II	B III
3,38	2,94	2,50

Später wurde noch eine weitere, teurere Belastungsklasse speziell für S-Bahnstrecken eingeführt.[232]

Der InfraCard-Tarif des TPS 98 führte zu einem stark degressiven Preisverlauf mit zunehmender Anzahl an Zügen auf einer bestimmten Strecke, wie aus der Grafik zu zweistufigen Preissystemen ersichtlich. Selbst bei

---

[228] Ewers, Trassenpreissystem der Deutschen Bahn AG (TPS 98), Seite 4
[229] Ewers, Trassenpreissystem der Deutschen Bahn AG (TPS 98), Seite 4
[230] Angabe der DB Netz AG im Verfahren vor dem OLG München, U (K) 2235/06
[231] DB AG, TPS '98, Seite 15
[232] DB AG, Neues Trassenpreissystem TPS '98, Seite 11

der preiswertesten InfraCard für Güterverkehr auf Strecken der Klasse K6 waren jedoch aufgrund der vergleichsweise hohen Preise für die Infra-Card mehr als vier tägliche Zugfahrten im Durchschnitt erforderlich, damit der InfraCard-Tarif gegenüber dem Variopreis wirtschaftlich interessant war. Bei allen anderen Strekkenkategorien wie auch bei Zügen des Personenverkehrs lagen die Zugzahlen, ab denen sich der Erwerb einer InfraCard wirtschaftlich rentierte, noch erheblich darüber. In der teuersten Streckenkategorie K1 im Personenfernverkehr waren hierfür mehr als 26 Zugfahrten täglich im Durchschnitt erforderlich. Solche Zugzahlen erreichte zur Zeit der Gültigkeit des TPS 98 nur die DB mit ihren verschiedenen Verkehrssparten. Entsprechend verfügte sie mit diesem Preissystem über erhebliche preisliche Vorteile beim Netzzugang. Für den Personennahverkehr wurden diese mit bis zu 40 % angegeben.[233] Allerdings sind für dieses Verkehrssegment nur Zahlen für die durchschnittlich von der DB Regio AG gezahlten Trassennutzungsentgelte verfügbar. Hier wird ein Preis von umgerechnet 6,70 DM je Trassenkilometer angegeben.[234] Vergleichszahlen von Wettbewerbsbahnen im SPNV liegen nicht vor. Im Güterverkehr war der Preisvorteil der DB Cargo AG gegenüber deren Wettbewerbsbahnen noch größer. Für die DB Cargo AG wird ein durchschnittlicher Trassenpreis von umgerechnet 3,60 DM je Trassenkilometer während der Geltung des TPS 98 angegeben.[235] Deren Wettbewerber mußten dagegen durchschnittlich über 8 DM je Trassenkilometer, einige Eisenbahnverkehrsunternehmen sogar über 10 DM je Trassenkilometer im Durchschnitt zahlen und damit das dreifache dessen, was die DB Cargo AG für den Netzzugang aufwenden mußte.[236] Ausgehend davon, daß die Infrastrukturnutzungsentgelte etwa 40 % der Gesamtkosten eines Eisenbahnverkehrsunternehmens im Güterverkehr ausmachen, resultierte daraus ein Gesamtpreisvorteil der DB Cargo AG gegenüber ihren Wettbewerbern in Höhe von über 25 %.

Mehrere im Personennahverkehr tätige Eisenbahnverkehrsunternehmen beschwerten sich schließlich beim Bundeskartellamt über das TPS 98, woraufhin dieses ein Mißbrauchsverfahren gegen die DB Netz AG ein-

---

[233] Bundestags-Drucksache 14/6300, Seite 152
[234] Neuhoff, Zukunftsstrategie Eisenbahn, Seite 31
[235] Neuhoff, Zukunftsstrategie Eisenbahn, Seite 31
[236] Berechnung aus den Trassenpreisrechnung zweier Eisenbahnverkehrsunternehmen für 1999 und 2000, unveröffentlicht

leitete. Dieses wurde eingestellt, als die DB Netz AG für 2001 ein neues, lineares Trassenpreissystem ankündigte.[237] In der Folge gab es mehrere Gerichtsverfahren bezüglich der Höhe der Infrastrukturnutzungsentgelte während der Geltung des TPS 98, teils weil Eisenbahnverkehrsunternehmen einen Teil der Entgelte einbehalten hatten und von der DB Netz AG auf Zahlung verklagt wurden, teils weil einige Eisenbahnverkehrsunternehmen einen Teil der von Ihnen gezahlten Trassennutzungsentgelte für die Nutzung der Infrastruktur der DB Netz AG während der Geltung des TPS 98 zurückforderten. Die DB Netz AG unterlag in allen Verfahren jeweils mit Ausnahme kleinerer Teilbeträge. Die Gerichte stützten ihre Entscheidung stets auf das Diskriminierungsverbot in § 20 GWB und zogen die eisenbahnrechtlichen Regelungen lediglich zur Auslegung dieses Diskriminierungsverbots heran.[238] Dies ist insofern unverständlich, als der Umweg über § 20 GWB angesichts der damals relativ klaren Regelung in § 7 Abs. 3 EIBV 1997 überflüssig erscheint. Schließlich enthielt diese Norm ein Verbot mengenbezogener Rabatte, so lange der Infrastrukturbetreiber nicht entsprechende Einsparungen durch die Bestellung einer größeren Anzahl von Zugtrassen nachweisen konnte, und stellte damit selbst ein gesetzliches Verbot im Sinne von § 134 BGB dar. Auf die Ergebnisse der Urteile hatte dieser rechtliche Umweg jedoch keine Auswirkungen. Übereinstimmend gingen die Gerichte davon aus, daß der InfraCard-Tarif aufgrund seiner stark degressiven Wirkung mit zunehmender Zugzahl einen streckenbezogenen Mengenrabatt darstellt. Hierfür komme es allein auf die Wirkung eines Tarifs an. Ob auf einen Grundpreis ein Nachlaß gewährt werde oder wie beim InfraCard-Tarif des TPS 98 ein zweistufiger degressiv wirkender Tarif angewandt würde, sei rechtlich unerheblich.[239] Dem ist zuzustimmen, da sonst das Verbot

---

[237] Bundestags-Drucksache 14/6300, Seite 151
[238] OLG Düsseldorf, Urteil vom 19. März 2003, U (Kart) 20/02
  OLG Düsseldorf, Urteil vom 7. Februar 2007, VI-U (Kart) 3/06
  OLG Düsseldorf, Urteil vom 7. Februar 2007, VI-U (Kart) 5/06
  OLG Düsseldorf, Urteil vom 2. Mai 2007, VI-U (Kart) 33/06
  OLG München, Urteil vom 9. November 2006, U (K) 2235/06
  OLG Dresden, Beschluß vom 26. Juli 2007, U 643/07 Kart
  OLG Frankfurt, Urteil vom 10. Oktober 2006, 11 U 46/05
  LG Berlin, Urteil vom 9. August 2005, 102 O 19/05 Kart
[239] OLG Düsseldorf, Urteil vom 2. Mai 2007, VI-U (Kart) 33/06
  OLG Frankfurt, Urteil vom 10. Oktober 2006, 11 U 46/05
  OLG München, Urteil vom 9. November 2006, U (K) 2235/06

von Entgeltnachlässen, das auch in der aktuellen Fassung der EIBV in § 23 Abs. 1 enthalten ist, durch eine kreative Gestaltung des Trassenpreissystems leicht umgangen werden könnte.

c) TPS 2001 und später

Wie oben bereits ausgeführt, sah sich die DB Netz AG aufgrund der Intervention des Bundeskartellamts gegen das TPS 98 gezwungen, ein neues Trassenpreissystem einzuführen. Dieses trat am 1. April 2001 in Kraft und enthielt nunmehr einen rein linearen Tarif. Das TPS 2001 sah zunächst neun verschiedene Streckenkategorien vor:[240]

Streckenkategorie	Beschreibung
F1	Schnellfahrstrecken für Geschwindigkeiten über 250 km/h
F2	Strecken mit einer Streckenhöchstgeschwindigkeit von 160 bis 200 km/h für alle Verkehrsarten
F3	Strecken mit einer Streckenhöchstgeschwindigkeit von 100 bis 160 km/h für alle Verkehrsarten
F4	Strecken mit einer Streckenhöchstgeschwindigkeit von 100 bis 160 km/h, überwiegend für schnelle Verkehre
F5	Strecken mit einer Streckenhöchstgeschwindigkeit von 100 bis 120 km/h, überwiegend für langsame Verkehre
F6	Strecken mit einer Streckenhöchstgeschwindigkeit von 100 bis 160 km/h, überwiegend für den Peronennahverkehr
Z1	Zulaufstrecken mit einer Streckenhöchstgeschwindigkeit von maximal 100 km/h für alle Verkehrsarten
Z2	Zulaufstrecken mit einer Streckenhöchstgeschwindigkeit von maximal 50 km/h, überwiegend für den Güterverkehr
S1	S-Bahnstrecken

---

[240] DB Netz AG, Trassenpreissystem 2001, Seite 2 - 3

Später wurden für die S-Bahnnetze in Hamburg und Berlin noch die Kategorien S2 (Hamburg) und S3 (Berlin) eingeführt, sowie die Kategorie Fplus für Strecken mit einer Streckenhöchstgeschwindigkeit von mehr als 280 km/h.[241] Für jede dieser Streckenkategorien ist ein Grundpreis festgelegt. Dieser reichte anfangs von 2,90 DM je Trassenkilometer in der Kategorie S1 bis 6,60 DM je Trassenkilometer in der Kategorie F1.[242] Diese Preise wurden im Laufe der Zeit mehrfach angehoben.

Die Grundpreise werden mit verschiedenen Faktoren multipliziert, je nach Qualität der Trasse. Hierbei wird zwischen Personen- und Güterverkehr unterschieden. Für den Personenverkehr gelten folgende Produktfaktoren:[243]

Produktfaktor	Produktqualität
1,8	Expreßtrasse, höchste Priorität bei Planung und Betrieb
1,65	Takttrasse, nachrangig nach Expreßtrassen des Personen- und Güterverkehrs
1	Economytrasse, auch für Leerzüge, nachrangig nach anderen Personenverkehrstrassen, vorrangig vor Güterverkehr-Standard-Trassen

Für den Güterverkehr gibt es folgende Produktfaktoren:[244]

Produktfaktor	Produktqualität
1,65	Expreßtrasse, höchste Priorität im Güterverkehr, Vorrang vor anderen Güterverkehrstrassen und Economy-Trassen des Personenverkehrs, Vorrang vor Takttrassen des Personenverkehrs nicht eindeutig
1	Standardtrasse
0,5	Zubringertrasse, ausschließlich für Sammel- und Verteilfahrten im Einzelwagenverkehr

---

[241] DB AG, Modulares Trassenpreissystem, Seite 3
[242] DB Netz AG, Trassenpreissystem 2001, Seite 3
[243] DB Netz AG, Trassenpreissystem 2001, Seite 4 - 5
[244] DB Netz AG, Trassenpreissystem 2001, Seite 5

Später wurde für den Güterverkehr noch ein zusätzlicher Faktor für Leerzugfahrten eingeführt, der 0,65 beträgt.[245] Darüber hinaus werden im Güterverkehr Zuschläge abhängig vom Zuggewicht erhoben, die zu den Trassenpreisen, die sich aus Grundpreis und Produktfaktoren ergeben, addiert werden. Dabei waren zunächst Züge mit einem Gewicht bis 1.200 t zuschlagsfrei. Diese Grenze wurde später auf 1.000 t abgesenkt.

Für alle Verkehre gibt es außerdem einen Auslastungsfaktor, der auf stark ausgelasteten Strecken 1,2 beträgt.[246] Weiter sieht das TPS 2001 für Züge mit Dampflokomotiven ebenfalls einen Faktor von 1,2 vor, für Züge mit Lademaßüberschreitung den Faktor 1,5.[247]

Die Produktfaktoren stehen zumindest zum Teil im Widerspruch zu den unter D) III. 3. b) dargestellten Prioritätsregeln in § 9 Abs. 4 EIBV. Darüber hinaus haben die Produktfaktoren erheblichen Einfluß auf die Prioritätsregel in § 9 Abs. 5 EIBV, da Trassen mit höheren Produktfaktoren auch höhere Regelentgelte erzielen.

Das Preisniveau des TPS 2001 lag unter dem des Variotarifs des TPS 98.[248] Die Umsätze der Fahrwegsparte der DB Netz AG sind jedoch in den Jahren 2001 und 2002 gegenüber dem Jahr 2000 gestiegen, obwohl die Betriebsleistung, also die gefahrenen Zugkilometer, in diesem Zeitraum stetig zurückgegangen ist.[249] Daraus folgt, daß die Mindereinnahmen aus den Betriebsleistungen der Wettbewerber der Verkehrssparten des DB Konzerns durch höhere konzerninterne Einnahmen kompensiert wurden. Dies wird auch durch die vom DB Konzern selbst veröffentlichten Zahlen bestätigt. Wie aus der folgenden Tabelle ersichtlich ist, gingen die durchschnittlich von den Wettbewerbern der Verkehrssparten des DB Konzerns nach Einführung des TPS 2001 gezahlten Infrastrukturnutzungsentgelte zurück, während konzernintern höhere Trassenpreise als während der

---

245 DB AG, Modulares Trassenpreissystem, Seite 6 - 7
246 DB Netz AG, Trassenpreissystem 2001, Seite 3
247 DB Netz AG, Trassenpreissystem 2001, Seite 6
248 Ewers, Trassenpreissystem TPS 01, Anlage Seite 3
249 Deutsche Bahn AG, Daten & Fakten 2000, Seite 21
   Deutsche Bahn AG, Daten & Fakten 2002, Seite 39

Geltung des TPS 98 berechnet wurden (durchschnittliche Trassenpreise in Euro je Zugkilometer):[250]

Jahr	DB Konzern	Wettbewerber
1999	3,51	3,76
2000	3,57	4,06
2001	3,61	3,53
2002	4,09	4,01

Dabei ist zu berücksichtigen, daß die Wettbewerber der Verkehrssparten des DB Konzerns die teuersten Streckenkategorien des TPS 98 gar nicht genutzt haben, aus diesem Grund also eigentlich durchschnittlich geringere Infrastrukturbenutzungsentgelte als die Verkehrssparten des DB-Konzerns hätten bezahlen müssen. Dies belegt, daß das TPS 98 die Wettbewerber der Verkehrssparten des DB Konzerns preislich gegenüber den Konzerntöchtern diskriminierte.

Von Beginn an enthielt das TPS 2001 eine pauschale Gebühr für die nachträgliche Änderung einer einmal bestellten und zugewiesenen Trasse. Nachdem sich ein Eisenbahnverkehrsunternehmen geweigert hatte, diese pauschale Gebühr zu zahlen, klagte die DB Netz AG diese Gebühr ein. Das OLG Düsseldorf hatte daraufhin entschieden, daß diese Gebühr diskriminierend gegenüber den Wettbewerbern der Güterverkehrssparte des DB Konzerns sei, da diese aufgrund ihres wesentlich geringeren Marktanteils im Güterverkehr im Verhältnis sehr viel häufiger Trassenanmeldungen nachträglich ändern müßten.[251] Daß die nachträgliche Änderung einer bereits im Fahrplan berücksichtigten Zugtrasse beim Infrastrukturbetreiber Aufwand verursacht, dürfte unstreitig sein. Im Hinblick auf § 21 Abs. 4 EIBV dürfte dieser Aufwand nur der zu ändernden Trasse angelastet werden. In dem Verfahren vor dem OLG Düsseldorf wurde der DB Netz AG allerdings angelastet, daß sie den durch die nachträgliche Änderung einer Trasse entstehenden Aufwand nicht näher darge-

---

[250] Berechnung aus den Angaben in:
Deutsche Bahn AG, Daten & Fakten 2000, Seite 21
Deutsche Bahn AG, Daten & Fakten 2002, Seite 39
[251] OLG Düsseldorf, Urteil vom 7. Februar 2007, VI-U (Kart) 3/06
OLG Düsseldorf, Urteil vom 14. Oktober 2009, VI-U (Kart) 4/09

legt hatte, sondern lediglich auf die pauschal hierfür vorgesehene Gebühr im Trassenpreissystem verwiesen hatte.[252] Fraglich erscheint, ob eine solche Darlegung des Aufwands vom Infrastrukturbetreiber verlangt werden kann. Dafür spricht der Wortlaut von § 21 Abs. 4 EIBV, der von erhöhten Kosten spricht, die eine Verkehrsleistung gegenüber anderen Verkehrsleistungen verursacht. Entsprechend muß der mit solchen erhöhten Kosten Belastete auch deren Nachweis verlangen dürfen, um eine willkürliche Preisfestsetzung durch den Infrastrukturbetreiber zu vermeiden. Andererseits dürfte es für den Infrastrukturbetreiber in vielen Fällen schwierig sein, den konkreten Mehraufwand im einzelnen nachzuweisen, was die Anwendung von § 21 Abs. 4 EIBV in der Praxis stark einschränkt.

Zum 1. Januar 2003 hat die DB Netz AG für eine Reihe von Regionalstrecken sogenannte Regionalfaktoren eingeführt, die einen multiplikativ wirkenden Aufschlag auf die Trassenpreise der betroffenen Strecken darstellten. Als Kriterien für die Auswahl der Strecken, die mit einem Regionalfaktor belastet wurden, gab die DB Netz AG an:[253]

- Strecken für regionale Verkehre außerhalb der Ballungsräume
- Strecken, die ausschließlich oder überwiegend dem Personennahverkehr dienen
- Strecken mit weniger als 40 Takttrassen am Tag
- Strecken in Knoten als Verbindungsstrecken zu anderen Regionalnetzen
- Strecken ohne belastbares Kosten-Erlös-Profil

Die Höhe der Regionalfaktoren reichte von 1,05 bis 2,45.[254] Später wurden die Faktoren für einige Strecken abgesenkt, so daß der höchste Regionalfaktor zuletzt noch 1,91 betrug. Für einige Strecken wurde der Regionalfaktor auf 1,0 absenkt.[255] Für welche Strecken konkret ein Regionalfaktor galt, hat die DB Netz AG nicht veröffentlicht. Sie gab gegenüber der Bundesnetzagentur an, alle betroffenen Aufgabenträger für den Schienenpersonennahverkehr und Eisenbahnverkehrsunternehmen schriftlich infor-

---

[252] OLG Düsseldorf, Urteil vom 7. Februar 2007, VI-U (Kart) 3/06
[253] BNetzA, Bescheid vom 5. März 2010, Überprüfung der Regionalfaktoren, Seite 3
[254] DB AG, Modulares Trassenpreissystem, Anlage 1
[255] BNetzA, Bescheid vom 5. März 2010, Überprüfung der Regionalfaktoren, Seite 4

miert zu haben, allerdings nur einmalig vor der Einführung der Regionalfaktoren Ende 2002. Eine weitere Information über die konkreten
Strecken, für welche ein Regionalfaktor galt, wurde von der DB Netz AG
nicht zur Verfügung gestellt.[256] Die Regionalfaktoren galten nur für den
Personennahverkehr. Personenfern- und Güterverkehr mußten auf den
betroffenen Strecken keine erhöhten Trassenpreise entrichten.[257] Mit
Bescheid vom 5. März 2010 hat die Bundesnetzagentur die Anwendung
der Regionalfaktoren bei der Berechnung der Trassenpreise untersagt.[258]
Im wesentlichen wird die Entscheidung damit begründet, die Regionalfaktoren wirkten diskriminierend[259] und ihre Berechnung sei intransparent.[260] Die zentrale Norm bezüglich der Bemessung der Trassenpreise ist
§ 21 Abs. 6 Satz 1 EIBV. Hiergegen verstoßen die Regionalfaktoren auf
zweierlei Weise:

Zum einen gelten sie nur für den Personennahverkehr. Personenfern- und
Güterverkehr sind von der Anwendung der Regionalfaktoren ausgenommen. Ein Grund für diese Unterscheidung ist nicht ersichtlich. Zum anderen erscheint die Auswahl der Netzteile, für die ein Regionalfaktor angewendet wird, willkürlich und nicht nachvollziehbar. Schließlich ist aufgrund der Tatsache, daß die DB Netz AG nicht veröffentlicht, für welche
Strecken konkret ein Regionalfaktor angewendet wird, auch der Vorwurf
der Intransparenz gerechtfertigt. Insofern hat die Bundesnetzagentur die
Anwendung der Regionalfaktoren zu Recht untersagt. Hinzu kommt, daß
§ 23 Abs. 2 EIBV vorsieht, daß bei einer unzureichenden Auslastung
einzelner Netzteile für diese Nachlässe auf die Trassenpreise gewährt
werden können. Mit den Regionalfaktoren ist die DB Netz AG jedoch den
gegenteiligen Weg gegangen. Die Erhöhung der Trassenpreise auf
schwach ausgelasteten Strecken führt tendenziell zu einem weiteren
Rückgang der Nachfrage nach Trassen, was nach der Logik der DB Netz
AG zu einer weiteren Erhöhung der Trassenpreise und damit am Ende
schließlich zur Stillegung der betroffenen Strecken führt. So wurden zum
Beispiel in Sachsen-Anhalt einige Strecken nach Einführung der Regional-

---

[256] BNetzA, Bescheid vom 5. März 2010, Überprüfung der Regionalfaktoren, Seite 4
[257] DB AG, Modulares Trassenpreissystem, Seite 9
[258] BNetzA, Bescheid vom 5. März 2010, Überprüfung der Regionalfaktoren, Seite 4
[259] BNetzA, Bescheid vom 5. März 2010, Überprüfung der Regionalfaktoren, Seite 10 - 22
[260] BNetzA, Bescheid vom 5. März 2010, Überprüfung der Regionalfaktoren, Seite 22 - 23

faktoren stillgelegt.[261] Damit widerspricht das Vorgehen der DB Netz AG der Intention des Normgebers. Allerdings ließe sich daraus allein noch keine Rechtswidrigkeit der Regionalfaktoren herleiten. Da im deutschen Recht das Vollkostenprinzip bei der Bemessung der Trassenpreise gilt, ist der Infrastrukturbetreiber grundsätzlich nicht gehindert, die Trassenpreise streckenbezogen zu berechnen und die jeweils streckenbezogen ermittelten Kosten auf die Nutzer der jeweiligen Strecken umzulegen. Allerdings hat die DB Netz AG im TPS 2001 eine Differenzierung der Strecken nach Streckenklassen vorgenommen, die sich wiederum im wesentlichen nach der zulässigen Streckenhöchstgeschwindigkeit und den Hauptnutzern der jeweiligen Strecken richten. Demgegenüber stellen die Regionalfaktoren einen völlig anderen Ansatz zur Differenzierung der Trassenpreise dar, welcher der Wertung, die in den Streckenklassen zum Ausdruck kommt, daß einfache Strecken preiswerter sind als technisch hochgerüstete Strecken, zuwider läuft und damit systemfremd ist. Auch dies stützt die Bewertung der Regionalfaktoren als willkürlich und damit mindestens potentiell diskriminierend, da ein sachlicher Grund für die jeweilige Höhe der Regionalfaktoren nicht ersichtlich ist.

Mit einem öffentlich-rechtlichen Vertrag vom 30. Juli 2010 hat die Bundesnetzagentur dann jedoch der DB Netz AG gestattet, die Regionalfaktoren noch bis zum Fahrplanwechsel im Dezember 2011 anzuwenden. Allerdings mußten diese für ein Drittel der betroffenen Strecken bereits zum Fahrplanwechsel im Dezember 2010 abgeschafft und für die übrigen betroffenen Strecken auf maximal 1,7 abgesenkt werden.[262]

Zum Fahrplanwechsel im Dezember 2004 hatte die DB Netz AG den sogenannten Sondertrassenzuschlag eingeführt. Dieser galt für alle Trassen, die nicht zum Jahresfahrplan und für weniger als 30 Verkehrstage angemeldet wurden.[263] Der Zuschlag betrug 10 % des Trassenpreises. Die Anwendung dieses Sondertrassenzuschlags wurde vom damals noch zuständigen Eisenbahn-Bundesamt bereits mit Bescheid vom 23. Dezember 2004 untersagt. Die hiergegen von der DB Netz AG eingereichte Klage blieb vor dem VG Köln[264] und dem OVG NRW[265] erfolglos. Beide Gerich-

---

[261] BNetzA, Bescheid vom 5. März 2010, Überprüfung der Regionalfaktoren, Seite 19
[262] Vertrag zwischen der DB Netz AG und der BNetzA vom 30. Juli 2010, § 2
[263] DB AG, Modulares Trassenpreissystem, Seite 9
[264] VG Köln, Urteil vom 20. Oktober 2006, 18 K 2670/05

te werteten den Sondertrassenzuschlag in Übereinstimmung mit dem OLG Düsseldorf[266] als diskriminierend, da die Wettbewerber der Güterverkehrssparte des DB Konzerns ganz überwiegend solche Sondertrassen für ihre Verkehre bestellen, da diese zum größten Teil kurzfristig disponiert werden, während die Güterverkehrssparte des DB Konzerns schon allein aufgrund ihres Verkehrsvolumens einen erheblichen Teil ihres Verkehrs auch längerfristig disponieren kann. Damit würden die Wettbewerber der Güterverkehrssparte des DB Konzerns bei der Höhe der Nutzungsentgelte für die Infrastruktur der DB Netz AG gegenüber der Güterverkehrssparte des DB Konzerns diskriminiert, so daß der Sondertrassenzuschlag gegen das Diskriminierungsverbot in §§ 14 Abs. 1 Satz 1 AEG, § 8 EIBV 1997 verstoße.[267] Auf Nachfrage gaben verschiedene im Güterverkehr aktive Eisenbahnverkehrsunternehmen an, zwischen 90 und 100 % ihrer Verkehre über Sondertrassen abzuwickeln.[268] Dies bestätigt die Einschätzung des Eisenbahn-Bundesamts und der Gerichte.

Auf Kritik stieß auch der Faktor für die sogenannten Zubringertrassen für Güterzüge.[269] Die Voraussetzung für die Anwendung dieses Faktors ist, daß es sich um Trassen zur Sammlung oder Verteilung von Waggons im Zusammenhang von Einzelwagenverkehren handelt. Die Trasse darf dabei nicht länger als 75 km sein und muß unmittelbar im Zusammenhang mit einer normalen Güterzugtrasse stehen. Die Trasse muß an einer Zugbildungsanlage der DB Netz AG beginnen oder enden.[270] Damit steht die Nutzung solcher Trassen faktisch nur der Güterverkehrssparte der DB AG offen. Zwar führen inzwischen auch andere Eisenbahnverkehrsunternehmen im Güterverkehr nicht mehr nur Ganzzugverkehre, sondern auch Verkehre mit Wagengruppen, von denen mehrere auf einem Teil der jeweiligen Strecken in einem Zug gemeinsam befördert werden, aber diese Wagengruppen werden häufig nicht in einer der Zugbildungsanlagen der DB Netz AG gekuppelt oder getrennt. Außerdem laufen die einzelnen Wagengruppen meist auch über längere Strecken als 75 km

---

[265] OVG NRW, Beschluß vom 31. August 2007, 13 A 108/07
[266] OLG Düsseldorf, Urteil vom 7. Februar 2007, VI-U (Kart) 3/06
[267] OVG NRW, Beschluß vom 31. August 2007, 13 A 108/07
[268] Befragung von 9 mittelgroßen Eisenbahnverkehrsunternehmen 2001
[269] DB Netz AG, Trassenpreissystem 2001, Seite 5
[270] DB Netz AG, Trassenpreissystem 2001, Seite 5

getrennt voneinander,[271] so daß die Voraussetzungen für eine Zubringer-trasse von einem nicht zum DB Konzern gehörenden Eisenbahnverkehrs-unternehmen nur in Ausnahmefällen zu erfüllen sein dürften. Daher sind die Voraussetzungen für diesen Faktor eindeutig diskriminierend und erschweren den nicht zum DB Konzern gehörenden Eisenbahnverkehrs-unternehmen den Aufbau eigener Einzelwagen- und Wagengruppenver-kehre im Wettbewerb zur Güterverkehrssparte der DB AG.

Insgesamt ist das TPS 2001 relativ komplex und dadurch intransparent. Zwar bietet die DB Netz AG ein Computerprogramm an, das auf der Internetseite der DB Netz AG heruntergeladen werden kann und die Berechnung der Trassenpreise für das gesamte DB-Netz und alle erdenk-lichen Zugarten erlaubt, aber es ermöglicht nicht nachzuvollziehen, wie ein damit berechneter Trassenpreis letztlich zustande kommt.

d) Trassenpreissysteme anderer deutscher Infrastrukturbetreiber

Neben der DB Netz AG gibt es auch noch andere Betreiber von Eisen-bahninfrastruktur in Deutschland.[272] Diese betreiben aber ausschließlich Nebenstrecken mit vergleichsweise geringem Verkehrsaufkommen und eher niedrigen Streckenhöchstgeschwindigkeiten von maximal 100 km/h. Dennoch sind auch die Trassenpreissysteme dieser Infrastrukturbetreiber teilweise recht komplex. Fast alle berechnen einen einheitlichen Preis pro Zugkilometer.[273] Daneben werden pauschale Entgelte pro Zugfahrt oder Trassenanmeldung berechnet[274] sowie verschiedene Zu- oder Abschläge abhängig vom Zugziel,[275] der Zuglänge,[276] der Anzahl der Verkehrs-

---

[271] zum Beispiel ECCO-Cargo-Netz, Müller, IVW 2004, Seite 408
[272] VDV-Statistik 2010, Seite 45, 68 - 71
[273] LWB, Trassen- und Anlagenpreissystem, Seite 3
    BayernBahn, Preisliste TPS/APS 2008, Seite 1
    OHE, TPS 2010, Anlage 2
    HGK, SNB-BT, Anlage 1, Seite 2
    AVG, Trassenpreiskatalog Güterverkehr, Seite 9
    AVG, Trassenpreiskatalog Personenverkehr, Seite 8
    EVB, Entgeltverzeichnis, Seite 1
[274] LWB Trassen- und Anlagenpreissystem, Seite 3
    OHE, TPS 2010, Anlage 2
    EVB, Entgeltverzeichnis, Seite 1
[275] HGK, SNB-BT, Anlage 1, Seite 3 - 4
[276] LWB, Trassen- und Anlagenpreissystem, Seite 3

tage,[277] Art des Triebfahrzeugs,[278] Achslast,[279] Fahrplanflexibilität,[280] Leer-
züge[281] oder besondere Zugarten.[282] Die Aufzählung ist nur beispielhaft
und erhebt keinen Anspruch auf Vollständigkeit. Das Kriterium der
Anzahl der Verkehrstage stellt faktisch einen Mengenrabatt dar, welcher
den Anforderungen des § 23 Abs. 1 EIBV nicht genügen dürfte. Einige
Infrastrukturbetreiber haben ähnlich der DB Netz AG Streckenkategorien
gebildet, um die Trassenpreise zu differenzieren.[283] Auch pauschale Entgelte für die nachträgliche Änderung einer einmal zugewiesenen Trasse,
welche die Gerichte bei der DB Netz AG für diskriminierend und damit
rechtwidrig hielten, wie oben ausgeführt, werden teilweise berechnet.[284]

Damit sind auch viele Trassenpreissysteme anderer deutscher Infrastrukturbetreiber unübersichtlich und dadurch intransparent. Die Berechnung
des Trassenpreises für eine bestimmte Zugfahrt ist in vielen Fällen sehr
aufwendig. Darüber hinaus weisen viele Trassenpreissysteme bestimmte
Zusatzleistungen aus,[285] lassen aber nicht erkennen, ob diese zwingender
Bestandteil einer Zugtrasse sind, oder nur bei Bedarf in Anspruch genommen werden können, wodurch es einem Eisenbahnverkehrsunternehmen
unmöglich wird, den Trassenpreis für eine konkrete Zugfahrt selbst zu
berechnen.

e)   Trassenpreissysteme in anderen europäischen Ländern

Eine umfassende Darstellung der Trassenpreise in anderen europäischen
Ländern würde den Rahmen dieser Arbeit sprengen. Daher sollen hier
nur die Grundzüge einiger Trassenpreissysteme dargestellt werden, um

---

[277] LWB, Trassen- und Anlagenpreissystem, Seite 3
[278] AVG, Trassenpreiskatalog Güterverkehr, Seite 11 - 12
[279] AVG, Trassenpreiskatalog Personenverkehr, Seite 8
[280] AVG, Trassenpreiskatalog Güterverkehr, Seite 9
[281] OHE, TPS 2010, Anlage 2
      EVB, Entgeltverzeichnis, Seite 1
[282] AVG, Trassenpreiskatalog Güterverkehr, Seite 9
      OHE, TPS 2010, Anlage 2
      EVB, Entgeltverzeichnis, Seite 1
[283] AVG, Trassenpreiskatalog Güterverkehr, Seite 10
      AVG, SNB-BT, Anhang 1
[284] BayernBahn, Preisliste TPS/APS 2008, Seite 2
      LWB, Trassen- und Anlagenpreissystem, Seite 3
[285] LWB, Trassen- und Anlagenpreissystem, Seite 3
      EVB, Entgeltverzeichnis, Seite 2

beispielhaft das Spektrum der möglichen Gestaltungen der Trassenpreise zu umreißen.

Die Europäische Kommission geht in ihrem Weißbuch "Faire Preise für die Infrastrukturbenutzung" davon aus, daß eine Erhebung von Infrastrukturbenutzungsentgelten in Höhe der sozialen Grenzkosten anzustreben ist.[286] Entsprechend wurde in der RL 2001/14/EG in den Erwägungsgründen 38 und 39 das Grenzkostenprinzip für die Entgeltbemessung als Regel angesehen und in Art. 7 Abs. 3 entsprechend festgelegt, daß die Infrastrukturbenutzungsentgelte in Höhe der unmittelbar durch den Zugbetrieb anfallenden Kosten festzusetzen sind. Auf der anderen Seite läßt Art. 6 Abs. 1 Satz 2 der RL aber auch eine Festlegung der Infrastrukturbenutzungsentgelte in Höhe der Vollkosten zu, da dort geregelt ist, daß von den Infrastrukturbetreibern auch verlangt werden kann, ihre Kosten auch ohne staatliche Mittel, mithin aus den Infrastrukturbenutzungsentgelten zu decken.

Aufgrund dieses rechtlichen Spielraums weisen die verschiedenen Trassenpreissysteme in Europa große Unterschiede sowohl hinsichtlich des Preisniveaus als auch hinsichtlich der konkreten Ausgestaltung, insbesondere der Bemessungskriterien auf.

Die höchsten Trassenpreise in Europa sind in Großbritannien zu finden.[287] Hier wurde die Eisenbahninfrastruktur in einem eigenen Unternehmen zusammengefaßt, welches selbst nur die Infrastruktur betreibt, aber keine eigenen Züge darauf fahren läßt. Dieses Unternehmen wurde unter dem Namen Railtrack privatisiert und an die Börse gebracht,[288] sollte also die Eisenbahninfrastruktur gewinnbringend betreiben. Daher mußten die Einnahmen aus den Infrastrukturbenutzungsentgelten nicht nur die Kosten des Infrastrukturbetriebs und der Instandhaltung der Infrastruktur abdecken, sondern darüber hinaus die Erzielung eines Gewinns ermöglichen.[289] Direkte staatliche Zuwendungen an diese Infrastrukturgesellschaft waren zunächst nicht vorgesehen. Entsprechend hoch fielen die von Railtrack erhobenen Infrastrukturbenutzungsentgelte aus, wobei es erhebliche Unterschiede zwischen den Trassenpreisen für

---

[286] EU-Kommission, Faire Preise für die Infrastrukturnutzung, Seite 3 - 20
[287] Kirchner, Liberalisierungsindex Bahn 2007, Seite 65
[288] Merkert, IVW 2007, Seite 195
[289] Schnöbel, IVW 2005, Seite 136

Personenzüge und solchen für Güterzüge gab und immer noch gibt. Für den Personenverkehr vereinbarte Railtrack mit den verschiedenen Eisenbahngesellschaften hohe fixe jährliche Gebühren, die den überwiegenden Teil der Einnahmen von Railtrack ausmachten, teilweise bis zu 90%.[290] Daneben wurden relativ geringe variable Entgelte für die einzelnen Zugfahrten erhoben.[291] Anders als in Deutschland gab es keinen Preiskatalog, sondern die Infrastrukturnutzungsentgelte wurden individuell zwischen Railtrack und den Eisenbahnverkehrsunternehmen ausgehandelt. Allerdings unterlagen sie der Kontrolle durch den Rail Regulator.[292] Aufgrund der dargestellten Preisstruktur hatte Railtrack kaum Anreize für eine Verbesserung der Infrastrukturkapazitäten, da durch den vergleichsweise geringen variablen Anteil der Infrastrukturbenutzungsentgelte aus zusätzlichen Zugfahrten nur geringe zusätzliche Einnahmen resultierten. Daher wurde schließlich der fixe Anteil der Infrastrukturbenutzungsentgelte von der Aufsichtsbehörde der Höhe nach begrenzt, bildete aber immer noch den überwiegenden Teil der Einnahmen von Railtrack.[293]

Der Ansatz, daß eine privatwirtschaftlich organisierte, gewinnorientierte Gesellschaft die Eisenbahninfrastruktur betreiben und unterhalten sollte, erwies sich in der Praxis allerdings als nicht tragfähig. Um die Gewinne kurzfristig zu steigern, vernachlässigte Railtrack den Unterhalt des Netzes, was innerhalb weniger Jahre zu einem erheblichen Instandhaltungsrückstand und schließlich aufgrund des sich stetig verschlechternden Infrastrukturzustands auch zu Unfällen führte.[294] Infolgedessen verlangte die Aufsichtsbehörde von Railtrack, den Infrastrukturzustand umgehend zu verbessern und die unterlassene Instandhaltung kurzfristig nachzuholen, wozu sich das Unternehmen jedoch finanziell nicht in der Lage sah. Nachdem eine vom Staat gewährte finanzielle Unterstützung sich als nicht ausreichend erwies, der Staat jedoch nicht bereit war, der privaten Infrastrukturgesellschaft weitere finanzielle Hilfen zukommen zu lassen, mußte Railtrack 2001 schließlich Insolvenz anmelden. Daraufhin wurde

---

[290] Soldner, Liberalisierung des Eisenbahnwesens, Seite 272
[291] Soldner, Liberalisierung des Eisenbahnwesens, Seite 272
[292] Böttger, IVW 2002, Seite 274
[293] Soldner, Liberalisierung des Eisenbahnwesens, Seite 285
[294] Knorr in Neue Entwicklungen in der Eisenbahnpolitik, Seite 173
Knorr, List Forum für Wirtschafts- und Finanzpolitik, Band 28 (2002), Seite 381
Soldner, Liberalisierung des Eisenbahnwesens, Seite 285 - 287

das Schienennetz auf die formell private, nicht gewinnorientierte Gesellschaft Network Rail übertragen,[295] die als sogenannte Company limited bei guarantee organisiert ist.[296] Sie besitzt keine Gesellschafter, sondern Bürgen, deren wesentlichster die britische Regierung ist.[297] Damit hat letztlich der britische Staat wieder die Verantwortung für die Eisenbahninfrastruktur des Landes übernommen. Die oben dargestellten Prinzipien der Gestaltung der Infrastrukturbenutzungsentgelte blieb davon jedoch unberührt. Sowohl die Struktur derselben als auch das Preisniveau wurde bis heute kaum verändert.[298] Die variablen Trassenpreisanteile sind trotz ihrer vergleichsweise geringen wirtschaftlichen Bedeutung für Network Rail stark differenziert nach Anzahl der Fahrzeuge, Anzahl der Achsen, Achslasten, ungefederten Massen, Geschwindigkeit und weiteren Kriterien.[299] Diese Kriterien bilden im wesentlichen den Verschleiß an der Infrastruktur, der durch eine Zugfahrt verursacht wird, ab.[300] Für Güterzüge wird nur dieser variable Teil der Infrastrukturbenutzungsentgelte berechnet.[301] Der Güterverkehr wird damit beim Netzzugang preislich wesentlich günstiger gestellt als der Personenverkehr. Letzterer wiederum wird in erheblichem Umfang staatlich subventioniert, während der Güterverkehr vollständig eigenwirtschaftlich betrieben wird. Trotz des im europäischen Vergleich hohen Niveaus der Infrastrukturbenutzungsentgelte erhält Network Rail für den Ausbau des bestehenden Netzes und den Neubau von Strecken in erheblichem Umfang finanzielle Mittel vom Staat.

Einen völlig anderen Ansatz bei der Bemessung der Trassenpreise verfolgt Schweden. Auch hier wurden, wie in Großbritannien, Eisenbahninfrastruktur und Eisenbahnverkehr voneinander getrennt. Während der Eisenbahnverkehr in eine privatrechtliche Gesellschaft ausgelagert wurde, wird die Eisenbahninfrastruktur von der staatlichen Behörde Banverket verwaltet und betrieben. Die Trassenpreise, die Banverket von den Eisenbahnverkehrsunternehmen verlangt, sind im europäischen Ver-

---

[295] Merkert, IVW 2007, Seite 195
[296] Network Rail Limited, Anual Report and Accounts 2013, Seite 23
[297] Network Rail Limited, Anual Report and Accounts 2013, Seite 71
[298] Soldner, Liberalisierung des Eisenbahnwesens, Seite 294
[299] Network Rail, The 2011 Network Statement, Seite 51 - 52
[300] Network Rail, The 2011 Network Statement, Seite 51
[301] Network Rail, The 2011 Network Statement, Seite 54

gleich sehr niedrig und orientieren sich an den sogenannten sozialen Grenzkosten, also einschließlich der vermuteten externen Kosten einer Zugfahrt.[302] Zunächst wurde eine fixe Abgabe pro Fahrzeug, vergleichbar mit der KFZ-Steuer erhoben.[303] Diese wurde 1999 jedoch wieder aufgegeben, so daß nun nur noch variable Kosten erhoben werden, die sich aus drei Komponenten zusammensetzen:[304]

- einem Zugangsentgelt pro tkm

- einer Unfallgebühr je Zugkilometer

- einer vom Energieverbrauch abhängigen Gebühr für Dieseltraktion

Für den Personenverkehr fällt zusätzlich noch eine Fahrgastinformationsgebühr an.[305] Das Zugangsentgelt für einen Güterzug mit einer Masse von 1.200 t beträgt insgesamt lediglich ca. 50 Cent pro Zugkilometer. Ungefähr dasselbe Zugangsentgelt wird für einen Personenzug mit 400 t Masse erhoben. Für den Güterverkehr fällt zusätzlich noch eine fixe Gebühr je Zugfahrt zur Finanzierung der Öresundbrücke an.[306] Die Einnahmen aus den Infrastrukturbenutzungsentgelten decken jedoch weniger als 10 % der Infrastrukturkosten ab. Der ganz überwiegende Teil der Kosten für die Unterhaltung und den Betrieb der Infrastruktur wiederum werden direkt aus dem Staatshaushalt aufgebracht.[307]

Als drittes Beispiel werden die Trassenpreise in der Schweiz dargestellt. Anders als in Großbritannien und Schweden wurde hier die Infrastruktur rechtlich nicht von den Eisenbahnverkehrsunternehmen getrennt, sondern gehört weiterhin zu den jeweiligen Eisenbahnunternehmen wie auch in Deutschland. Den größten Teil der schweizer Eisenbahninfrastruktur gehört der SBB (Schweizer Bundesbahnen). Als weiterer wichtiger Infrastrukturbetreiber ist die BLS (ursprünglich Bern-Lötschberg-Simplon Bahn, jetzt kurz Lötschbergbahn) zu nennen. Anders als in Deutschland werden die Trassenpreise aber nicht von den Infrastrukturbetreibern selbst festgesetzt, sondern vom Bundesamt für Verkehr (BAV),

---

302 Kirchner, Liberalisierungsindex Bahn 2004, Seite 74
303 Prognos, Netzzugang und Trassenpreisbildung, Seite 62
304 Merkert, Die Liberalisierung des schwedischen Eisenbahnwesens, Seite 21
305 Knorr in Neue Entwicklungen in der Eisenbahnpolitik, Seite 204
306 Merkert, Die Liberalisierung des schwedischen Eisenbahnwesens, Seite 21
307 Knorr in Neue Entwicklungen in der Eisenbahnpolitik, Seite 203 - 204

der staatlichen Aufsichtsbehörde.[308] Gemäß § 9b des Schweizer Eisenbahngesetzes müssen sich diese Trassenpreise an den Grenzkosten orientieren. Für den Güterverkehr stellen die vom BAV festgelegten Trassenpreise allerdings nur Mindestpreise dar, auf welche die Infrastrukturbetreiber Aufschläge erheben können.[309] Die Trassenpreise setzen sich aus dem Grundpreis und dem Deckungsbeitrag zusammen. Der Grundpreis wiederum besteht aus vier Komponenten:[310]

- einer Unterhaltsgebühr pro tkm

- einer Fahrdienstgebühr pro Zugkilometer

- einer Gebühr für den Energieverbrauch

- einer Gebühr für die Nutzung eines Knotenbahnhofs

Der Deckungsbeitrag wird derzeit nur vom Personenverkehr erhoben.[311] Trotz des Grenzkostenansatzes, der theoretisch dem schwedischen Ansatz entspricht, sind die Trassenpreise in der Schweiz deutlich höher als in Schweden und bewegen sich in etwa auf dem Niveau der derzeitigen deutschen Trassenpreise.[312] Ein direkter Vergleich ist jedoch aufgrund der unterschiedlichen Bemessungskriterien schwierig und nur anhand von Musterzügen möglich. Ein weiterer deutlicher Unterschied im Vergleich zu den Trassenpreissystemen in Großbritannien und Schweden ist das Verhältnis der Trassenpreise für Personen- und Güterverkehr zueinander. Während in Großbritannien und Schweden der Güterverkehr preislich bevorzugt wird, werden in der Schweiz für den Güterverkehr höhere Trassenpreise erhoben als für den Personenverkehr.[313]

Die Beispiele zeigen, daß trotz der europaweit einheitlichen Regelung in RL 2001/14/EG das Spektrum der Trassenpreise in Europa sehr groß ist. Auch die Bemessungskriterien unterscheiden sich sehr stark von Land zu Land, was die Vergleichbarkeit der Trassenpreissysteme sehr erschwert, wenn nicht unmöglich macht. Vor allem für den internationalen Schienengüterverkehr führt das zu einem erheblichen Aufwand bei der Kalku-

---

[308] Kirchner, Liberalisierungsindex Bahn 2011, Seite 92
[309] Prognos, Netzzugang und Trassenpreisbildung, Seite 16
[310] Weidmann, Studie zu einem neuen schweizerischen Trassenpreissystem, Seite 12
[311] Isenmann, Das Politikum Trassenpreis, Seite 16
[312] Weidmann, Studie zu einem neuen schweizerischen Trassenpreissystem, Seite 56
[313] Kirchner, Liberalisierungsindex Bahn 2007, Seite 98

lation der Infrastrukturbenutzungsentgelte für eine bestimmte Zuglei-
stung.

V. Durchführung des Eisenbahnbetriebs

Das Thema "Eisenbahnbetrieb" hat in der juristischen Literatur bisher keinerlei Beachtung gefunden. Dies ist umso verwunderlicher, als der tägliche Eisenbahnbetrieb einer Vielzahl von Störungen ausgesetzt ist, wie
jeder Bahnreisende aus eigener Erfahrung weiß. Bevor die sehr knappen
rechtlichen Regelungen bezüglich des Eisenbahnbetriebs dargestellt werden, ist es notwendig, die Grundlagen der Abwicklung des Eisenbahnbetriebs im Störungsfall zu erläutern.

1. Grundlagen des Eisenbahnbetriebs II: Betriebsabwicklung

Verläuft der Bahnbetrieb ohne Störungen, folgen die Züge dem vorab
aufgestellten Fahrplan und halten die darin festgelegten Fahrzeiten ein.
Doch eine Vielzahl unterschiedlichster Störungen erzwingen im täglichen
Betrieb Abweichungen vom Fahrplan.

a) Arten von Störungen

Störungen des Eisenbahnbetriebs lassen sich in folgende Gruppen einteilen:

- infrastrukturbedingte Störungen

- fahrzeugbedingte Störungen

- betriebsbedingte Störungen

- Störungen verursacht durch externe Einflüsse

Infrastrukturbedingte Störungen beruhen auf Mängel oder Defekten an
der Infrastruktur. Es kann sich um dauerhafte Störungen wie Langsam-
fahrstellen aufgrund von dauerhaften Mängeln an der Infrastruktur, die
aus Sicherheitsgründen eine Herabsetzung der zulässigen Geschwindigkeit erfordern, handeln. Daneben gibt es vorübergehende Störungen, wie

Signal- oder Stellwerksstörungen, Weichenstörungen (z. B. eingefrorene Weichen) oder Baustellen.

Fahrzeugbedingte Störungen beruhen auf Defekten an den Fahrzeugen, die eine Weiterfahrt verhindern oder nur mit verminderter Geschwindigkeit zulassen. Typische Beispiele sind ausgefallene Antriebsmotoren oder unzureichende Funktion der Bremsen, Lagerschäden und dadurch verursachte Überhitzung von Radsätzen oder Schäden an den Radsätzen selbst.

Betriebsbedingte Störungen werden entweder vom Betriebspersonal verursacht, weil zum Beispiel Lokführer oder Stellwerkspersonal fehlen, oder sie werden von den Fahrgästen verursacht, weil der Fahrgastwechsel länger dauert als im Fahrplan vorgesehen oder Fahrgäste die Türen blockieren. Auch der Umschlag von Gütern kann länger dauern als im Fahrplan vorgesehen und so zu Verspätungen führen. Schließlich gehört auch die verspätete Übergabe von Zügen aus anderen Ländern zu den betriebsbedingten Störungen.

Externe Störungsursachen sind z. B. extreme Witterungsbedingungen und deren Folgen, Erdrutsche, Unfälle mit Straßenfahrzeugen oder Personen im Gleisbereich und Suizide.

Die Folgen der Störungen reichen von bloßen Behinderungen des Bahnbetriebs und daraus resultierenden Verspätungen bis zur Verhinderung des Bahnbetriebs auf Teilen des Schienennetzes, im Extremfall für eine unbestimmte Dauer.

b) Maßnahmen bei Betriebsstörungen

Handelt es sich bei den Störungen um mehr als nur geringfügige Behinderungen des Bahnbetriebs, muß die Betriebsleitung darauf reagieren.

Auf eingleisigen Strecken gibt es in der Regel nur die Möglichkeit, Zugkreuzungen zu verlegen,[314] wie aus der folgenden Darstellung ersichtlich:[315]

---

[314] Preuß, So funktioniert der Eisenbahnbetrieb, Seite 129
    Wallner in Institutsheft Nr. 33, Seite 62 – 63
[315] eigene Grafik

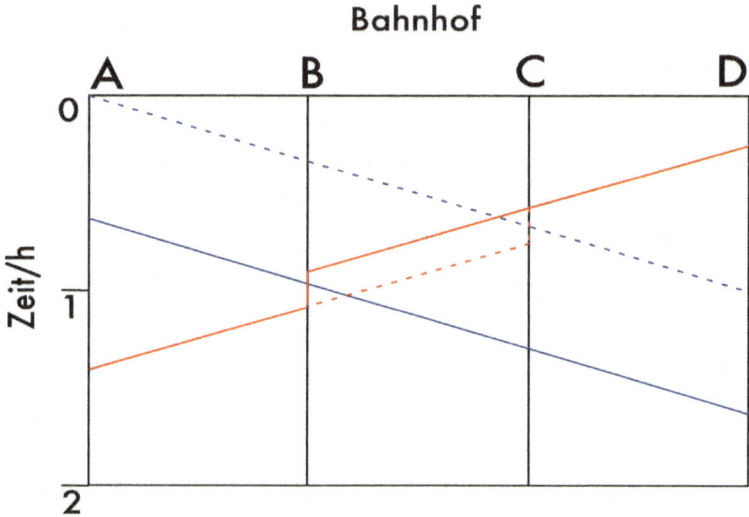

Bahnhof

Ferner muß die Betriebsleitung besonders bei eingleisigen Strecken darauf achten, daß keine der bereits erläuterten Dead-Lock-Situationen auftritt. Neben der Verlegung von Zugkreuzungen besteht auch die Möglichkeit, Zugfahrten vor dem eigentlichen Zielbahnhof enden und den Zug so vorzeitig wenden zu lassen.

Auf mehrgleisigen Strecken kommen als Maßnahmen zur Behebung von Störungen neben dem vorzeitigen Wenden von Zügen die Änderung der Zugreihenfolge durch die Verlegung von Überholungen oder zusätzliche Überholungen in Frage.[316] Wie bereits gezeigt, führt eine Überholung beim überholten Zug allerdings zu einer erheblichen Fahrzeitverlängerung und nur zu einer geringen Kapazitätserhöhung, so daß sich die Behinderung auf diese Weise nur für einen Teil der betroffenen Züge reduzieren läßt. Alle weiteren schon dargestellten Maßnahmen zur Erhöhung der Kapazität der Eisenbahninfrastruktur eignen sich selbstverständlich auch, um die Auswirkungen von Störungen im Eisenbahnbetrieb zu reduzieren.

Bei Störungen, welche die Sperrung einer oder mehrerer Strecken zur Folge haben, kommt von den bereits geschilderten Maßnahmen nur das vorzeitige Wenden der Züge in Frage. Darüber hinaus besteht in einem solchen Fall die Möglichkeit, Züge über andere Strecken umzuleiten,

---

[316] Jacobs, Rechnergestützte Konfliktermittlung, Seite 25

sofern die Infrastruktur das zuläßt und auf den Alternativstrecken noch freie Kapazitäten vorhanden sind. Für Güterzüge kommt dabei auch eine weiträumige Umleitung in Frage. Für Züge des Personennahverkehrs scheidet eine Umleitung in der Regel allerdings aus, da deren Zweck die Bedienung der Haltestellen entlang der von der Sperrung betroffenen Strecke ist. Daher bedeutet eine Streckensperrung für Züge des Personennahverkehrs meist, daß diese ausfallen müssen. Für Züge des Personenfernverkehrs kommt eine Umleitung dann in Frage, wenn dadurch nicht zu viele Unterwegshalte ausfallen und die Infrastruktur die Möglichkeit für eine solche Umleitung bietet. Überschreitet die Verspätung eines Personenzuges einen bestimmten Wert, der je nach Laufweg des Zuges variiert, ist es in der Regel sinnvoll, die Fahrgäste auf einen nachfolgenden Zug umsteigen zu lassen und die Zugfahrt des verspäteten Zuges vorzeitig enden zu lassen. Dies gilt natürlich nicht, wenn es sich um den letzten Zug des Tages handelt.

Die Entscheidungen darüber, welche Maßnahmen bei einer Störung konkret zu deren Behebung ergriffen werden, trifft die zentrale Betriebsleitung in der jeweils zuständigen Betriebszentrale der DB Netz AG.[317] Die Verkehrstöchter des DB-Konzerns haben ihre Betriebszentralen in der Regel in denselben Gebäuden, in denen sich auch die Betriebszentralen der DB Netz AG befinden.[318] So haben die Eisenbahnverkehrsunternehmen des DB Konzerns unmittelbaren Zugang zu den Informationen über die aktuelle Betriebslage sowie über die Entscheidungen der zuständigen Betriebsleitung im Störungsfall. Zeitweise rotierte die Position des zuständigen Disponenten zwischen den Mitarbeitern der DB Netz AG und denjenigen der Eisenbahnverkehrsunternehmen des DB Konzerns, so daß die Verkehrsunternehmen des DB Konzern letztlich über Behandlung auch der Züge ihrer nicht zum DB Konzern gehörenden Wettbewerber entschieden.[319] Mittlerweile entscheidet jedoch ausschließlich die DB Netz AG über die Maßnahmen bei Störungen. Darüber hinaus stellt sie inzwischen allen Eisenbahnverkehrsunternehmen aktuelle Informationen über die Betriebslage mit Hilfe einer Internetanwendung zur Verfügung.[320]

---

[317] DB Netz AG, Richtlinie 420.0200, Seite 1 und 4
[318] Heister, Eisenbahnbetriebstechnologie, Seite 168
[319] Munzert, Das Schienennetz in Deutschland nach der Bahnreform, Seite 118 - 119
[320] Heister, Eisenbahnbetriebstechnologie, Seite 172

2. Rechtliche Regelungen zum Eisenbahnbetrieb

Für den diskriminierungsfreien Zugang zur Eisenbahninfrastruktur hat die Abwicklung des Eisenbahnbetriebs dieselbe Bedeutung wie die Vergabe der Infrastrukturkapazität im Rahmen der Fahrplanerstellung. Dennoch existieren kaum rechtliche Regelungen für die Abwicklung des Eisenbahnbetriebs. Zwar enthält die EBO in den §§ 34 ff. einige Regelungen für den Eisenbahnbetrieb, die aber nur in § 39 einige wenige Regelungen für den Fall enthalten, daß technische Sicherungseinrichtungen ausfallen. Daneben schreibt § 4 Abs. 1 AEG lediglich vor, daß Eisenbahnunternehmen ihren Betrieb sicher zu führen haben. Schließlich enthält § 15 EIBV Regelungen für Maßnahmen bei Störungen des Eisenbahnbetriebs.

§ 15 Abs. 1 Satz 1 EIBV verpflichtet den Infrastrukturbetreiber, alle zur Beseitigung einer Störung erforderlichen Maßnahmen zu treffen. Gemäß Satz 2 dieser Norm hat der Infrastrukturbetreiber in Abstimmung mit der zuständigen Eisenbahnaufsichtsbehörde einen Notfallplan für Störungsfälle aufzustellen. Nach § 15 Abs. 2 Satz 1 EIBV kann der Infrastrukturbetreiber die Nutzung zugewiesener Zugtrassen untersagen, soweit dies aufgrund der Störung erforderlich ist. Satz 2 dieser Norm verpflichtet die Eisenbahnverkehrsunternehmen, den Infrastrukturbetreiber auf dessen Anforderung bei der Beseitigung der Störung zu unterstützen. Eine solche Unterstützung kann zum Beispiel darin bestehen, Triebfahrzeuge zum Abschleppen liegengebliebener Züge zur Verfügung zu stellen.

Besonders die Regelungen in § 15 EIBV bedeuten in der Praxis, daß der Infrastrukturbetreiber im Falle einer Störung des Eisenbahnbetriebs letztlich frei über die Maßnahmen zur Beseitigung der Störung entscheiden kann. Zwar ist die Untersagung einer im Fahrplan vorgesehenen Zugfahrt an die Bedingung der Erforderlichkeit geknüpft, doch würde es in der Praxis einen erheblichen Aufwand bedeuten, wenn die Untersagung einer im Fahrplan vorgesehenen Zugfahrt nachträglich daraufhin überprüft werden soll, ob sie zur Beseitigung einer Störung erforderlich war.

3. Regelungen der DB Netz AG für den Eisenbahnbetrieb

Die DB Netz AG hat für die Abwicklung des Eisenbahnbetriebs ein umfangreiches Regelwerk aufgestellt, das auch Regelungen für den Störungsfall enthält.[321] Hierin sind sowohl Ziele für die Disposition des Betriebs bei Störungen festgelegt, als auch Prioritätsregeln für die Reihenfolge der Zugfahrten im Störungsfall. Außerdem sind einige Maßnahmen zur Behebung von Störungen aufgeführt.

Folgende Ziele sind für den Störungsfall im Regelwerk der DB Netz AG festgelegt:[322]

- schnellstmögliche Wiederherstellung der Planmäßigkeit in der Betriebsführung
- Gewährleistung der Flüssigkeit des Betriebs
- Verbesserung der Gesamtpünktlichkeit aller Züge
- maximale Auslastung der Kapazität aller Strecken und Knoten

Die letzten beiden Ziele können dabei im Widerspruch zueinander stehen, wenn im Fahrplan eine große Spreizung der Geschwindigkeit der verschiedenen Züge vorgesehen ist.

Zur Erreichung dieser Ziele sind im Regelwerk der DB Netz AG folgende Prioritätsregeln vorgesehen:[323]

1. Dringliche Hilfszüge (z. B. Rettungs- oder Löschzüge) haben Vorrang vor anderen Zügen.

2. Personenzüge mit Expreßtrassen haben Vorrang vor anderen Zügen außer dringlichen Hilfszügen.

3. Güterzüge mit Expreßtrassen haben Vorrang vor anderen Zügen außer Personenzügen auf Expreßtrassen und dringlichen Hilfszügen.

4. Bei gleichrangigen Zügen haben schnellere Züge Vorrang vor langsameren Zügen, wobei die Reisegeschwindigkeit einschließlich aller Halte maßgeblich ist.

---

[321] DB Netz AG, Richtlinienreihe 420
[322] DB Netz AG, Richtlinie 420.0105, Seite 5
[323] DB Netz AG, Richtlinie 420.0201, Seite 1 - 2

5. Auf Strecken, die für eine bestimmte Art von Zügen (z. B. Hochgeschwindigkeitszüge, S-Bahnen) vorbehalten sind, haben diese Züge Vorrang.

Von all diesen Regeln kann der zuständige Disponent, Netzkoordinator genannt, jedoch abweichen, wenn er dies für erforderlich hält. Zwar ist im Regelwerk vorgesehen, daß alle Entscheidungen mit den betroffenen Eisenbahnverkehrsunternehmen abzustimmen sind, aber es ist auch festgelegt, daß das Letztentscheidungsrecht bei den Betriebszentralen der DB Netz AG liegt.[324]

Als Maßnahmen für die Behebung von Störungen sind im Regelwerk der DB Netz AG unter anderem vorgesehen:[325]

- Entlastung von Strecken und Knoten durch die Verweigerung zusätzlicher Trassen und die Streichung bereits vergebener Trassen

- Zeitweise Einstellung von Bauarbeiten an den von der Störung betroffenen Streckenabschnitten

- Stellung von Ersatzfahrzeugen und -personalen

- Änderung von Fahrzeug- und Personalumläufen

- Vereinigung von Zügen (zur Einsparung von Trassen)

- Bestellung zusätzlicher Fahrzeuge und Personale

- Ausfall oder Durchlauf (zu einem anderen als dem geplanten Ziel) von Kurswagen

- Anbieten von Ersatzverbindungen für die Fahrgäste mit anderen Zügen, gegebenenfalls durch zusätzliche Halte (vor allem von Fernzügen)

- Vorzeitiges Wenden und / oder Enden von Zügen

- Zurückhalten von Güterzügen für bestimmte Zeit

Alle Entscheidungen sollen zwischen den Betriebszentralen und den betroffenen Eisenbahnverkehrsunternehmen abgestimmt werden. Ferner

---

[324] DB Netz AG, Richtlinie 420.0200, Seite 4
[325] DB Netz AG, Richtlinie 420.0200, Seite 4 - 6

werden alle Entscheidungen in den Dispositionsunterlagen schriftlich festgehalten.[326]

4. Diskriminierung in der Betriebspraxis

Wie oben bereits dargestellt, haben die zum DB-Konzern gehörenden Eisenbahnverkehrsunternehmen ihre Betriebszentralen in denselben Gebäuden, in denen sich die Betriebszentralen der DB Netz AG befinden. Letztere stellt den Eisenbahnverkehrsunternehmen des DB-Konzerns auch Arbeitsplätze in ihren Betriebszentralen zur Verfügung.[327] Dies soll eine bessere Koordination zwischen Infrastrukturbetreiber und Eisenbahnverkehrsunternehmen bei der Abwicklung des Eisenbahnbetriebs gewährleisten. Gerade im Fall einer Störung stellt dies jedoch auch einen erheblichen Vorteil für die in den Betriebszentralen der DB Netz AG durch eigene Mitarbeiter vertretenen Eisenbahnverkehrsunternehmen dar. Zum einen können diese durch die persönliche Kommunikation mit den zuständigen Disponenten der DB Netz AG unmittelbaren Einfluß auf die Abwicklung des Betriebs und insbesondere auf die Maßnahmen zur Behebung einer Störung nehmen. Zum anderen können sie durch die unmittelbare Information ihrer Mitarbeiter über auftretende Störungen schneller auf diese reagieren und ihre eigene Disposition so besser der jeweils aktuellen Betriebslage anpassen. Die nicht in den Betriebszentralen vertretenen Eisenbahnverkehrsunternehmen wurden von den Disponenten der DB Netz AG telefonisch über auftretende Störungen informiert.[328] Allerdings erfolgte diese Information nicht in jedem Fall und häufig nicht zeitnah zum Auftreten der Störung. Meist wurden die Eisenbahnverkehrsunternehmen zuerst von ihren Lokführern über eine Störung informiert,[329] die eine solche in der Regel dadurch erkennen können, daß sie ihre Zugfahrt nicht wie im Fahrplan vorgesehen durchführen können. Allerdings verfügen die Lokführer weder über Informationen zur Ursache einer Störung, noch zu deren möglicher Dauer.

---

[326] DB Netz AG, Richtlinie 420.0200, Seite 5
[327] Girke, Signal + Draht, Heft 7-8/2001, Seite 29
Herbst, Signal + Draht, Heft 9/2002, Seite 32
Heinrichs, Signal + Draht, Heft 12/2004, Seite 22
[328] Bescheid der Bundesnetzagentur vom 25. Februar 2010, 703-07-029, Seite 15 - 16
[329] Angaben mehrerer nicht zum DB-Konzern gehörender Eisenbahnverkehrsunternehmen

Auch besteht die Gefahr, daß Züge von Eisenbahnverkehrsunternehmen, die mit eigenen Mitarbeitern in den Betriebszentralen der DB Netz AG vertreten sind, bei Störungen gegenüber den Zügen anderer Eisenbahnverkehrsunternehmen bevorzugt behandelt werden. Daß dies auch tatsächlich der Fall ist, hat die Bundesnetzagentur in einem Verfahren zur Überprüfung der Betriebsabwicklung festgestellt.[330] Um dieser Diskriminierung der nicht zum DB-Konzern gehörenden Eisenbahnverkehrsunternehmen entgegenzuwirken, hat die Bundesnetzagentur mit Bescheid vom 25. Februar 2010 die DB Netz AG zu verschiedenen Maßnahmen verpflichtet.[331] Einerseits muß die DB Netz AG ihre Betriebszentralen auch für Mitarbeiter von Eisenbahnverkehrsunternehmen, die nicht zum DB-Konzern gehören, öffnen und diesen Arbeitsplätze in ihren Betriebszentralen anbieten. Da die Zahl der dort verfügbaren Arbeitsplätze begrenzt ist, sollen sie nach dem Verhältnis der von den einzelnen Eisenbahnverkehrsunternehmen nachgefragten Trassenkilometer vergeben werden.[332]

Andererseits muß die DB Netz AG die Information der nicht mit eigenen Mitarbeitern in den Betriebszentralen der DB Netz AG vertretenen Eisenbahnverkehrsunternehmen über das aktuelle Betriebsgeschehen verbessern. Während die Eisenbahnverkehrsunternehmen über eine Internetanwendung bisher nur die aktuelle Lage ihrer jeweils eigenen Züge nachvollziehen konnte, ist die DB Netz AG nun verpflichtet, alle Eisenbahnverkehrsunternehmen umfassend über das Betriebsgeschehen zu informieren. Die Züge der jeweils anderen Eisenbahnverkehrsunternehmen werden dabei anonymisiert dargestellt, so daß aus der Übersicht über die Betriebslage nicht ersichtlich ist, zu welchem Eisenbahnverkehrsunternehmen welche der dargestellten Züge gehören. Dabei müssen allerdings aus der Darstellung für jeden Zug diese Informationen erkennbar sein:[333]

- Geschwindigkeit

- Halte

- Trassenprodukt (Personenverkehr, Güterverkehr, Expreßtrasse)

- Sollfahrplan

---

[330] Bescheid der Bundesnetzagentur vom 25. Februar 2010, 703-07-029, Seite 16 - 17
[331] Bescheid der Bundesnetzagentur vom 25. Februar 2010, 703-07-029, Seite 1 - 2
[332] Bescheid der Bundesnetzagentur vom 25. Februar 2010, 703-07-029, Seite 1
[333] Bescheid der Bundesnetzagentur vom 25. Februar 2010, 703-07-029, Seite 2

Darüber hinaus ist die DB Netz AG verpflichtet, alle betroffenen Eisenbahnverkehrsunternehmen mit Hilfe eines e-mail-basierten Systems über alle Betriebsstörungen zu informieren, von denen die Züge des jeweiligen Eisenbahnverkehrsunternehmens betroffen sind. Auch für diese Information hat die Bundesnetzagentur einen Mindestinhalt vorgegeben:[334]

- betroffene Strecke

- betroffener Streckenabschnitt

- Art der Störung

- Beginn der Störung

- voraussichtliches Ende der Störung

- Folgen/Auswirkungen/Maßnahmen, wie verkehrsartbezogene Umleitungen unter Nennung der möglichen Umleitungsstrecken

Nach zwei Jahren wollte die Bundesnetzagentur überprüfen, ob diese Maßnahmen zur Beseitigung der genannten Diskriminierung ausreichend sind.[335] Ob eine solche Evaluation durchgeführt wurde, ist nicht bekannt geworden.

VI. Aufsicht und Regulierung

Zur Zeit der Staatseisenbahn nahm die Deutsche Bundesbahn als Behörde sämtliche öffentlich-rechtlichen Aufgaben im Zusammenhang mit der Eisenbahn selbst wahr. Eine von der Deutschen Bundesbahn unabhängige Aufsicht gab es nicht. Sogar Polizeiaufgaben im Zusammenhang mit der Eisenbahn wurden von der Deutschen Bundesbahn selbst wahrgenommen, da die Bahnpolizei Teil der Deutschen Bundesbahn war. Dennoch war der Bahnsektor nicht frei von Regulierung. Die Tarife für Frachttransport und Personenverkehr bedurften nach § 16 Abs. 1 BbG der Genehmigung durch das Bundesverkehrsministerium.

Mit der Bahnreform wurde der öffentlich-rechtlich Teil der vormaligen Deutschen Bundesbahn von dem Verkehrsbereich getrennt. Da letzterer

---

334 Bescheid der Bundesnetzagentur vom 25. Februar 2010, 703-07-029, Seite 2
335 Bescheid der Bundesnetzagentur vom 25. Februar 2010, 703-07-029, Seite 26

als privatrechtliches Unternehmen in Form der Deutschen Bahn AG organisiert wurde, hielt der Gesetzgeber nunmehr eine von diesem privatrechtlichen Unternehmen unabhängige behördliche Aufsicht für erforderlich. Neben der allgemeinen Fachaufsicht sollte diese auch den diskriminierungsfreien Zugang zum Schienennetz der neuen Deutschen Bahn AG gewährleisten, also auch Regulierungsaufgaben wahrnehmen.[336]

1. Theorie der Regulierung

Der Verkehrssektor war lange Zeit von einer starken Regulierung geprägt, welche zunächst vor überhöhten Transporttarifen der Eisenbahnen, die lange Zeit über ein weitgehendes Monopol im Transportbereich verfügten, schützen sollte.[337] Später diente die Regulierung dann überwiegend dem Schutz der staatlichen Eisenbahngesellschaften vor der zunehmenden Konkurrenz durch den Straßenverkehr.[338] Da gerade das letztere Ziel nicht erreicht werden konnte und sich die wirtschaftliche Situation der Eisenbahngesellschaften immer weiter verschlechterte, wurde die Regulierung insgesamt in Frage gestellt.

a) Notwendigkeit der Regulierung

Die Regulierung eines Marktes wird immer dann als notwendig erachtet, wenn ein Unternehmen auf diesem Markt über Marktmacht verfügt und diese dazu nutzt, potentielle Wettbewerber wirksam von einem Markteintritt abzuhalten. Dies ist insbesondere dann der Fall, wenn ein Unternehmen über für den Marktzugang wesentliche Einrichtungen verfügt:[339]

- Ein Unternehmen muß über eine Einrichtung verfügen, zu der andere Unternehmen Zugang benötigen, um auf einem nachgelagerten Markt tätig sein zu können.

- Die Unternehmen, welche auf dem nachgelagerten Markt tätig sein wollen, sind nicht in der Lage, die Einrichtung auf eigene Kosten zu duplizieren.

---

[336] Schienen-Control GmbH, Deutschland als Lokomotive der Bahnreform, Seite 58 - 59
[337] Laaser, Wettbewerb im Verkehrswesen, Seite 21
[338] Aberle, Transportwirtschaft, Seite 172
[339] Glasl in Wettbewerbspolitik in deregulierten Verkehrsmärkten, Seite 146

- Die Herstellung der Einrichtung, zu welcher die auf dem nachgelagerten Markt tätigen Unternehmen Zugang benötigen, ist mit irreversiblen Kosten verbunden.

Die hier in Rede stehende Einrichtung ist die Eisenbahninfrastruktur. Deren Nutzung ist für die auf dem nachgelagerten Markt für Eisenbahntransportleistungen tätigen Unternehmen unabdingbar. Auch ist es für die Eisenbahnverkehrsunternehmen schon aus rechtlichen Gründen faktisch unmöglich, parallele Eisenbahninfrastrukturen zur bereits bestehenden aufzubauen.

Schließlich muß der Markt für die Vorhaltung und den Betrieb von Eisenbahninfrastruktur von irreversiblen Kosten geprägt sein. Solche Kosten liegen dann vor, wenn für den Markteintritt erforderliche Investitionen im Falle eines Marktaustritts ganz oder überwiegend verloren sind.[340] Das gilt zum Beispiel für Investitionen in ortsfeste Anlagen, die im Falle des Marktaustritts nicht an einen anderen Ort verlegt werden können und daher nur eingeschränkt verkäuflich sind.[341]

In Bezug auf die Eisenbahn stellt die Infrastruktur einen solchen Investitionsgegenstand dar, da die zur ihrer Errichtung aufgewendeten Kosten im Falle einer Aufgabe des Eisenbahnbetriebs auf dieser Infrastruktur weitgehend verloren sind. Lediglich Schienen und Schwellen lassen sich auch für andere Eisenbahnstrecken verwenden. Die darunter befindlichen Erdbauwerke, wie Dämme oder Einschnitte, sind aber ebenso nutzlos, wie die für eine Eisenbahnstrecke errichteten Ingenieurbauwerke, also Brücken und Tunnel, wenn auf dieser Strecke keine Züge mehr fahren.

Für den Eigentümer der Infrastruktur bedeutet dies, daß er bei seinen Entscheidungen die Kosten zur Errichtung der Infrastruktur nicht mehr berücksichtigten muß, sobald diese einmal aufgewendet sind, da er sie bei Aufgabe des Infrastrukturbetriebs ohnehin nicht zurückerhalten kann. Dadurch kann er gegenüber einem Wettbewerber, der eine parallele Infrastruktur errichten will, mit niedrigeren Kosten kalkulieren als dieser, da der potentielle Wettbewerber bei seiner Entscheidung die für den Aufbau seiner Infrastruktur noch aufzuwendenden Kosten sehr wohl berück-

---

[340] Broemel, Strategisches Verhalten in der Regulierung, Seite 120
[341] Knieps in Zwischen Regulierung und Wettbewerb, Seite 13

sichtigen muß.[342] Diese Situation ermöglicht es dem eingesessenen Infrastrukturbetreiber, potentielle Wettbewerber wirksam vom Markteintritt abzuhalten, da sie fürchten müssen, daß der eingesessene Infrastrukturbetreiber sie preislich unterbieten wird und ihre Investition in die noch zu errichtende Infrastruktur daher keinen ausreichenden Ertrag abwerfen wird. Deswegen gehen die überwiegenden Stimmen in der Literatur davon aus, daß die Eisenbahninfrastruktur eine wesentliche Einrichtung darstellt, dieser Markt mithin also der Regulierung bedarf.[343]

Dennoch wird heute vereinzelt in der Literatur keine Notwendigkeit einer Regulierung im Eisenbahnbereich gesehen.[344] Begründet wird dies damit, daß die Eisenbahn einer starken Konkurrenz durch andere Verkehrsträger, insbesondere den Straßenverkehr ausgesetzt ist. Der dadurch verursachte Preisdruck würde überhöhte Frachtraten und Fahrpreise im Schienenverkehr verhindern und damit auch den Infrastrukturbetreiber daran hindern, überhöhte Preise zu fordern, da sonst seine Kunden nicht mehr wettbewerbsfähig mit anderen Verkehrsträgern wären, deshalb aus dem Markt ausscheiden würden und damit auch der Infrastrukturbetreiber selbst keine Einnahmen mehr erzielen würde.[345] Diese Ansicht verkennt jedoch, daß es dem Infrastrukturbetreiber auch in einem solchen Fall möglich ist, zumindest den überwiegenden Teil der Gewinne seiner Kunden durch entsprechende Gestaltung der Infrastrukturbenutzungsentgelte abzuschöpfen und auf diesem Weg seine Marktmacht zu nutzen.

Der Ansicht, welche den Betrieb der Eisenbahninfrastruktur für regulierungsbedürftig hält, um zu verhindern, daß der Infrastrukturbetreiber seine Marktmacht mißbräuchlich ausnutzt, ist daher der Vorzug zu geben.

---

[342] Knieps in Zwischen Regulierung und Wettbewerb, Seite 18 - 19
[343] Knieps in Zwischen Regulierung und Wettbewerb, Seite 22 – 23
    Ernert, Zugangs- und Entgeltregulierung in der Eisenbahnwirtschaft, Seite 28
    Bucher, Open Access im Schienenverkehr, Seite 41
    Hedderich, Vertikale Desintegration im Schienenverkehr, Seite 254
    van Riesen, Zur Leistungsfähigkeit des Regulierungsstaates im Bahnsektor, Seite 48 – 49
    Aberle, Schienenverkehr und Netzzugang, Seite 46
    Aberle, Bahnstrukturreform in Deutschland, Seite 38
    Basedow in Wettbewerbspolitik in deregulierten Verkehrsmärkten, Seite 23
[344] Laaser, Wettbewerb im Verkehrswesen, Seite 71 - 73
[345] Rodi, Effizienz im Schienenverkehr, Seite 59 – 60
    Schwalbach, Wettbewerb auf der Schiene, Seite 213 - 216

b) Arten der Regulierung

Bezüglich der Regulierung des Zugangs zur Eisenbahninfrastruktur ist zu unterscheiden zwischen der Regulierung des eigentlichen Netzzugangs und der Preisregulierung.[346]

Die Regulierung des eigentlichen Netzzugangs soll den Zugangsanspruch der Eisenbahnverkehrsunternehmen sichern und verhindern, daß einzelne Eisenbahnverkehrsunternehmen beim Netzzugang gegenüber anderen bevorzugt oder benachteiligt werden oder der Zugang zum Schienennetz einzelnen Eisenbahnverkehrsunternehmen ganz verweigert wird, mithin nichtpreisliche Diskriminierungen unterbinden.[347]

Zweck der Preisregulierung ist zum einen, einer preislichen Diskriminierung einzelner Eisenbahnverkehrsunternehmen bei der Nutzung der Eisenbahninfrastruktur entgegenzuwirken und zum anderen zu verhindern, daß der Infrastrukturbetreiber seine Monopolposition dergestalt ausnutzt, daß er überhöhte Infrastrukturbenutzungsentgelte verlangt. Für den Eisenbahnsektor kommt eine kostenbasierte Preisregulierung oder eine Regulierung mittels Preisobergrenzen in Betracht.[348]

Bei einer kostenbasierten Entgeltregulierung ist es dem Infrastrukturbetreiber gestattet, seine Infrastrukturbenutzungsentgelte so zu gestalten, daß die ihm durch den Infrastrukturbetrieb entstehenden Kosten gedeckt werden, gegebenenfalls zuzüglich eines Gewinnaufschlags. Nachteilig an einer kostenbasierten Entgeltregulierung ist, daß diese für den Infrastrukturbetreiber keinen Anreiz für einen effizienten Infrastrukturbetrieb bietet.[349] Im Gegenteil besteht für den Infrastrukturbetreiber eher ein Anreiz, die Kosten des Infrastrukturbetriebs besonders hoch erscheinen zu lassen, um auf diesem Weg höhere Infrastrukturbenutzungsentgelte berechnen zu können. Da im deutschen Recht, wie bereits ausgeführt, die Bemessung der Trassenpreise gemäß § 14 Abs. 4 Satz 1 AEG an den Kosten orientiert ist, gilt das auch für die Entgeltregulierung. Es gibt darüber hinaus allerdings keine speziellen Regelungen im deutschen Eisenbahnrecht für die Entgeltregulierung.

---

[346] Ernert, Zugangs- und Entgeltregulierung in der Eisenbahnwirtschaft, Seite 5
[347] van Riesen, Zur Leistungsfähigkeit des Regulierungsstaates im Bahnsektor, Seite 53
[348] Hedderich, Vertikale Desintegration im Schienenverkehr, Seite 197 - 201
[349] Kunz in Zwischen Regulierung und Wettbewerb, Seite 53

Eine andere Variante einer kostenbasierten Entgeltregulierung stellt die Festlegung der Infrastrukturbenutzungsentgelte in Höhe der Grenzkosten dar. Diese wäre jedoch aufgrund der dargestellten Kostenstruktur des Eisenbahninfrastrukturbetriebs und den damit verbundenen Schwierigkeiten bei der Bemessung der Grenzkosten in der Praxis kaum umzusetzen. Bei einer solchen Regulierung kann der Infrastrukturbetreiber seine Gemeinkosten nicht über die Infrastrukturbenutzungsentgelte decken, so daß sichergestellt sein muß, daß diese Kosten anderweitig gedeckt werden, um zu verhindern, daß der Infrastrukturbetreiber den Infrastrukturbetrieb aufgrund eines Mangels an finanziellen Mitteln einstellen muß.

Das Gegenstück zur kostenbasierten Entgeltregulierung stellt die Regulierung mittels Preisobergrenzen dar. Hierbei wird entweder eine Obergrenze für die Gesamteinnahmen des Infrastrukturbetreibers festgelegt[350] oder für einzelne Leistungen Preisobergrenzen festgesetzt.[351] Dadurch besteht für den Infrastrukturbetreiber ein Anreiz, seine Kosten zu senken und die Infrastruktur effizient zu betreiben, da aufgrund der Obergrenze für die Einnahmen nur so eine Steigerung des Gewinns möglich ist. Der Nachteil einer Regulierung mit Preisobergrenzen ist, daß für den Infrastrukturbetreiber keine Anreize zur Verbesserung und zum Ausbau der Infrastruktur besteht, da solche Investitionen seinen Gewinn mindern, ohne daß er die Möglichkeit hat, hierauf mit einer Anhebung der Infrastrukturbenutzungsentgelte zu reagieren.[352] Abhilfe können hier Regelungen wie in § 22 Abs. 2 EIBV schaffen. Schwierigkeiten bereitet in solchen Fällen aber, die Höhe des Aufschlags auf die Infrastrukturbenutzungsentgelte festzulegen, welche dem Infrastrukturbetreiber für eine bestimmte Investition zugestanden wird. Ein anderer Nachteil der Regulierung mit Preisobergrenzen läßt sich auf diese Weise jedoch nicht lösen. Diese Art der Regulierung kann den Infrastrukturbetreiber dazu verleiten, die Instandhaltung der Infrastruktur zu vernachlässigen, um kurzfristig auf diese Weise Einsparungen zu erzielen und seinen Gewinn zu steigern. Die Erfahrungen aus Großbritannien zeigen, daß dies eine reale Gefahr ist. Dort wurden die Infrastrukturbenutzungsentgelte mittels Preisober-

---

350 Edmonds in All Change: British Railway Privatisation, Seite 68 - 69
351 Kunz in Zwischen Regulierung und Wettbewerb, Seite 55
352 Hedderich, Vertikale Desintegration im Schienenverkehr, Seite 200

grenzen reguliert, wobei sich diese Regulierung auf die Gesamteinnahmen des Infrastrukturbetreibers bezog. Um höhere Gewinne zu erzielen, vernachlässigte der Infrastrukturbetreiber Railtrack die Instandhaltung der Infrastruktur, so daß deren Zustand sich stetig verschlechterte, was schließlich die Sicherheit des Eisenbahnbetriebs beeinträchtigte und auch zu Unfällen mit Toten führte.[353] Daher erfordert eine Regulierung der Infrastrukturbenutzungsentgelte mittels Preisobergrenzen zwingend eine möglichst effektive Überwachung des Infrastrukturzustands, was den Aufwand der Regulierung erheblich erhöht.[354]

c) Sonderfall: Vertikal integrierte Unternehmen

Einen Sonderfall stellen vertikal integrierte Unternehmen, die sowohl die Eisenbahninfrastruktur betreiben als auch Eisenbahnverkehrsleistungen auf dieser Infrastruktur anbieten, dar. Eine solche Konstellation stellt besondere Anforderungen an die Regulierung, um auch für Dritte einen diskriminierungsfreien Zugang zur Eisenbahninfrastruktur sicherzustellen. Während bei einem unabhängigen Infrastrukturbetreiber lediglich die Gefahr besteht, daß dieser seine Position dazu ausnutzt, um überhöhte Infrastrukturbenutzungsentgelte zu verlangen, besteht bei einem integrierten Unternehmen für den Infrastrukturbetreiber ein Anreiz, die zum selben Konzern gehörenden Eisenbahnverkehrsunternehmen zu bevorzugen, um ihnen gegenüber anderen Eisenbahnverkehrsunternehmen einen Wettbewerbsvorteil zu verschaffen, es sei denn, dies wird durch eine effektive Regulierung verhindert. Die oben dargestellten Beispiele bei der Gestaltung der Trassenpreise (TPS 98, Sondertrassenzuschlag) und die daraus resultierende bisherige Benachteiligung der Wettbewerber der zum DB-Konzern gehörenden Eisenbahnverkehrsunternehmen belegen, daß diese Diskriminierungsgefahr real ist.

Teilweise wird bezweifelt, daß eine effektive Regulierung eines vertikal integrierten Unternehmens überhaupt möglich ist.[355] Hierfür wird vor allem angeführt, daß der Infrastrukturbetreiber gegenüber der Regulie-

---

[353] Knorr in Neue Entwicklungen in der Eisenbahnpolitik, Seite 171
   Schnöbel, IVW 2005, Seite 137
[354] Kunz in Zwischen Regulierung und Wettbewerb, Seite 66 - 67
[355] Aberle, IVW 1993, Seite 16

rungsbehörde immer einen Informationsvorsprung hat.[356] Hierdurch ist er in der Lage, bestimmte diskriminierende Maßnahmen zumindest eine gewisse Zeit lang anzuwenden, bevor die Regulierungsbehörde über die notwendigen Informationen verfügt, um diese Art der Diskriminierung zu verhindern. Ergreift die Regulierungsbehörde daraufhin entsprechende Maßnahmen, kann der Infrastrukturbetreiber auf andere Arten der Diskriminierung ausweichen.

Ein besonderes Problem stellt bei einem vertikal integrierten Eisenbahnunternehmen die Überwachung der Betriebsabwicklung durch die Regulierungsbehörde dar. Um eine diskriminierungsfreie Betriebsabwicklung zu gewährleisten, müßte die Regulierungsbehörde zumindest in der Lage sein, den Eisenbahnbetrieb laufend zu überwachen. Dies wäre zum Beispiel über die genannte Online-Anwendung, mittels derer auch die Eisenbahnverkehrsunternehmen über die aktuelle Betriebslage informiert werden, möglich, wenn die Regulierungsbehörde hierauf Zugriff hat.

2. Aufsichts- und Regulierungsbehörden

In Deutschland ist die Aufsicht über den Eisenbahnsektor und dessen Regulierung derzeit auf drei Behörden verteilt.

a) Eisenbahn-Bundesamt

Mit der Bahnreform wurde das Eisenbahn-Bundesamt geschaffen, auf welches alle öffentlich-rechtlichen Aufgaben, die zuvor die Deutsche Bundesbahn selbst wahrgenommen hat, übertragen wurden. Dazu gehört insbesondere die Überwachung der Eisenbahnen, um eine sichere Betriebsführung zu gewährleisten. Die entsprechenden Zuständigkeiten sind in § 5 AEG festgelegt. Zunächst fehlte eine Regelung zu den für die Wahrnehmung der Aufgaben des Eisenbahn-Bundesamts notwendigen Befugnisse. Diese wurden 2002 in dem damals neu eingefügten § 5a AEG geregelt.

Darüber hinaus ist das Eisenbahn-Bundesamt für die Erteilung der Genehmigungen nach §§ 6, 7a ff. AEG sowie für die Überwachung der

---

[356] Munzert, Das Schienennetz in Deutschland nach der Bahnreform, Seite 141 - 145

Einhaltung der Vorschriften zur Trennung von Eisenbahninfrastruktur-unternehmen und Eisenbahnverkehrsunternehmen gemäß §§ 9 und 9a AEG zuständig.

Ursprünglich war das Eisenbahn-Bundesamt auch für die Regulierung des Netzzugangs zur Eisenbahninfrastruktur zuständig. Gemäß § 14 Abs. 5 AEG konnte sich ein Unternehmen an das Eisenbahn-Bundesamt wenden, wenn eine Vereinbarung über den Netzzugang nicht zustande kam. Das Eisenbahn-Bundesamt konnte aufgrund dieser Norm nur auf Antrag eines der beteiligten Unternehmen tätig werden. Dies wurde jedoch nach einiger Zeit als unzureichend empfunden, da viele Eisenbahn-verkehrsunternehmen einen solchen Antrag an das Eisenbahn-Bundes-amt scheuten, um die Geschäftsbeziehung zur Deutschen Bahn AG als Infrastrukturbetreiber nicht zu beeinträchtigten, denn alle Eisenbahnver-kehrsunternehmen sind auf eine gute Zusammenarbeit mit dem dominie-renden Betreiber der Eisenbahninfrastruktur in Deutschland angewiesen, um ihre Verkehre möglichst planmäßig abzuwickeln.[357] Dennoch wurden erst 2002 die entsprechenden Befugnisse des Eisenbahn-Bundesamtes erweitert, so daß es nach dem damals eingefügten § 14 Abs. 3a AEG auch von Amts wegen tätig werden konnte, wenn ihm bekannt wurde, daß ein Infrastrukturbetreiber sich beim Zugang zu seiner Infrastruktur diskrimi-nierend gegenüber einzelnen Eisenbahnverkehrsunternehmen verhielt. Aufgrund dieser neuen Befugnis untersagte das Eisenbahn-Bundesamt, wie bereits erwähnt, den von der DB Netz AG eingeführten Zuschlag von 10 % auf die Trassenpreise für Sondertrassen, die nicht zum Jahresfahr-plan angemeldet wurden.[358]

Im Rahmen der anschließenden Diskussion über die Regulierung des Netzzugangs wurde unter anderem auch kritisiert, daß die Regulierung des Netzzugangs von einer sektorspezifischen Behörde wahrgenommen wurde, und unter anderem empfohlen, diese Aufgabe auf eine sektor-übergreifende Behörde zu übertragen.[359] Im Ergebnis des Gesetzgebungs-

---

[357] van Riesen, Zur Leistungsfähigkeit des Regulierungsstaates im Bahnsektor, Seite 126
Steinmann in Die Zukunft der Bahn, Seite 60 - 61
[358] VG Köln, Urteil vom 20. Oktober 2006, 18 K 2670/05
[359] Monopolkommission, Bundestags-Drucksache 14/9903, Seite 376 – 377
BKartA, Bundestags-Drucksache 15/1226, Seite 40

verfahrens wurde dem Eisenbahn-Bundesamt die Zuständigkeit für die Regulierung des Zugangs zur Eisenbahninfrastruktur entzogen.

b) Bundesnetzagentur

In der Folge wurde die Zuständigkeit für die Regulierung des Zugangs zur Eisenbahninfrastruktur mit Wirkung zum 1. Januar 2006 vom Eisenbahn-Bundesamt auf die Bundesnetzagentur übertragen. Gleichzeitig wurden in den neuen §§ 14b ff. AEG umfassende Kontroll- und Eingriffsbefugnisse für die neue Regulierungsbehörde geschaffen, um dieser ausreichende Mittel zur Verfügung zu stellen, den diskriminierungsfreien Zugang zur Eisenbahninfrastruktur effektiv zu gewährleisten. § 14b Abs. 1 AEG weist der Bundesnetzagentur die Zuständigkeit für die Überwachung der Einhaltung der Vorschriften über den Zugang zur Eisenbahninfrastruktur zu, insbesondere für die Fahrplanerstellung sowie generell die Zuweisung von Eisenbahninfrastrukturkapazitäten und den Zugang zu Serviceeinrichtungen, die Benutzungsbedingungen und Benutzungsentgelte.

Um diese Aufgaben effektiv wahrnehmen zu können, gestattet die Generalklausel in § 14c Abs. 1 AEG der Bundesnetzagentur, alle Maßnahmen zu ergreifen, um festgestellte oder auch absehbare zukünftige Verstöße gegen die Vorschriften über den Zugang zur Eisenbahninfrastruktur zu beseitigen. Darüber hinaus gewähren § 14c Abs. 2 und 3 AEG der Bundesnetzagentur allgemeine Zutritts-, Auskunfts- und Einsichtsrechte gegenüber den Eisenbahninfrastrukturunternehmen und Abs. 4 der Norm gestattet der Bundesnetzagentur, die von ihr getroffenen Maßnahmen notfalls mit Zwangsgeldern bis zu 500.000 Euro durchzusetzen.

Ferner verpflichtet § 14d AEG die Eisenbahninfrastrukturunternehmen, die Bundesnetzagentur vorab darüber zu informieren, wenn ein Höchstpreisverfahren durchgeführt oder Anträge auf Zugang zur Eisenbahninfrastruktur abgelehnt werden sollen, ferner wenn eine Änderung der Benutzungsbedingungen beabsichtigt ist. § 14e AEG gewährt der Bundesnetzagentur das Recht zur Vorabprüfung einer geplanten Ablehnung eines Antrags auf Zugang zur Eisenbahninfrastruktur oder einer geplanten Änderung der Benutzungsbedingungen. § 14f AEG schließlich gewährt der Bundesnetzagentur das Recht zur nachträglichen und damit jederzeitigen Prüfung der Benutzungsbedingungen und Entgeltregelungen der Eisenbahninfrastrukturunternehmen.

Neben den bereits erwähnten Entscheidungen der Bundesnetzagentur zu den Regionalfaktoren und der personellen Besetzung der Betriebszentralen der DB Netz AG hat die Bundesnetzagentur vor allem Entscheidungen zu den Benutzungsbedingungen der DB Netz AG getroffen,[360] die jedoch nur zum Teil von den Gerichten aufrechterhalten wurden.[361]

c) Bundeskartellamt

Seit der Bahnreform unverändert legt das AEG fest, daß die Zuständigkeit der Kartellbehörden vom Eisenbahnrecht unberührt bleiben. Der entsprechende Satz fand sich zunächst in § 14 Abs. 5 Satz 2 AEG, dann in § 14 Abs. 3a Satz 2 AEG und nunmehr in § 14b Abs. 2 Satz 1 AEG. Allerdings bezieht sich dies nur auf die Zuständigkeit des Bundeskartellamts nach dem GWB. Das Bundeskartellamt ist nicht zuständig für die Überwachung der Einhaltung oder die Anwendung der Vorschriften des Eisenbahnrechts.

Die §§ 19 und 20 des GWB enthalten sowohl einen Zugangsanspruch in § 19 Abs. 4 als auch ein Diskriminierungsverbot in § 20. Damit bietet das GWB vergleichbare Regelungen wie das Eisenbahnrecht, wenn auch nicht so detailliert. Die §§ 54 bis 62 GWB bieten dem Bundeskartellamt umfassende Ermittlungs- und Eingriffsbefugnisse. Da nach der ausdrücklichen Festlegung in § 14b Abs. 2 Satz 1 AEG die Befugnisse des Bundeskartellamts vom Eisenbahnrecht unberührt bleiben, sind auch die materiellrechtlichen Regelungen des GWB parallel zum Eisenbahnrecht anwendbar.

Tätig wurde das Bundeskartellamt im Eisenbahnsektor bisher erst einmal im Fall des Trassenpreissystems TPS 98. Das entsprechende Verfahren wurde auf Beschwerde eines Eisenbahnverkehrsunternehmens eingeleitet und führte schließlich dazu, daß die DB Netz AG dieses Trassenpreis-

---

[360] BNetzA, Bescheid vom 20. November 2006, 7S3-06-054
BNetzA, Bescheid vom 17. November 2009, 10.030-F-09-314
[361] OVG NRW, Urteil vom 17. Juni 2010, 13 A 2557-09
BVerwG, Urteil vom 29. September 2011, 6 C 17.10

system durch das TPS 2001 ersetzte, ohne daß ein formeller Bescheid erlassen wurde.[362]

VII. Rechtsschutz

Will sich ein Eisenbahnverkehrsunternehmen gegen eine Diskriminierung oder einen sonstigen Verstoß gegen die Vorschriften des Eisenbahnrechts durch einen Infrastrukturbetreiber zur Wehr setzen, bieten sich hierfür mehrere Möglichkeiten. Sie können sich sowohl an die Aufsichtsbehörden als auch an die Gerichte wenden.

1. Aufsichtsbehörden

Der nächstliegende Weg zum Rechtschutz im Eisenbahnsektor führt je nach Art des Problems zum Eisenbahn-Bundesamt oder zur Bundesnetzagentur, seltener zum Bundeskartellamt.

a) Eisenbahn-Bundesamt

Nachdem die Zuständigkeit für die Regulierung des Netzzugangs vom Eisenbahn-Bundesamt an die Bundesnetzagentur übergegangen ist, entscheidet das Eisenbahn-Bundesamt nicht mehr unmittelbar über den Zugang zur Eisenbahninfrastruktur. Dennoch fallen nach wie vor zwei zugangsrelevante Themenbereiche in die Zuständigkeit des Eisenbahn-Bundesamts.

Gemäß §§ 5a Abs. 1, 5 Abs. 1 Nr. 1, 4 Abs. 1 AEG ist das Eisenbahn-Bundesamt zuständig für die Überwachung der Sicherheit des Eisenbahnbetriebs. Verweigert ein Eisenbahninfrastrukturunternehmen den Zugang zu einer bestimmten Strecke mit dem Argument, diese sei aufgrund ihres Zustands nicht sicher befahrbar und daher aus technischen Gründen gesperrt (sogenannte kalte Stillegung[363]), kann die Bundesnetzagentur sich nicht einfach über diese Einschätzung des Infrastrukturbetreibers hinwegsetzen, weil sie zur Beantwortung der Frage, ob sich eine Eisen-

---

[362] BKartA, Bundestags-Drucksache 14/6300, Seite 151
[363] Bahn-Report, Heft 1/2008, Seite 11 - 12

bahnstrecke in einem betriebssicheren Zustand ist, weder rechtlich befugt, noch fachlich in der Lage ist. Daher muß in einem solchen Fall zunächst das Eisenbahn-Bundesamt den Zustand der in Rede stehenden Strecke überprüfen und gegebenenfalls, wie im Fall der Hunsrückstrecke geschehen,[364] den Infrastrukturbetreiber anhalten, den betriebssicheren Zustand der Strecke wieder herzustellen, und dies notfalls gemäß § 5a Abs. 7 AEG mit Zwangsmitteln durchsetzen.

Darüber hinaus ist das Eisenbahn-Bundesamt für Fragen im Zusammenhang mit technischen Netzzugangskriterien zuständig, da diese letztlich Einfluß auf die Sicherheit des Eisenbahnbetriebs haben. Bisher können die Eisenbahnverkehrsunternehmen in diesem Punkt jedoch keine Unterstützung durch das Eisenbahn-Bundesamt erwarten, da dieses die Infrastruktur als gegeben betrachtet und davon ausgeht, daß sich die Fahrzeuge der Infrastruktur anpassen müssen.[365] Dies belegen die Auseinandersetzungen um die PZB 90 und GSM-R. Auch sonst hat das Eisenbahn-Bundesamt bisher stets zusätzliche technische Anforderungen an die Fahrzeuge für den Netzzugang aufgestellt, wie zum Beispiel die Notbremsüberbrückung.[366] Ein Fall, in dem die technischen Anforderungen an die Fahrzeuge für den Netzzugang reduziert wurden, ist dagegen bisher nicht bekannt geworden.

Bezüglich der genannten Themenbereiche ist allerdings kein Antragsrecht für betroffene Eisenbahnverkehrsunternehmen im Eisenbahnrecht normiert. Da die relevanten materiell-rechtlichen Vorschriften zum Ordnungsrecht zu zählen sind und damit keine drittschützende Wirkung entfalten, besteht insoweit kein Anspruch betroffener Eisenbahnverkehrsunternehmen auf ein Tätigwerden des Eisenbahn-Bundesamtes. Lediglich bezüglich der technischen Netzzugangskriterien besteht im Zusammenhang mit der Zulassung eines Fahrzeugs nach § 6 Abs. 2 TEIV ein Antragsrecht und damit ein Anspruch auf Entscheidung durch das Eisenbahn-Bundesamt.

Das Eisenbahn-Bundesamt hat in der Zeit, in der es für die Regulierung des Zugangs zur Eisenbahninfrastruktur zuständig war, mehrere Ent-

---

[364] BVerwG, Urteil vom 25. Oktober 2007, 3 C 51.06
[365] BMVBS, Handbuch Eisenbahnfahrzeuge, Seite 15
[366] EBA, Tunnelrichtlinie vom 1. Juli 2008, Seite 24

scheidungen getroffen, mit denen Eisenbahnverkehrsunternehmen der Zugang zum Schienennetz der Deutschen Bahn AG gewährt werden sollte[367] und dabei jeweils den Sofortvollzug seiner Entscheidungen angeordnet.

b) Bundesnetzagentur

Gemäß § 14f Abs. 2 Satz 1 und 2 AEG können Eisenbahnverkehrsunternehmen eine Entscheidung der Bundesnetzagentur beantragen, wenn sie mit dem Infrastrukturbetreiber keine Einigung über den Netzzugang erzielen. Gemäß § 14f Abs. 2 Satz 5 und 6 AEG hat die Bundesnetzagentur binnen einer Frist von zwei Monaten und zwei Wochen über den Antrag zu entscheiden. Damit besteht ein Anspruch der Eisenbahnverkehrsunternehmen auf Entscheidung durch die Bundesnetzagentur. Mit den oben dargestellten Befugnissen ist die Bundesnetzagentur in der Lage, den Zugang der Eisenbahnverkehrsunternehmen zur Eisenbahninfrastruktur durchzusetzen. Um einen effektiven Rechtschutz durch die Bundesnetzagentur zu gewährleisten, wurde in § 37 AEG festgelegt, daß Widerspruch und Anfechtungsklage gegen Entscheidungen der Bundesnetzagentur nach §§ 14c, 14e oder 14f AEG keine aufschiebende Wirkung haben.

c) Bundeskartellamt

In § 54 Abs. 1 GWB ist vorgesehen, daß das Bundeskartellamt auf Antrag ein Verfahren einleiten muß. Bisher wurde das Bundeskartellamt im Eisenbahnsektor nur einmal tätig. Im Jahr 1999 leitete es auf die Beschwerden mehrerer Eisenbahnverkehrsunternehmen und Aufgabenträger für den SPNV ein Verfahren zur Überprüfung des damaligen Trassenpreissystems der DB Netz AG, des TPS 98 ein und stellte fest, daß dieses gegenüber den nicht zum DB-Konzern gehörenden Eisenbahnverkehrsunternehmen diskriminierend wirkte, da diese nach diesem Trassenpreissystem deutlich höhere Trassenpreise als die zum DB-Konzern gehören-

---

[367] EBA, Entscheidung von 3. September 1997, 13 Nz 1/97
VG Köln, Beschluß vom 16. Dezember 2002, 11 L 2914/02
VG Köln, Beschluß vom 20. Juni 2005, 11 L 882/05

den Eisenbahnverkehrsunternehmen zahlen mußten.[368] Nachdem die DB Netz AG zum 1. April 2001 ihr Trassenpreissystem änderte, stellte das Bundeskartellamt das Verfahren gegen die DB Netz AG wieder ein, ohne daß es eine förmliche Entscheidung in der Sache getroffen hatte.[369] Weitere Aktivitäten des Bundeskartellamts betreffend den Netzzugang im Eisenbahnsektor sind nicht bekannt beworden.

2. Verwaltungsgerichte

Die Entscheidungen von Eisenbahn-Bundesamt und Bundesnetzagentur sind Verwaltungsakte im Sinne von § 35 Satz 1 VwVfG. Daher ist gegen Entscheidungen dieser Behörden der Verwaltungsrechtsweg gemäß § 40 Abs. 1 VwGO eröffnet.[370] Je nach Rechtschutzziel kommt eine Anfechtungs- oder Verpflichtungsklage nach § 42 Abs. 1 VwGO in Frage. Da beide Behörden jedoch keine obersten Bundesbehörden sind, ist vor Klageerhebung nach § 68 VwGO ein Vorverfahren erforderlich.[371] Da verwaltungsgerichtliche Verfahren relativ lange dauern, spielt besonders im Eisenbahnrecht der einstweilige Rechtschutz eine große Rolle. Allerdings werden regelmäßig nur von den Infrastrukturbetreibern Verfahren nach § 80 Abs. 5 VwGO eingeleitet, die vor dem OVG NRW vergleichsweise häufig erfolgreich sind, obwohl für die Entscheidungen der Bundesnetzagentur betreffend den Netzzugang gemäß § 37 AEG der Sofortvollzug per Gesetz angeordnet ist.[372]

Allerdings können Eisenbahnverkehrsunternehmen, die Zugang zur Eisenbahninfrastruktur begehren und den entsprechenden Zugangsanspruch durchsetzen wollen, nicht auf Rechtschutz auf dem Verwaltungs-

---

[368] BKartA, Bundestags-Drucksache 14/6300, Seite 39
[369] BKartA, Bundestags-Drucksache 14/6300, Seite 151
[370] Kramer, Das Recht der Eisenbahninfrastruktur, Seite 223
[371] Kramer, Das Recht der Eisenbahninfrastruktur, Seite 93
[372] OVG NRW, Beschluß vom 25. August 2000, 20 B 959/00
OVG NRW, Beschluß vom 5. Juni 2003, 20 B 113/03
OVG NRW, Beschluß vom 16. Februar 2006, 20 B 758/05
OVG NRW, Beschluß vom 26. März 2007, 13 B 2592/06
OVG NRW, Beschluß vom 28. Januar 2008, 13 B 2014/07
OVG NRW, Beschluß vom 15. Februar 2008, 13 B 2091/07
OVG NRW, Beschluß vom 19. November 2008, 13 B 1543/08
OVG NRW, Beschluß vom 22. Juli 2009, 13 B 830/09
OVG NRW, Beschluß vom 2. März 2010, 13 B 10/10

rechtsweg hoffen. Ein Verfahren in der Hauptsache würde die Dauer mehrerer Fahrplanperioden in Anspruch nehmen und damit in der Regel faktisch keinen Rechtschutz bieten. Im einstweiligen Rechtschutz käme nur eine einstweilige Verfügung nach § 123 Abs. 1 Satz 2 VwGO in Betracht. Einem entsprechenden Antrag würde jedoch aufgrund der kurzen Fristen in § 14e AEG jedenfalls solange das Rechtschutzinteresse fehlen, solange ein Eisenbahnverkehrsunternehmen nicht zuvor einen Antrag nach § 14f Abs. 2 Satz 2 AEG an die Bundesnetzagentur gerichtet hat. Lehnt die Bundesnetzagentur ein Einschreiten auf einen solchen Antrag hin ab, sind nur wenige Konstellationen denkbar, in denen sich ein Verwaltungsgericht über eine solche Entscheidung mit einer einstweiligen Verfügung hinwegsetzen würde.

Bisher hat entsprechend der Zuständigkeitsregelung in § 52 Nr. 2 VwGO immer das VG Köln über Klagen gegen die Entscheidungen beider Behörden entschieden. Zumindest für Entscheidungen, die unmittelbar den Zugang zu einer bestimmten Eisenbahninfrastruktur, oder im Fall des Eisenbahn-Bundesamtes für Entscheidungen, die eine bestimmte Eisenbahninfrastruktur betreffen, wäre § 52 Nr. 1 VwGO vorrangig und damit dasjenige Verwaltungsgericht zuständig, in dessen Bezirk sich die in Rede stehende Eisenbahninfrastruktur befindet. Dies würde jedoch bei Zugtrassen, welche Strecken in mehreren Verwaltungsgerichtsbezirken betreffen, dazu führen, daß zunächst nach § 53 Abs. 1 Nr. 3 VwGO das nächsthöhere Gericht das jeweils zuständige Gericht bestimmen muß. Dieses nächsthöhere Gericht wäre dann in vielen Fällen das Bundesverwaltungsgericht,[373] nämlich immer dann, wenn die streitige Zugtrasse durch mehr als ein Bundesland verläuft.

In der Gerichtspraxis wurde die Frage der örtlichen Zuständigkeit der Verwaltungsgerichte in Verfahren den Zugang zur Eisenbahninfrastruktur betreffend bisher nicht problematisiert. Sowohl das Eisenbahn-Bundesamt als auch die Bundesnetzagentur gehen in ihren Rechtsbehelfsbelehrungen regelmäßig davon aus, daß die örtliche Zuständigkeit sich nach § 52 Nr. 2 VwGO bestimmt, mithin das VG Köln für Anfechtungs- und Verpflichtungsklagen gegen Entscheidungen der beiden Behörden zuständig ist. Es gibt jedoch Entscheidungen anderer Verwaltungsgerich-

---

[373] Schenke, VwGO, § 53, Rdnr. 10

te bezüglich der örtlichen Zuständigkeit aus anderen Rechtsgebieten, die für die Bestimmung dieser Zuständigkeit in Verfahren, deren Gegenstand der Zugang zur Eisenbahninfrastruktur ist, nach § 52 Nr. 1 VwGO sprechen. Eine Entscheidung betraf die Nutzung eines Sees mit Motorboten,[374] die andere die Festlegung von Abflugrouten an einem Flughafen.[375] Dem steht auch nicht die Entscheidung des OVG NRW vom 19. April 1950[376] entgegen, bei der es um die Vergabe von Linienkonzessionen im Busverkehr ging, denn die Rahmenbedingungen im Straßenverkehr sind andere als im Schienenverkehr. Bei der Vergabe von Zugtrassen wird der Laufweg des Zuges zwingend festgelegt und ist damit anders als beim Busverkehr an eine bestimmte Infrastruktur gebunden. Zwar gibt es auch im Schienenverkehr bei Betriebsstörungen gelegentlich Umleitungen. Diese sind jedoch aufgrund des vorher festgelegten Fahrplans viel schwieriger umzusetzen als im Straßenverkehr und liegen anders als im Straßenverkehr in der Verantwortung des Infrastrukturbetreibers und nicht des Verkehrsunternehmens. Daher ist einer Bestimmung der örtlichen Zuständigkeit nach § 52 Nr. 1 VwGO in Verfahren, die den Netzzugang im Schienenverkehr betreffen, der Vorzug zu geben. Zweckmäßigkeitsüberlegungen dürfen bei dieser Frage im Hinblick auf Art. 101 Abs. 1 GG keine Rolle spielen. Die Überlegung, die Zuständigkeit für ein derart spezielles Rechtsgebiet bei einem einzigen Gericht zu konzentrieren, um so zu einer Vereinheitlichung der Rechtsprechung beizutragen, ist rechtlich irrelevant, jedenfalls ohne eine entsprechende gesetzliche Zuweisung der Zuständigkeit. Darüber hinaus hat die Verteilung der Zuständigkeit für ein Rechtsgebiet auf mehrere Gerichte den Vorteil, daß dann mehrere Spruchkörper zur Rechtsfortbildung auf dem in Rede stehenden Rechtsgebiet beitragen und so die juristische Diskussion bereichern können.

3. Zivilgerichte

Neben den Verwaltungsgerichten haben auch die Zivilgerichte bereits mehrfach über Fragen des Zugangs zur Eisenbahninfrastruktur, insbeson-

---

374 BVerwG, Beschluß vom 24. Juli 1962, VII ER 420.62, BayVBl. 1962, Seite 382
375 Bay VGH, Gerichtsbescheid vom 30. November 1993, 20 A 93.40022, NVwZ-RR 1995, Seite 114
376 OVG NRW, Urteil vom 19. April 1950, III A 320/49

dere über Fragen bezüglich der Trassenpreise der DB Netz AG entscheiden müssen. Bisher hat nur das Landgericht Berlin seine Zuständigkeit
für Fragen des Netzzugangs im Schienenverkehrs im Hinblick auf die
Regelungen in den §§ 14b bis f AEG verneint.[377] Im übrigen haben die
Zivilgerichte in den von ihnen bisher entschiedenen Fällen mit Bezug
zum Netzzugang im Eisenbahnsektor die Frage der Zuständigkeit nicht
problematisiert.

Gemäß § 13 GVG sind die ordentlichen Gerichte für alle bürgerlichen
Rechtsstreitigkeiten zuständig, mithin für alle Rechtsstreitigkeiten, deren
Gegenstand eine unmittelbare Rechtsfolge des Zivilrechts ist. Damit stellt
sich die Frage nach der rechtlichen Einordnung des AEG und der EIBV,
zum anderen nach der rechtlichen Einordnung der Verträge zwischen
Eisenbahninfrastrukturbetreibern und Eisenbahnverkehrsunternehmen.
Die zweite Frage ist vergleichsweise einfach zu beantworten: Sowohl die
Eisenbahninfrastrukturbetreiber als auch die Eisenbahnverkehrsunternehmen sind in der Regel juristische Personen des Zivilrechts, in Ausnahmefällen auch natürliche Personen. Damit unterfallen die Verträge zwischen diesen Unternehmen ebenfalls dem Zivilrecht, so daß für Streitigkeiten aus diesen Verträgen nach § 13 GVG die ordentlichen Gerichte
zuständig sind.[378]

Allerdings könnte zumindest für Streitigkeiten, die unmittelbar den Zugang zur Eisenbahninfrastruktur betreffen, die Zuständigkeit der Bundesnetzagentur nach § 14b Abs. 1 AEG vorrangig sein und damit die sach-
liche Zuständigkeit der Zivilgerichte ausschließen. Selbst wenn dies nicht
der Fall sein sollte, könnte dennoch der Klage eines Eisenbahnverkehrsunternehmens vor einem ordentlichen Gericht, die sich auf den Zugang
zur Eisenbahninfrastruktur richtet, wegen der Zuständigkeit der Bundesnetzagentur nach § 14b Abs. 1 AEG und der kurzen Entscheidungsfristen,
die in § 14e Abs. 1 AEG festgelegt sind, das Rechtschutzbedürfnis fehlen.
Dennoch hat das Landgericht Köln im Rahmen einer einstweiligen Verfügung den Eigentümer einer Laderampe und der Zufahrt zu dieser verpflichtet, einem Eisenbahnverkehrsunternehmen Zugang zu dieser Lade-

---

[377] LG Berlin, Urteil vom 17. März 2009, 98 O 25/08
    LG Berlin, Urteil vom 14. Mai 2009, 93 O 47/08
[378] Hermes in Besonderes Verwaltungsrecht, Rdnr. 101

rampe zu gewähren.[379] Eine Laderampe stelle eine Serviceeinrichtung im Sinne des § 2 Abs. 3c Nr. 3 AEG dar.[380] In diesem Fall hätte die Bundesnetzagentur jedoch auch keinen Rechtschutz gewährt, da die Serviceeinrichtung weder vom Eigentümer noch sonst jemand betrieben wurde im Sinne von § 3 Abs. 1 Satz 1 EIBV und damit kein eisenbahnrechtlicher Zugangsanspruch bestand.

Alle sonstigen vor den Zivilgerichten ausgetragenen Rechtstreitigkeiten betrafen jedoch die Trassenpreise der DB Netz AG. In den genannten Verfahren vor dem Landgericht Berlin hatte dieses den Klagen der DB Station & Service AG stattgegeben, weil das Eisenbahnverkehrsunternehmen die streitigen Trassenpreise vor Klageerhebung nicht von der Bundesnetzagentur hatte überprüfen lassen und das Gericht eine eigene entsprechende Prüfungskompetenz verneinte.[381] Dabei berief es sich auf eine Entscheidung des BGH, in der dieser entschieden hatte, daß ein von der Bundesnetzagentur genehmigter Tarif der Überpürfung durch die Zivilgerichte entzogen sei.[382] Diese Entscheidung betraf jedoch den Zugang zum Telefonnetz. In einem Urteil vom 18. Oktober 2011 hat der BGH entschieden, daß die Infrastrukturnutzungsentgelte im Eisenbahnsektor der Billigkeitskontrolle nach § 315 BGB selbst dann unterliegen, wenn sie von der Bundesnetzagentur nicht beanstandet wurden.[383] Damit unterliegen diese Entgelte grundsätzlich der Kontrolle der Zivilgerichte. Auch das OVG NRW geht davon aus, daß die Zivilgerichte für Streitigkeiten zwischen Eisenbahninfrastrukturunternehmen und Eisenbahnverkehrsunternehmen umfassend zuständig sind.[384]

Nach § 14b Abs. 2 Satz 1 AEG bleiben die Aufgaben und Zuständigkeiten der Kartellbehörden nach dem GWB vom Eisenbahnrecht unberührt. Damit bleiben auch die materiell-rechtlichen Vorschriften des GWB neben dem Eisenbahnrecht anwendbar, so daß sich die Eisenbahnverkehrsunternehmen bei Verstößen eines Infrastrukturbetreibers gegen die Vor-

---

[379] LG Köln, Urteil vom 25. Juli 2007, 14 O 257/07
[380] Kunz, Eisenbahnrecht, Band I, A4.1 - AEG, Rdnr. 31
[381] LG Berlin, Urteil vom 17. März 2009, 98 O 25/08
LG Berlin, Urteil vom 14. Mai 2009, 93 O 47/08
[382] BGH, Urteil vom 24. Mai 2007, III ZR 467/04, NJW 2007, Seite 3344
[383] BGH, Urteil vom 18. Oktober 2011, KZR 18/10
[384] OVG NRW, Urteil vom 17. Juni 2010, 13 A 2557/09
OVG NRW, Urteil vom 23. September 2010, 13 A 172/10

schriften des GWB, insbesondere die §§ 19 und 20 GWB mit einer Klage vor dem jeweils zuständigen Landgericht gemäß § 87 GWB zur Wehr setzen. Schließlich sind die Zivilgerichte nach § 63 Abs. 4 GWB auch für Beschwerden gegen Entscheidungen des Bundeskartellamts zuständig. Die Doppelzuständigkeit der Zivil- und Verwaltungsgerichte in Fragen des Zugangs zur Eisenbahninfrastruktur kann zu widersprüchlichen Entscheidungen führen. Bisher waren Zivil- und Verwaltungsgerichte parallel nur mit der Frage der Rechtmäßigkeit des von der DB Netz AG im Dezember 2004 eingeführten 10%-tigen Aufschlags auf die Trassenpreise für Sondertrassen befaßt, der sowohl vom OVG NRW[385] also auch vom OLG Düsseldorf[386] für rechtswidrig befunden wurde. Sich widersprechende Urteile sind auch bei Entscheidungen verschiedener Gerichte derselben Gerichtsbarkeit möglich, so daß dies allein kein Argument gegen die Parallelzuständigkeit von Zivil- und Verwaltungsgerichten ist. Notfalls muß der gemeinsame Senat der obersten Bundesgerichte die Einheitlichkeit der Rechtsprechung im Eisenbahnrecht sichern.

---

[385] OVG NRW, Urteil vom 31. August 2007, 13 A 108/07
[386] OLG Düsseldorf, Urteil vom 7. Februar 2007, VI-U (Kart) 3/06

E) Analyse und Fazit

Das Eisenbahnrecht in seiner heutigen Ausprägung ist ein vergleichsweise junges Rechtsgebiet, das erst mit der Bahnreform Ende 1993 entstanden ist. Insbesondere hinsichtlich der Regelungen betreffend den Zugang zur Eisenbahninfrastruktur konnte dabei nicht auf vorherige Erfahrungen zurückgegriffen werden, da es über die praktische Anwendung der genannten Regelungen aus dem preußischen Eisenbahngesetz von 1838 keine Aufzeichnungen gibt. Daher verwundert es nicht, daß die entsprechenden Regelungen im mit der Bahnreform geschaffenen AEG zunächst unzureichend waren, um einen diskriminierungsfreien Zugang zu Eisenbahninfrastruktur zu gewährleisten und damit die Entwicklung eines effektiven Wettbewerbs auf dem Schienennetz zu ermöglichen.

Verwunderlich ist dagegen, daß aufgrund der mit dem Netzzugang in den Jahren seit der Bahnreform gesammelten Erfahrungen die gesetzlichen Regelungen im Lauf der Zeit nicht hinreichend an die Anforderungen der Praxis angepaßt wurden. Zwar gab es eine Vielzahl von Änderungen und Ergänzungen des Eisenbahnrechts, aber eine Reihe grundlegender Probleme sind bis heute ungelöst.

I. Zugangsanspruch

Bereits der eigentliche Zugangsanspruchs ist auf eine Vielzahl von Normen verteilt, so daß sich Inhalt und Umfang des Anspruchs nur mit Mühe ermitteln lassen.

1. Rechtsobjekt

Schon der Gegenstand, auf den sich der Zugangsanspruch bezieht, ist nicht hinreichend klar. Der Begriff der "Schienenwege", der 2004 ins AEG eingeführt wurde, ist nicht hinreichend abgegrenzt von den Begriffen "Eisenbahninfrastruktur" und "Serviceeinrichtungen". So zählen zu den Serviceeinrichtungen nach § 2 Abs. 3c Nr. 2 AEG unter anderem die Personenbahnhöfe und nach § 2 Abs. 3a zählen die Schienenwege in Serviceeinrichtungen nicht zu den Schienenwegen, für welche die besonderen

Verpflichtungen für Betreiber der Schienenwege gelten. Dies würde jedoch bedeuten, daß auch die durchgehenden Streckengleise, die praktisch in allen Durchgangsbahnhöfen vorhanden sind, nicht zu den Schienenwegen im Sinne des AEG mit den daran gebundenen besonderen rechtlichen Verpflichtungen gehören. Anscheinend ist diese Diskrepanz bisher niemandem aufgefallen.

Darüber hinaus führt das Ermessen, welches der Normgeber den Eisenbahninfrastrukturbetreibern bezüglich des Betriebs von Serviceeinrichtungen eingeräumt hat, dazu, daß in einigen Bereichen des Netzes kaum noch Abstellgleise vorhanden sind und Züge teilweise 100 km und mehr an zusätzlicher Strekke zurücklegen müssen, um zu einer geeigneten Abstellmöglichkeit zu gelangen.[387] Dasselbe Problem gibt es bei Verladestellen für den Güterverkehr, also fehlende Ladegleise und die dazugehörenden Laderampen. Auch hier wurden seit der Bahnreform viele entsprechende Grundstücke verkauft und einer bahnfremden Nutzung zugeführt, so daß in vielen Gegenden Güterverkehr auf der Schiene schon daran scheitert, daß es an geeigneten Verladestellen fehlt, an denen die Güter von der Straße auf die Schiene oder von der Schiene auf die Straße gelangen könnten.[388] Hier kommt erschwerend hinzu, daß im Rahmen der Bahnreform zahlreiche Ladegleise, Laderampen und Güterschuppen nicht der DB Netz AG sondern dem Bundeseisenbahnvermögen zugeordnet wurden, insbesondere an kleineren Bahnhöfen. Dies geschah vor dem Hintergrund, daß diese Einrichtungen zum Zeitpunkt der Bahnreform schon längere Zeit nicht mehr benutzt worden waren und daher für entbehrlich gehalten wurden. Dabei wurde jedoch übersehen, daß dadurch die Möglichkeiten für mehr Verkehr auf der Schiene, wie eigentlich von der Bahnreform angestrebt, erheblich beeinträchtigt wurden und immer noch werden. Gerade das Bundeseisenbahnvermögen verweigert regelmäßig den Zugang zu den ihm gehörenden Bahnbetriebsflächen und lehnt auch die Vermietung oder Verpachtung dieser Flächen zur Nutzung für Bahnzwecke ab.[389] Der Grund hierfür liegt darin, daß Aufgabe des Bundeseisenbahnvermögens die möglichst ertragreiche Vermarktung sei-

---

[387] KCW, Wettbewerber-Report Eisenbahn 2008/2009, Seite 74 - 75 und 93 - 96
[388] KCW, Wettbewerber-Report Eisenbahn 2010/2011, Seite 113 - 116
[389] z. B. Ladegleis und Ladestraße im Bahnhof Zörbig, Sachsen-Anhalt
Ladestraße im Bahnhof Pfettrach, Bayern

ner Flächen ist und die Erlöse für diese Grundstücke wesentlich höher sind, wenn sie einer bahnfremden Nutzung zugeführt werden können. Die Entscheidung des LG Köln,[390] nach der zu Flächen, die für Bahnzwecke gewidmet sind, Zugang zu gewähren ist und damit auch zu Serviceeinrichtungen, unabhängig davon, ob diese betrieben werden oder nicht, wurde zwar vom OLG Köln bestätigt, steht aber im Widerspruch zur Regelung in § 3 Abs. 1 Satz 1 EIBV und zum ausdrücklichen Willen des Normgebers.[391]

Wenn die Nutzung eines dem Bahnbetrieb gewidmeten Grundstücks im Ermessen des Grundstückseigentümers liegt, ist die Widmung sinnlos. Das Eisenbahnrecht ist diesbezüglich in sich widersprüchlich. Sinnvoll wäre daher ein einheitlicher Zugangsanspruch zur gesamten Eisenbahninfrastruktur. Die Unterscheidung zwischen Schienenwegen und Serviceeinrichtungen hinsichtlich des Zugangsanspruchs sollte mithin aufgegeben werden. Für Serviceeinrichtungen sollte dabei, wie für die übrige Eisenbahninfrastruktur, eine allgemeine Betriebspflicht gelten, solange eine Freistellung von Eisenbahnbetriebszwecken nach § 23 AEG oder zumindest einer Stillegung nach § 11 AEG nicht erfolgt ist. Hierzu wiederum wäre es erforderlich, daß diese beiden Normen uneingeschränkt für die gesamte Eisenbahninfrastruktur gelten. Zusätzlich wäre es erforderlich, daß beiden Normen drittschützender Charakter beigemessen wird, damit interessierte Eisenbahnverkehrsunternehmen gerichtlich gegen eine ihren Interessen widersprechende Stillegung von Eisenbahninfrastruktur vorgehen können. Derzeit sieht das BVerwG nämlich diese Regelungen nicht als drittschützend an.[392] Ist der Eigentümer einer Eisenbahninfrastruktureinrichtung nicht bereit oder in der Lage, diese selbst zu betreiben, sollte er verpflichtet sein, diese an Dritte, die willens sind, diesen Betrieb zu übernehmen, abzugeben, wie es heute schon für einen Teil der Eisenbahninfrastruktur in § 11 Abs. 1 Satz 2 AEG vorgesehen ist.

---

[390] LG Köln, Urteil vom 25. Juli 2007, 14 O 257/07
[391] Bundesrats-Drucksache 249/05, Seite 36
[392] BVerwG, Beschluß vom 21. April 2010, 7 B 39.09

2. Anspruchsberechtigte

Hinsichtlich der Liste der Zugangsberechtigten nach § 14 Abs. 2 und 3 AEG fehlt eine Klarstellung, daß weder die Aufgabenträger für den SPNV noch die verladende Wirtschaft selbst zugangsberechtigt sind, da nur Eisenbahnverkehrsunternehmen, welche die rechtlichen und technischen Netzzugangskriterien erfüllen, tatsächlich Zugang zur Eisenbahninfrastruktur erhalten können. Daher müßte der Gesetzestext dahingehend geändert werden, daß Aufgabenträger und verladende Wirtschaft lediglich berechtigt sind, Zugangsrechte zur Eisenbahninfrastruktur zu erwerben, welche aber nur von einem zugelassenen Eisenbahnverkehrsunternehmen ausgeübt werden können.

3. Anspruchsgegner

Hinsichtlich des Anspruchsgegners, also des Infrastrukturbetreibers ist, wie oben bereits dargelegt, die Regelung für Serviceeinrichtungen im Hinblick auf die Anforderungen des Eisenbahnbetriebs völlig unzureichend. Wie oben bereits ausgeführt, ist auch für Serviceeinrichtungen eine Betriebspflicht erforderlich. Korrespondierend hierzu sollte schon im Interesse der Sicherheit des Eisenbahnbetriebs auch für den Betrieb von Serviceeinrichtungen eine Genehmigung entsprechend der für Betreiber anderer Eisenbahninfrastruktur erforderlich sein. Dies würde das derzeitige Phänomen der betreiberlosen Eisenbahninfrastruktur beseitigen und allen beteiligten Unternehmen der Eisenbahnbranche Rechtssicherheit dahingehend geben, wer welche rechtlichen Verpflichtungen zu erfüllen hat und wem welche Ansprüche zustehen.

4. Umfang des Zugangsanspruchs

Auch der Umfang des Zugangsanspruchs müßte sich klarer aus dem Gesetzestext ergeben. Da es bisher keine Rechtsprechung gibt, die sich unmittelbar mit diesem Thema auseinandersetzt, wäre es wünschenswert, daß der Gesetzgeber den Zugangsanspruch neu formuliert. Schon aus dem Wortlaut der Norm sollte sich ergeben, daß Eisenbahnverkehrsunternehmen einen generellen Anspruch auf Zugang zur Eisenbahninfrastruktur haben, der von den Eisenbahninfrastrukturbetreibern nicht beschränkt werden darf. Dazu wäre in der Norm der Zugangsanspruch vom Diskriminierungsverbot zu trennen. Eine Einschränkung des Zugangsanspruchs darf nur dann zulässig sein, wenn die Kapazität der Infrastruktur auch nach Ausschöpfung aller Möglichkeiten zur kurzfristigen Steigerung der Kapazität[393] nicht ausreicht, um alle Zugangswünsche zu erfüllen.

In einem Punkt geht der Zugangsanspruch hinsichtlich des Rechtsobjekts allerdings über das hinaus, was in der Praxis sinnvoll erscheint. Dies betrifft die Werkstätten, die nach § 2 Abs. 3c Nr. 7 AEG zu den Serviceeinrichtungen zählen und zu denen nach §§ 3 Abs. 1, 10 Abs. 6 Nr. 2 EIBV derzeit Zugang zu gewähren ist. In der Praxis ist die Umsetzung eines solchen Zugangs mit erheblichen Schwierigkeiten behaftet. Hier ist schon fraglich, was Gegenstand des Zugangsanspruchs ist. Dies kann als minimaler Leistungsumfang allein die Nutzung der Räumlichkeiten, also der eigentlichen Infrastruktur sein. In dem Fall müßte das zugangsberechtigte Unternehmen die Arbeiten, welche an seinen Fahrzeugen in der Werkstatt vorgenommen werden sollen, selbst organisieren und das hierfür erforderliche Personal, Material und Werkzeug selbst stellen. Dies wiederum würde jedoch erfordern, daß es in der jeweiligen Werkstatt die Möglichkeit zur getrennten Aufbewahrung der Werkzeuge und der Ersatzteile verschiedener Zugangsberechtigter gibt. Spätestens wenn die Zahl der Nutzer einer Werkstatt größer als zwei wird, dürfte dies in den meisten Werkstätten zu unüberwindbaren praktischen Problemen führen. Darüber hinaus stellt sich in einem solchen Fall die Frage, wer die Arbeiten der verschiedenen Zugangsberechtigten koordiniert, denn viele fest installierte Einrichtungen in Werkstätten sind dort in der Regel nicht mehrfach vorhanden, so daß hier die Reihenfolge der Nutzung festgelegt werden muß. Schließlich müssen schon aus Sicherheitsgründen die Rangierbewegungen der verschiedenen Fahrzeuge auf dem Werkstattgelände von einer zentralen Stelle aus koordiniert werden. Der maximale Leistungsumfang wäre ein Anspruch auf Durchführung der gewünschten Arbeiten an einem Fahrzeug des Zugangsberechtigten durch den Betreiber der Werkstatt. Dies dürfte die einzige in der Praxis realistisch umsetzbare

---

[393] siehe Kapitel D) III. 2. c)

Variante sein, was aber dazu führen würde, daß die Zugangsberechtigten nicht nur einen bloßen Zugangsanspruch, sondern einen solchen auf Erbringung der eigentlichen Wartungs- und Instandsetzungsleistungen an ihren Fahrzeugen hätten. Dann wiederum müßten nach § 10 Abs. 1 Satz 1 EIBV Regelungen zur Erbringung dieser Wartungs- und Instandsetzungsleistungen in den Benutzungsbedingungen für die jeweilige Werkstatt enthalten sein. Auch die Entgelte für diese Leistungen müßten den Anforderungen des § 14 Abs. 5 AEG genügen und würden der Regulierung durch die Bundesnetzagentur unterfallen. Dabei besteht gar keine Notwendigkeit für einen Zugangsanspruch zu Werkstätten. Das EU-Recht läßt in Art. 5 Abs. 1 Satz 2 RL 2001/14/EG Ausnahmen vom Zugangsanspruch dann zu, wenn es am Markt Alternativen gibt. Inzwischen gibt es eine Vielzahl von Werkstätten für die Wartung und Instandsetzung von Schienenfahrzeugen.[394] Um die oben dargestellten rechtlichen und vor allem tatsächlichen Probleme, die mit einem Zugangsanspruch zu den Werkstätten verbunden sind, zu vermeiden, sollten diese daher vom Zugangsanspruch ausgenommen werden.

II. Netzzugangskriterien

Die Netzzugangskriterien haben bisher kaum Beachtung in der wissenschaftlichen Literatur gefunden. Dabei stellt der damit für die Eisenbahnverkehrsunternehmen verbundene Aufwand eine erhebliche Hürde auf dem Weg zum Zugang zur Eisenbahninfrastruktur dar.

1. Rechtliche Netzzugangskriterien

Die rechtlichen Netzzugangskriterien beruhen, wie dargestellt, ganz überwiegend auf den europarechtlichen Vorgaben, wobei der deutsche Gesetzgeber nicht immer ganz genau bei der Umsetzung dieser Normen war. Die Regelungen zu den rechtlichen Netzzugangskriterien wurden seit der Bahnreform bereits mehrmals geändert und ergänzt. Diese Änderungen wurden zum Teil nur unzureichend auf die bereits bestehenden Regeln abgestimmt. So ist nicht ersichtlich, wozu es sinnvoll sein soll, daß

---

[394] Kreitmair, Europäischer Werkstattatlas für Schienenfahrzeuge 2012

deutsche Eisenbahnverkehrsunternehmen nach §§ 6 und 7a oder 7f AEG mindestens zwei voneinander unabhängige Genehmigungen beantragen müssen, bevor sie Zugang zur Eisenbahninfrastruktur beantragen dürfen. Die Gesetzesbegründung, nach der es erforderlich sei, daß unmittelbar vor der Betriebsaufnahme noch einmal eine gesonderte Genehmigung der Aufsichtsbehörde erfolgen soll, um sicherzustellen, daß das betreffende Eisenbahnverkehrsunternehmen alle Anforderungen erfüllt, kann aus den bereits dargelegten Gründen nicht überzeugen. Zum einen könnte die Genehmigung, sofern nur eine einzige erforderlich wäre, erst unmittelbar vor der Betriebsaufnahme erteilt werden. Zum anderen ist die Aufsichtsbehörde ohnehin verpflichtet, die Sicherheit des Eisenbahnbetriebs zu überwachen und kann aufgrund der entsprechenden Befugnisse nach § 5a AEG jederzeit die erforderlichen Maßnahmen ergreifen, sollte ein Eisenbahnverkehrsunternehmen zwischen Erteilung der Genehmigung und der Aufnahme des Betriebs Anhaltspunkte dafür liefern, daß die Sicherheit des Betriebs durch dieses Unternehmen nicht gewährleistet ist. Daher sollten die genannten Genehmigungen zu einer einzigen zusammengefaßt werden.

Wie dargestellt sind die rechtlichen Netzzugangskriterien auf das AEG und eine Reihe von Rechtsverordnungen verteilt, wobei zum Teil das Verhältnis der verschiedenen Anforderungen zueinander nicht klar ist. So verlangt § 1 Abs. 1 EBHaftPflV zwar von den Eisenbahnunternehmen den Abschluß einer Haftpflichtversicherung und in § 3 Abs. 1 EBHaftPflV gegenüber der Aufsichtsbehörde vor der erstmaligen Betriebsaufnahme den Nachweis, daß eine solche Versicherung besteht. Nicht geregelt ist jedoch, ob dieser Nachweis für die Genehmigung nach § 6 AEG oder nach §§ 7a oder 7f erforderlich oder davon unabhängig ist. Auch fehlt es an einer Regelung für den Fall, daß die Haftpflichtversicherung nachträglich wieder entfällt. Jedenfalls kann die Genehmigung nach § 6 AEG nicht nach § 7 Abs. 1 AEG wegen Fehlens der Haftpflichtversicherung widerrufen werden. Da von einer fehlenden Haftpflichtversicherung keine Gefahr für den Eisenbahnbetrieb ausgeht, kann die Aufsichtsbehörde auch nicht nach § 5a AEG einschreiten. Im Interesse der Nutzer der Eisenbahnen und unbeteiligter Dritter wäre es jedoch dringend erforderlich, daß ein Eisenbahnunternehmen seinen Betrieb nur solange aufrecht erhalten darf, wie es eine ausreichende Haftpflichtversicherung unterhält. Hier wäre es unbedingt notwendig, die verschiedenen Normen besser aufeinander abzustimmen. Es erscheint daher sinnvoll, die Regelungen im AEG bezüglich der rechtlichen Netzzugangskriterien auf ein Minimum zu beschränken und sämtliche rechtlichen Anforderungen für den Zugang zur Eisenbahninfrastruktur in einer einzigen Rechtsverordnung zusammenzufassen und aufeinander abzustimmen. Hierdurch würden die Regelungen klarer und damit verständlicher. Lücken oder Widersprüche in den Normen wären leichter zu erkennen.

Ebenfalls dargestellt wurde bereits, daß die Regelung zu den Anforderungen an Eisenbahnunternehmen zur Erlangung der Genehmigung nach § 6 AEG in vielerlei Hinsicht verbesserungsbedürftig sind. So werden einerseits Anforderungen gestellt, deren Sinn nicht ersichtlich ist, wie zum Beispiel hinsichtlich der Anforderungen an die finanzielle Leistungsfähigkeit der Unternehmen. Andererseits werden gerade hinsichtlich der Sicherheit nur rein formale Anforderungen gestellt, die außerdem nicht den europarechtlichen Vorgaben entsprechen. Hinsichtlich der finanziellen Leistungsfähigkeit sollten die Anforderungen darauf beschränkt werden, daß von den Eisenbahnunternehmen verlangt wird, alle staatlichen Zahlungsverpflichtungen rechtzeitig zu erfüllen. Zur sinnvollen Beurteilung darüber hinausgehender Anforderungen an die finanzielle Leistungsfähigkeit der Unternehmen fehlt es den Aufsichtsbehörden schon an der notwendigen Sachkunde. Die Schlußfolgerung sollte jedoch nun nicht lauten, diese Sachkunde aufzubauen, sondern schlicht auf weitere Anforderungen zu verzichten, da hierfür keine Notwendigkeit ersichtlich ist. Allerdings stehen einer solchen Vereinfachung des Rechts die europarechtlichen Vorgaben in Art. 7 Abs. 2 in Verbindung mit Anhang I der RL 95/18/EG entgegen, die ausdrücklich höhere Anforderungen an den Nachweis der finanziellen Leistungsfähigkeit stellen. Diese können jedoch unter Umständen mit einer gesetzlichen Vermutung umgangen werden, wie dies derzeit hinsichtlich der europarechtlichen Anforderungen für die Sicherheitsbescheinigung der Fall ist.

Hinzu kommt, daß sich meist erst nach einer gewissen Zeit feststellen läßt, ob ein bestimmtes Geschäftsmodell wirtschaftlich tragfähig ist oder nicht. Prognosen hierzu sind ähnlich sinnvoll und zuverlässig, wie solche bezüglich der allgemeinen wirtschaftlichen Entwicklung oder anderer ungewisser zukünftiger Ereignisse, und können daher schwerlich Grundlage einer behördlichen Genehmigungsentscheidung sein, wenn diese willkürfrei ergehen soll.

Umgekehrt sollte hinsichtlich des rechtlichen Netzzugangskriteriums der Forderung nach einem Sicherheitsmanagement auf die derzeitige Vermutung, daß die Anforderungen daran allein durch die Berufung eines Eisenbahnbetriebsleiters als erfüllt angesehen werden, verzichtet und die europarechtlichen Anforderungen in der RL 2004/49/EG vollständig in deutsches Recht umgesetzt werden. Da die Figur des Eisenbahnbetriebsleiters in anderen europäischen Ländern so nicht bekannt ist, sollte auch in Deutschland darauf verzichtet werden, denn die Stärkung des Verkehrsträgers Eisenbahn erfordert nicht nur eine technische Harmonisierung innerhalb Europas, sondern auch eine rechtliche. Die rechtlichen Anforderungen für den Netzzugang sollten also einerseits auf das notwendige beschränkt werden, andererseits aber auch keine Lücken bei den tatsächlich notwendigen Regelungen aufweisen, erst recht keine sicherheitsrelevanten. Allerdings ist die Anhebung der Anforderungen an die Eisenbahnunternehmen bezüglich des von der RL 2004/49/EG geforderten Sicherheitsmanagements nur dann sinnvoll, wenn die Aufsichtsbehörden fachlich und personell auch in der Lage sind, das Vorhandensein und die Funktion eines solchen Sicherheitsmanagements zu kontrollieren. Hierfür wäre es erforderlich, daß das zuständige Personal sowohl über ausreichende technische Kenntnisse über das Eisenbahnwesen als auch über Kenntnisse in der Betriebsorganisation verfügt. Und derart qualifiziertes Personal muß in ausreichender Zahl vorhanden sein. Darüber hinaus müßten die Anforderungen an ein solches Sicherheitsmanagement hinreichend bestimmt werden, denn ohne solche Anforderungen ist eine Kontrolle sinnlos, da dann nicht klar ist, welche konkreten Pflichten für die Eisenbahnunternehmen aus der gesetzlichen Vorgabe, ein Sicherheitsmanagement einzurichten, resultieren. Solange diese Pflichten nicht klar definiert sind, kann nicht überprüft werden, ob sie von den Eisenbahnunternehmen auch erfüllt werden. Das Fehlen solch klarer Anforderungen mag ein Grund dafür sein, daß sich die Erteilung der erforderlichen Sicherheitsbescheinigungen an die Eisenbahnunternehmen durch das zuständige Eisenbahn-Bundesamt erheblich verzögert. So sah es 2010 einige Monate lang so aus, als müßte der Eisenbahnverkehr Ende des Jahres fast vollständig eingestellt werden, da kaum ein Unternehmen eine endgültige Sicherheitsbescheinigung erhalten hatte, die Gültigkeit der zuvor erteilten Sicherheitsbescheinigungen aber Ende 2010 auslaufen sollte. Das Problem wurde schließlich so gelöst, daß die bisherigen Sicherheitsbescheinigungen solange ihre Gültigkeit behalten, bis das Eisenbahn-Bundesamt jeweils über den Antrag auf Erteilung einer endgültigen Sicherheitsbescheinigung entschieden hat.[395]

Die Ausführungen zeigen, daß die Regelungen zu den rechtlichen Netzzugangskriterien umfassend überarbeitet werden sollten. Dabei sollten die Anforderungen einerseits auf das notwendige beschränkt werden, andererseits der Sicherheit des Eisenbahnbetriebs ausreichend Rechnung tragen. Dem steht auch nicht entgegen, daß die rechtlichen Netzzugangskriterien bisher in der Praxis kaum Anlaß zur Diskussion gegeben haben. Gerade der Frage der Organisation der Eisenbahnunternehmen sollten Normgeber und Exekutive größere Beachtung als in der Vergangenheit schenken. Der Unfall von Eschede war zu einem großen Teil auf Defizite bei der Organisation des betroffenen Eisenbahnverkehrsunternehmens zurückzuführen,[396] und sowohl der Staat als auch die Unternehmen der Eisenbahnbranche sollten ein erhebliches Interesse daran haben, daß sich ein solcher Unfall nicht wiederholt. Darüber hinaus müssen die Eisenbahnunternehmen aber auch Klarheit darüber haben, was von ihnen rechtlich verlangt wird, um die notwendigen Genehmigungen für ihre Tätigkeit zu erhalten.

2. Technische Netzzugangskriterien

Obwohl die technischen Netzzugangskriterien bereits in der Praxis für Streit sorgten, hat dieses Thema bisher in der wissenschaftlichen Literatur praktisch keinerlei Beachtung gefunden und auch der Normgeber hat sich hier bisher darauf beschränkt, die europäischen Vorgaben über die Interoperabilität im Schienenverkehr in deutsches Recht umzusetzen. Einzige Ausnahme war die letztlich völlig mißglückte Anpassung von § 15 Abs. 2 EBO im Hinblick auf den Streit über die Einführung des Zugsicherungssystems PZB 90. Vor allem unterblieb eine Abstimmung

---

[395] Kramer, Bahn-Report, Heft 1/2010, Seite 14
[396] Kühlwetter, ERI 2002, Seite 475

der bestehenden Regeln zu den technischen Netzzugangskriterien in der EBO auf die neuen europäischen Regeln, die nicht in der EBO, sondern in der neu geschaffenen TEIV in deutsches Recht umgesetzt wurden. So existieren EBO und TEIV zur Zeit nebeneinander. Zwar legt die TEIV in § 6 Abs. 5 fest, daß Fahrzeuge mit einer Inbetriebnahmegenehmigung nach der TEIV keiner weiteren Abnahme oder sonstigen eisenbahnrechtlichen Genehmigung mehr bedürfen, aber die Regelungen in den TSI, deren Einhaltung gemäß § 6 Abs. 3 TEIV für eine Inbetriebnahmegenehmigung nachgewiesen werden muß, sind nicht abschließend, so daß nach § 6 Abs. 4 TEIV die Aufsichtsbehörde eine Entscheidung nach Maßgabe der anwendbaren Rechtsvorschriften und damit nach den Regelungen in der EBO zu treffen hat. Soweit diese keine konkrete Regelung trifft, ist wiederum die Generalklausel § 2 Abs. 1 Satz 1 EBO maßgebend, also die anerkannten Regeln der Technik.

In der Theorie liegt eine solche Regel dann vor, wenn sie von der Mehrheit der relevanten Fachleute als richtig anerkannt wird und sich in der Praxis bewährt hat. Tatsächlich ist es zur Zeit jedoch so, daß das Eisenbahn-Bundesamt als zuständige Aufsichtsbehörde die relevanten Anforderungen nach eigenem Ermessen festlegt. Da es in der Vergangenheit schon strafrechtliche Ermittlungsverfahren gegen Mitarbeiter des Eisenbahn-Bundesamts gegeben hat, weil diese vermeintlich zu spät auf bekannte Gefahren des Eisenbahnbetriebs reagiert hätten - hierbei ging es um mehrere Fälle von in den Türen eingeklemmten Fahrgästen[397] -, besteht zur Zeit die Tendenz der Behörde, relativ hohe Anforderungen an die Fahrzeuge zu stellen, was sowohl zu einem vergleichsweise hohen technischen Aufwand an den Fahrzeugen führt als auch zu einem hohen administrativen Aufwand für das Zulassungsverfahren. 2009 kam es zu mehreren Fällen, in denen Fahrzeuge, die technisch identisch mit bereits in großer Zahl zugelassenen Fahrzeugen waren, ohne zusätzliche Nachweise und teilweise ohne technische Änderungen keine Zulassung mehr erhielten.[398] Dieses Vorgehen des Eisenbahn-Bundesamts war offensichtlich rechtswidrig. Wenn eine reale Gefahr für den Eisenbahnbetrieb durch die in Rede stehenden Fahrzeuge bestanden hätte, hätten die bereits zugelassenen Fahrzeuge unverzüglich stillgelegt werden müssen. Da eine

---

[397] Kramer, Bahn-Report, Heft 1/2008, Seite 13
[398] Anders, Bahn-Report, Heft 1/2010, Seite 4 - 5

solche Gefahr aber anscheinend nicht bestand, hätten den neuen Fahrzeugen die Zulassung nicht verweigert werden dürfen, denn diese genügten anscheinend den Anforderungen an Sicherheit und Ordnung im Sinne des § 2 Abs. 1 Satz 1 EBO.

Das entscheidende Problem liegt in der Generalklausel in § 2 Abs. 1 Satz 2 EBO. Diese ist im Rahmen der Bahnreform nicht verändert worden und stammt noch aus der Zeit der Deutschen Bundesbahn. Dies war damals Aufsichtsbehörde, Infrastrukturbetreiber und Eisenbahnverkehrsunternehmen in einem und hat in dieser Dreifachfunktion die Abwägung zwischen den Anforderungen an die Sicherheit des Eisenbahnbetriebs und den wirtschaftlichen Interessen von Infrastruktur- und Verkehrsbetrieb selbst vorgenommen. Mit der Trennung dieser drei Funktionen im Rahmen der Bahnreform hat das Eisenbahn-Bundesamt als zuständige Aufsichtsbehörde nun im wesentlichen den Fokus auf der Sicherheit des Eisenbahnbetriebs. Eine Abwägung mit den wirtschaftlichen Interessen der Eisenbahnunternehmen findet praktisch nicht statt. Erschwerend hinzu kommen die erwähnten strafrechtlichen Ermittlungsverfahren, die zwar sämtlich eingestellt wurden, aber trotzdem nicht dazu beigetragen haben dürften, daß die betroffenen Sachbearbeiter bei der Bearbeitung der Zulassungsverfahren bereit wären, weniger strenge Anforderungen an die Fahrzeuge zu stellen. Da die relevante Generalklausel keine konkreten Anforderungen stellt, eröffnet sie der Aufsichtsbehörde zumindest faktisch einen erheblichen Spielraum bei der Festlegung der Anforderungen, der im Zweifel zugunsten einer höheren Sicherheit genutzt werden wird und damit zu immer strengeren Anforderungen an die Fahrzeuge führen wird.

Die zögerliche Zulassungspraxis führt auch zu einer faktischen Diskriminierung der Wettbewerber der Deutschen Bahn AG. Während die DB bei Verzögerungen im Zulassungsverfahren neuer Fahrzeuge auf einen großen Bestand an Altfahrzeugen zurückgreifen und damit den Verkehr zumindest annähernd planmäßig durchführen kann,[399] fehlt den Wettbewerbern eine solche Fahrzeugreserve. Sie müssen daher bei Verzögerungen im Zulassungsverfahren auf teure und auch nur in geringer Zahl

---

[399] ERI 2009, Seite 2
ERI 2011, Seite 56

verfügbare Mietfahrzeuge zurückgreifen,[400] notfalls auch von der Deutschen Bahn AG,[401] oder ihre Fahrgäste ersatzweise mit Bussen befördern,[402] was regelmäßig zu deutlich längeren Fahrzeiten und damit verbunden stets zu einem deutlichen Rückgang der Fahrgastzahlen führt. Eine derartige indirekte Diskriminierung durch die Aufsichtsbehörde ist im Eisenbahnrecht nicht vorgesehen, weshalb dafür auch keine Sanktionen vorgesehen sind. Der Rechtsweg bietet hier, wie noch gezeigt werden wird, keine Lösung für die betroffenen Unternehmen an.

Es ist also dringend erforderlich, eine neue Regelung für die technischen Netzzugangskriterien zu schaffen, die zu einem sinnvollen Ausgleich der verschiedenen Interessen aller Beteiligten führt. Die europäischen Vorgaben können hier für das nationale Recht als Vorbild dienen, da die TSI nach einem transparenten Verfahren erstellt und in regelmäßigen Abständen überarbeitet werden. Entsprechend sollte auch im deutschen Recht ein Verfahren zur Erarbeitung der technischen Anforderungen an die Schienenfahrzeuge festgelegt werden, das zu einem abschließenden Katalog dieser Anforderungen führt, der nach ebenfalls festen Regeln in regelmäßigen Abständen überarbeitet werden sollte. An einem solchen Verfahren müßten alle betroffenen Gruppen beteiligt werden, also Aufsichtsbehörde, Infrastrukturbetreiber, Eisenbahnverkehrsunternehmen und Fahrzeughersteller. In diesem Gremium sollte dann auch festgelegt werden, hinsichtlich welcher neuen Anforderungen eine Nachrüstpflicht für bereits zugelassene Fahrzeuge besteht und welche Übergangsfristen für eine solche Nachrüstpflicht gelten sollen. Eine solche Regelung würde allen Beteiligten Rechtssicherheit geben, insbesondere auch der Aufsichtsbehörde und ihren Mitarbeitern.

Ein weiteres Problem in diesem Zusammenhang ist die Frage, ab wann neue technische Netzzugangskriterien angewandt werden müssen. Bezüglich der Zulassung von Schienenfahrzeugen galt bisher der Zeitpunkt der Erteilung der Zulassung als maßgebend. Das hieß, ein neues Fahrzeug mußte alle Anforderungen erfüllen, die zum Zeitpunkt der Ertei-

---

[400] ERI 2010, Seite 72 - 74
[401] Bahn-Report, Heft 2/2010, Seite 58
[402] ERI 2010, Seite 72 - 73

lung der Zulassung galten.[403] Zu diesem Zeitpunkt war das Fahrzeug jedoch vollständig fertiggestellt. Konstruktion und Fertigung waren abgeschlossen. Nachträgliche Änderungen am Fahrzeug sind aufwendig und teuer. Erschwerend kommt hinzu, daß ein Fahrzeug zwar zum Zeitpunkt der Konstruktion alle zu diesem Zeitpunkt gültigen Anforderungen erfüllen konnte, bis zur Fertigstellung des Fahrzeugs aber weitere Anforderungen hinzukommen konnten, die das Fahrzeug nicht erfüllt hat und daher keine Zulassung erhalten konnte. Wurden nun nachträglich Änderungen am Fahrzeug vorgenommen, um die neu hinzugekommenen Anforderungen zu erfüllen, konnten während der Durchführung dieser Änderungen erneut weitere Anforderungen hinzukommen. Auf diese Weise war es theoretisch möglich, daß ein neues Fahrzeug trotz intensiver Bemühungen des Herstellers nie eine Zulassung erhielt. Es ist offensichtlich, daß diese Praxis rechtswidrig war. Rechtliche Regelungen zu diesem Thema gibt es bisher nicht. Nun sollen aber für die Zulassung die Anforderungen zum Zeitpunkt der Stellung des Zulassungsantrags maßgebend sein.[404] Besser wäre jedoch, wie oben bereits vorgeschlagen, dem Gremium, das die technischen Netzzugangskriterien festlegt, auch die Kompetenz zu verleihen festzulegen, welche Übergangsfrist für jedes einzelne neue technische Netzzugangskriterium gelten soll. Alternativ könnte auch eine gesetzlich festgelegte Übergangsfrist eingeführt werden, was aber gerade bei solchen Kriterien, die kritisch für die Sicherheit des Eisenbahnbetriebs sind, zu für die Praxis unbefriedigenden Ergebnissen führen kann.

Dasselbe Problem stellt sich auch bezüglich der Anwendung neuer Anforderungen auf bereits zugelassene Fahrzeuge. Auch hier sollte, wie oben vorgeschlagen, ein Gremium, das einen Ausgleich aller Brancheninteressen ermöglicht, in jedem Einzelfall entscheiden, ab wann welche neuen Anforderungen auch auf bereits in Betrieb befindliche Fahrzeuge angewendet werden. Im Falle solcher Kriterien, die für die Sicherheit des Eisenbahnbetriebs kritisch sind, ist sicher ein sofortiges Einschreiten der Aufsichtsbehörde erforderlich und angemessen, selbst wenn erhebliche

---

[403] Anders, Bahn-Report, Heft 1/2010, Seite 4
ERI 2010, Seite 74
[404] BMVBS, Handbuch Eisenbahnfahrzeuge, Seite 6

Betriebsbeeinträchtigungen die Folge sind,[405] wie im Fall der Entgleisung eines ICE auf der Hohenzollernbrücke in Köln aufgrund einer gebrochenen Radsatzwelle. Die mit der möglichen Entgleisung eines ICE bei Höchstgeschwindigkeit verbundenen Folgen rechtfertigten hier die Behinderungen im Eisenbahnverkehr, die mit der Auflage, alle Radsätze der ICE3-Züge auf Schäden zu untersuchen, bevor diese wieder im Fahrgastverkehr eingesetzt werden durften,[406] verbunden waren. Im Fall der S-Bahn Berlin dagegen, bei der infolge einer gebrochenen Radscheibe und einer daraufhin ergangenen Verfügung des Eisenbahn-Bundesamts der Verkehr für mehrere Wochen fast vollständig zum Erliegen kam,[407] wären durchaus weniger gravierende Eingriffe, wie zum Beispiel eine vorübergehende Geschwindigkeitsbeschränkung verbunden mit der Auflage, alle Fahrzeuge schnellstens auf Schäden an den Rädern und Radsatzwellen zu untersuchen, möglich gewesen. Dies hätte jedenfalls verhindert, daß der Verkehr auf der Berliner S-Bahn für längere Zeit fast vollständig eingestellt werden mußte. Zu berücksichtigen ist hier allerdings noch, daß die S-Bahn Berlin GmbH bezüglich der technischen Probleme an ihren Fahrzeugen zumindest in den ersten Wochen nach Auftreten der Probleme gegenüber der Aufsichtsbehörde wenig kooperativ war,[408] was nicht unerheblich zum Durchgreifen der Aufsichtsbehörde beigetragen haben dürfte.

Inzwischen wurde das sogenannte "Handbuch Eisenbahnfahrzeuge" vom Bundesverkehrsministerium vorgestellt, das den Anspruch erhebt, zu einer Verbesserung des Zulassungsverfahrens beizutragen. Die Lektüre des Dokuments zeigt jedoch, daß es diesen Anspruch nicht erfüllen kann. Zwar ist darin eine wichtige Verbesserung des Verfahrens genannt, nämlich die grundsätzliche Festlegung der Anforderungen für die Zulassung eines bestimmten Fahrzeugs zu dem Zeitpunkt, in dem der Zulassungsantrag gestellt wird,[409] aber die Option, auch nach Stellung des Zulassungsantrags weitere Anforderungen an die Zulassung eines Fahrzeugs zu stellen, soll dem Eisenbahn-Bundesamt weiter erhalten bleiben.[410] Dies

---

[405] ERI 2008, Seite 389
[406] Loose, Bahn-Report, Heft 5/2008, Seite 25
[407] Tietze, ERI 2009, Seite 495
[408] Thiessenhusen, Bahn-Report, Heft 5/2009, Seite 29
[409] BMVBS, Handbuch Eisenbahnfahrzeuge, Seite 6
[410] BMVBS, Handbuch Eisenbahnfahrzeuge, Seite 11

ist vom Grundsatz her auch nicht zu beanstanden, denn es gibt immer wieder Vorfälle, die es im Interesse der Sicherheit des Schienenverkehrs rechtfertigen, neue Anforderungen sofort auf alle Fahrzeuge, auch diejenigen, die bereits in Betrieb sind, anzuwenden. So gab es zum Beispiel Anfang des Jahres 2011 zwei Vorfälle, bei denen S-Bahn-Triebwagen in Nordrhein-Westfalen Halt zeigende Signale überfahren haben, ohne daß im Fahrzeug eine Zwangsbremsung ausgelöst oder auch nur ein Warnsignal im Führerstand angezeigt worden wäre. Daraufhin verfügte das Eisenbahn-Bundesamt eine Geschwindigkeitsbeschränkung für die betroffenen Fahrzeuge und ordnete außerdem an, daß diese bis zur Behebung des Problems nur mit zwei Lokführern im Führerstand eingesetzt werden dürfen.[411] Das Handbuch enthält jedoch keinerlei Regeln dafür, wann das Eisenbahn-Bundesamt befugt sein soll, solch nachträgliche Anforderungen aufzustellen. Zwar ist nun ein sogenannter Lenkungskreis Fahrzeuge eingerichtet, in dem alle Interessengruppen vertreten sind und der auch schon an der Erstellung des Handbuchs mitgewirkt hat,[412] aber letztlich hat der Lenkungskreis nur beratende Funktion. Das Entscheidungsrecht verbleibt uneingeschränkt beim Eisenbahn-Bundesamt.[413] Damit erfüllt der Lenkungskreis nicht die Funktion des oben vorgeschlagenen Gremiums. Insgesamt wird bereits auf der ersten Seite des Handbuch klargestellt, daß dieses rein empfehlenden Charakter hat,[414] mithin rechtlich völlig unverbindlich ist. Eine Verbesserung der Rechtslage kann so nicht erreicht werden.

Schließlich muß auch eine klare Regelung für das Verhältnis von Infrastruktur zu Eisenbahnverkehrsunternehmen und damit zu den Schienenfahrzeugen geschaffen werden. Das oben genannte Handbuch verweist dieses Problem an den Infrastrukturbetreiber und die Eisenbahnverkehrsunternehmen, deren Aufgabe es sei, die entsprechenden Fragen zu klären.[415] Dies steht jedoch im Widerspruch dazu, daß das Eisenbahn-Bundesamt in der Vergangenheit auch hinsichtlich des Zusammenspiels zwischen Schienenfahrzeugen und Eisenbahninfrastruktur Kriterien auf-

---

411 ERI 2011, Seite 217
412 BMVBS, Handbuch Eisenbahnfahrzeuge, Seite 21
413 BMVBS, Handbuch Eisenbahnfahrzeuge, Seite 10
414 BMVBS, Handbuch Eisenbahnfahrzeuge, Seite 3
415 BMVBS, Handbuch Eisenbahnfahrzeuge, Seite 16

gestellt hat.[416] Angesichts der Tatsache, daß dieses Zusammenspiel erhebliche Relevanz für die Sicherheit des Eisenbahnbetriebs hat, wie das oben genannte Beispiel des Überfahrens Halt zeigender Signale zeigt, kann es hier jedoch nicht hingenommen werden, daß die zuständige Aufsichtsbehörde die Regelung dieser Materie vollständig den Marktteilnehmern überläßt. Im Sinne einer Harmonisierung der technischen Netzzugangskriterien sollte hierfür, wie für die rein fahrzeugspezifischen Netzzugangskriterien eine einheitliche Regelung gefunden werden. Auch für das Zusammenspiel von Fahrzeugen und Infrastruktur kann der notwendige Interessenausgleich in dem oben vorgeschlagenen Gremium erfolgen. Die heutige Praxis, die Infrastruktur als gegeben anzusehen und von den Fahrzeugen in jedem Fall eine Anpassung an diese Infrastruktur zu verlangen, ist rechtlich nicht haltbar, da es schlicht unverhältnismäßig ist, von tausenden Schienenfahrzeugen die Einhaltung bestimmter technischer Anforderungen zu fordern, die letztlich nur der Kompatibilität derart vieler Fahrzeuge mit einer sehr geringen Zahl von Infrastrukturelementen dienen. In solchen Fällen müßte von den Infrastrukturbetreibern verlangt werden, die kritischen Infrastrukturelemente innerhalb einer angemessen Frist durch weniger kritische zu ersetzen. Zusätzlich dürften neue Infrastrukturkomponenten nur dann zugelassen werden, wenn diese gegenüber den bereits vorhandenen Anlagen keine zusätzlichen Anforderungen an die Schienenfahrzeuge stellen.

Insgesamt sollte das Nebeneinander von EBO und TEIV beendet und die Regelungen für die technischen Netzzugangskriterien in einer einzigen Verordnung zusammengefaßt werden. Dabei sollte der Aufbau der EBO, die teilweise konkrete technische Regelungen enthält, vollständig oder zumindest überwiegend aufgeben werden und die Ausarbeitung solcher Regeln dem oben vorgeschlagenen Gremium nach einem transparenten Verfahren übertragen werden. Dies erlaubt es zum einen, dem technischen Fortschritt im Eisenbahnwesen Rechnung zu tragen und zum anderen die Brancheninteressen bei der Festlegung dieser Regeln ausreichend zu berücksichtigen. Die Festlegungen des vorgeschlagenen Gremiums müssen selbstverständlich im Streitfall einer gerichtlichen Kontrolle unterliegen.

---

[416] EBA, Tunnelrichtlinie vom 1. Juli 2008, Seite 24 - 25

III. Vergabe der Infrastrukturkapazität

Die Regelungen zur Vergabe der Infrastrukturkapazität sind zwar relativ umfangreich, tragen aber in mehrfacher Hinsicht den Anforderungen der Praxis nicht ausreichend Rechnung.

1. Zugang zu Informationen

Ein Aspekt, der im Eisenbahnrecht bisher völlig unzureichend geregelt ist, ist der Zugang zu Informationen. Eisenbahnverkehrsunternehmen benötigen zur Planung ihrer Zugfahrten umfangreiche Informationen über die Eisenbahninfrastruktur, zum Beispiel darüber, ob eine bestimmte Strecke besondere Anforderungen an die Fahrzeuge stellt, über Steigungen, um die erforderliche Leistung der Lokomotive für einen Zug und die maximal zulässige Zuglast bestimmen zu können, über die Länge von Ausweichgleisen, um die maximal zulässige Zuglänge bestimmen zu können, über die zulässigen Streckenhöchstgeschwindigkeiten, um die mögliche Fahrzeit berechnen zu können, und noch einige mehr. Zur Zeit weigern sich die meisten Infrastrukturbetreiber, darunter auch der größte deutsche Betreiber von Eisenbahninfrastruktur, solche Informationen herauszugeben, weil diese als Geschäftsgeheimnis betrachtet werden.[417] Dies ist schon deshalb unsinnig, weil Informationen über die Eisenbahninfrastruktur bis ins Detail in vielen Zeitschriften veröffentlicht werden.[418] Es kann also keine Rede davon sein, daß diese Informationen geheim wären. Allerdings ist es sehr mühsam, diese Informationen zusammenzutragen, so daß die Weigerung der Infrastrukturbetreiber, diese Informationen zur Verfügung zu stellen, letztlich nur zu einem Mehraufwand für die Eisenbahnverkehrsunternehmen führt, der diese in ihrer Geschäftstätigkeit behindert. Daher sollten die Infrastrukturbetreiber verpflichtet werden, sämtliche Informationen über ihre Infrastruktur für die Zugangsberechtigten allgemein zugänglich vorzuhalten, idealerweise über eine entsprechende Internetanwendung, da entsprechende Systeme

---

[417] mofair, Stellungnahme zur Anhörung der Monopolkommission 2009, Seite 11
BAG-SPNV, Stand und Perspektiven der SNB der DB Netz AG, Seite 8 - 9
[418] z. B. die Zeitschrift Bahn-Report mit regelmäßigen detaillierten Meldungen zu einzelnen Strecken

für den internen Gebrauch des Infrastrukturbetreibers in der Regel ohnehin vorliegen.[419]

Darüber hinaus benötigen die Eisenbahnverkehrsunternehmen für die Bestellung von Zugtrassen nach Abschluß der Erstellung des jeweiligen Jahresfahrplans Informationen über die Streckenauslastung, um beurteilen zu können, auf welchen Strecken zu welchen Zeiten überhaupt noch zusätzliche Züge fahren können. Auch hierüber stellen die Eisenbahninfrastrukturunternehmen regelmäßig keine Informationen zur Verfügung, obwohl diese gleichfalls durch Veröffentlichungen in einschlägigen Zeitschriften hinlänglich bekannt sind.[420] Es ist jedoch sehr mühsam, diese Informationen aus den verschiedenen Quellen zusammenzutragen. Daher sollte hier ebenfalls eine entsprechende Verpflichtung zur Offenlegung der vollständigen Fahrplaninformationen für die Infrastrukturbetreiber geschaffen werden. Dies kann über die schon bestehende Internetanwendung geschehen, mit der die Eisenbahnverkehrsunternehmen über den jeweils aktuellen Betriebsablauf informiert werden, da die Fahrplandaten hierin bereits enthalten sind. Diese Informationen müssen den Eisenbahnverkehrsunternehmen nur noch wesentlich früher zugänglich gemacht werden, idealerweise unmittelbar nach der Erstellung des Fahrplans. Dadurch wäre jedes Eisenbahnverkehrsunternehmen selbst in der Lage festzustellen, ob für beabsichtigte Verkehre noch Infrastrukturkapazität vorhanden ist.

2. Trassenvergabe

Im Gegensatz zu den fehlenden Regelungen zu den Informationspflichten sind diejenigen für die Vergabe von Zugtrassen vergleichsweise umfangreich, wie dargestellt. Dennoch werden sie den Anforderungen der Praxis nicht gerecht. Relevant sind sämtliche Regelungen zur Trassenvergabe letztlich nur dann, wenn die Infrastrukturkapazität zur Befriedigung aller Trassenwünsche nicht ausreicht. Nur in diesem Fall bedarf es überhaupt Regelungen zur Trassenvergabe, insbesondere zur Priorität,

---

[419] Jacobs, Rechnerunterstützte Konfliktermittlung, Seite 51
Glowinski, EI, Heft 8/2001, Seite 34
[420] z. B. die Zeitschrift Bahn-Report in der Rubrik Umlaufbahn

mit der die unterschiedlichen Trassenanmeldungen berücksichtigt werden sollen.

Die derzeitigen Regelungen in § 9 Abs. 4 und 5 EIBV legen zwar in einem gewissen Umfang Prioritäten fest und § 9 Abs. 6 EIBV hält mit dem Höchstpreisverfahren eine abschließende Regelung für die Bestimmung derjenigen Trassenanmeldung, der im Konfliktfall der Vorzug zu geben ist, bereit, es fehlt aber eine Regelung, die zu einer möglichst optimalen Nutzung der teuren Infrastruktur zwingt. Wie dargestellt, hängt die Kapazität einer bestimmten Eisenbahninfrastruktur sehr stark von dem Betriebsprogramm ab, das auf dieser Infrastruktur gefahren werden soll. Da Bau und Unterhalt der Eisenbahninfrastruktur sehr teuer sind,[421] sollte diese aus volkswirtschaftlicher Sicht auch möglichst optimal genutzt werden. Dies setzt voraus, daß bei Konflikten zwischen mehreren Trassenanmeldungen zunächst alle Möglichkeiten, die Kapazität der Infrastruktur durch entsprechende Anpassung des Betriebsprogramms zu steigern, ausgeschöpft werden. Die dargestellten Maßnahmen sollten dabei aufgrund der ebenfalls dargestellten Vor- und Nachteile in der folgenden Reihenfolge vorgesehen werden:

1. Harmonisierung der Geschwindigkeiten der verschiedenen Züge

2. Bündelung von Zügen gleicher oder ähnlicher Geschwindigkeit

3. Zeitliche Entzerrung von Zügen unterschiedlicher Geschwindigkeit

4. Überholung von langsamen Zügen durch schnelle

Insbesondere, wenn es sich um einen relativ kurzen Engpaßabschnitt handelt, ist die Harmonisierung der Zuggeschwindigkeiten die beste Maßnahme zur Steigerung der Infrastrukturkapazität, da der Fahrzeitverlust für die schnelleren Züge dann vergleichsweise gering ist und die Kapazität so am besten erhöht werden kann.[422]

Erst wenn der Infrastrukturbetreiber nach Anwendung all dieser Maßnahmen noch immer nicht alle Trassenanmeldungen berücksichtigen kann, sollten Prioritätsregeln angewendet werden. Diese Prioritätsregeln sollten wiederum zu einem möglichst klaren Ergebnis führen, ohne daß

---

[421] Ross, Strategische Infrastrukturplanung im Schienenverkehr, Seite 3
Jänsch in Das System Bahn, Seite 599 - 602
[422] Fülling, ETR 1957, Seite 90 und 94

auf ein Höchstpreisverfahren oder vergleichbare Regelungen zurückgegriffen werden muß. Als Kriterien für die Festlegung von Prioritäten für die verschiedenen Trassenanmeldungen genügen die bisher existierenden Regelungen nicht, da sie zu allgemein sind und in der Praxis zu unbefriedigenden Ergebnissen führen. So ist zunächst ein im Zweistundentakt verkehrender Zug mit einem solchen, der alle 15 Minuten verkehrt, gleichgestellt. Da grenzüberschreitender Verkehr nach der letzten Änderung der EIBV nun nachrangig nach Taktverkehren ist, hat die Regelung keine praktisch relevante Bedeutung mehr. Die Knüpfung der Priorität an den Trassenpreis führt dazu, daß Änderungen bei den Trassenpreisen auch zu Änderungen bei den Prioritäten führen können, was wenig sinnvoll erscheint. Das Höchstpreisverfahren schließlich erscheint ebenfalls wenig praxisgerecht, da der ganz überwiegende Teil des Schienenverkehrs, nämlich der Schienenpersonennahverkehr, der mehr als die Hälfte aller Zugkilometer umfaßt,[423] gemäß § 9 Abs. 5 Satz 2 EIBV von den Prioritätsregeln, die sich am Trassenpreis orientieren, und damit auch vom Höchstpreisverfahren ausgenommen ist. Außerdem führt das Höchstpreisverfahren bei Zügen, deren Laufweg sich nur teilweise überschneidet zu praktischen Problemen, die sich nur schwer lösen lassen. Besonders kompliziert wird die Situation, wenn eine Trassenanmeldung auf zwei verschiedenen Streckenabschnitten mit jeweils anderen Trassenanmeldungen in Konflikt steht. Hier wären mehrere Höchstpreisverfahren erforderlich, die dann aber zu sich widersprechenden Ergebnissen führen können. Von einigen Autoren wird das Höchstpreisverfahren befürwortet,[424] insbesondere mit dem Argument, daß es volkswirtschaftlich sinnvoll sei, die kostbare Infrastrukturkapazität demjenigen zur Verfügung zu stellen, der die größte Zahlungsbereitschaft hat.[425] Daneben wird als Argument für das Verfahren angeführt, daß es sehr schnell und unkompliziert zur Lösung eines Trassenkonflikts führe.[426] Beide Argumente

---

[423] DB AG, Wettbewerbsbericht 2011, Seite 11
DB AG, Daten & Fakten 2010, Seite 20
[424] Munzert, Das Schienennetz in Deutschland nach der Bahnreform, Seite 96
Laaser, Wettbewerb im Verkehrswesen, Seite 296 - 298
Laaser, Die Bahnstrukturreform, Seite 13 – 14
Heinrichs in Aktuelle Probleme des Eisenbahnrechts IX, Seite 93 - 97
[425] Munzert, Das Schienennetz in Deutschland nach der Bahnreform, Seite 96
Laaser, Wettbewerb im Verkehrswesen, Seite 296 - 298
Laaser, Die Bahnstrukturreform, Seite 13 – 14
[426] Heinrichs in Aktuelle Probleme des Eisenbahnrechts IX, Seite 96

können jedoch nicht überzeugen. Es ist schon inkonsequent, einen großen Teil der Trassen, nämlich die für den Schienenpersonennahverkehr vom Höchstpreisverfahren auszunehmen. Diese Ausnahme hat jedoch gute Gründe. Die öffentlichen Mittel, die nach dem Regionalisierungsgesetz für die Finanzierung dieses Teils des Schienenverkehrs zur Verfügung stehen, sind begrenzt.[427] Volkswirtschaftlich erscheint es sinnvoll, mit diesen Mitteln ein Maximum an Verkehrsleistung zu finanzieren. Die Anwendung des Höchstpreisverfahrens auf diese Verkehre würde dazu im Widerspruch stehen. Ähnliches gilt aber auch für viele andere Verkehre, für die es ebenfalls ein öffentliches Interesse daran gibt, daß diese auf der Schiene abgewickelt werden. Zu nennen sind hier Gefahrguttransporte, generell der Schienengüterverkehr, der zum Teil ebenfalls mit öffentlichen Mitteln gefördert wird, wie zum Beispiel der Kombinierte Verkehr.[428] Dieses öffentliche Interesse spiegelt sich aber nicht notwendigerweise in einer entsprechenden Zahlungsbereitschaft dieser Verkehre wieder. Insbesondere im öffentlich geförderten Kombinierten Verkehr sind die Renditen äußerst gering.[429] Die Zahlungsbereitschaft ist daher als Kriterium für die Festlegung der Prioritäten bei der Trassenvergabe ungeeignet.

Wie bereits oben ausgeführt, sollten vor allem die Engpässe der Eisenbahninfrastruktur möglichst optimal genutzt werden. Daher sollte jeweils den Zügen der Vorzug gegeben werden, welche die höchste Gesamtzahl an Zügen auf dem betroffenen Streckenabschnitt ermöglichen. Dieses Kriterium berücksichtigt letztlich auch die Geschwindigkeit der Züge, da die Streckenkapazität, wie dargestellt, umso größer ist, je stärker die Geschwindigkeiten der verschiedenen Züge auf einer Strecke harmonisiert werden. Hierzu sollten auch Taktverkehre angepaßt werden, wenn sich dadurch die Kapazität eines Engpaßabschnitts steigern läßt, also zum Beispiel ein hinkender 10/20-Minutentakt statt eines 15-Minutentakts, wenn sich dadurch zusätzliche Trassen gewinnen lassen. Darüber hinaus bieten sich folgende Kriterien zur Festlegung von Prioritäten für Trassenanmeldungen an:

---

[427] DB AG, Wettbewerbsbericht 2007, Seite 17
[428] Schulz, IVW 2002, Seite 147 - 148
    Brauner, ERI 2010, Seite 153 – 155
[429] Wittenbrink, IVW 2003, Seite 463 - 464

- Laufweg (Langlaufende Verkehre vor Kurzstreckenverkehren)
- Taktfrequenz (dichter Takt vor weniger dichtem Takt)
- Verkehrsart (Güterverkehr, Personennah- und -fernverkehr)

Das Kriterium des Laufwegs kann den Vorrang für grenzüberschreitende Verkehre ersetzen, da der Sinn des Vorzugs für grenzüberschreitende Verkehre vor allem darin liegt, sehr langlaufende Verkehre, die in Europa nur grenzüberschreitend möglich sind, zu bevorzugen, um der Eisenbahn so zu ermöglichen, ihren größten Vorteil, den effizienten Transport großer Mengen Güter über große Entfernungen,[430] möglichst gut ausspielen zu können. Umgekehrt bedeutet das, daß grenzüberschreitende Kurzstreckenverkehre nicht vorrangig berücksichtigt werden müssen. Daher ist das Kriterium des Laufwegs sehr gut geeignet, den Vorrang grenzüberschreitender Verkehre zu ersetzen.

Die derzeit bestehende Regelung in § 9 Abs. 4 Satz 1 Nr. 1 EIBV sollte durch eine solche ersetzt werden, die auf die Taktfrequenz abstellt und dichtere Takte gegenüber weniger dichten bevorzugt, da erstere stets eine stärkere Auslastung der Infrastruktur insgesamt bedeuten.

Ferner sollten auf bestimmten Strecken bestimmte Verkehrsarten bevorzugt werden, wie dies schon heute der Fall ist. So ist es sinnvoll, daß auf Hochgeschwindigkeitsstrecken entsprechend schnelle Personenfernverkehrszüge Vorrang vor dem übrigen Verkehr haben sollten. S-Bahn-Strecken sollten bevorzugt den S-Bahn-Verkehren, für die sie gebaut wurden, vorbehalten sein. Schließlich sollte auf bestimmten Strecken der Güterverkehr Vorrang geniessen. Dies ist schon nach der gegenwärtigen Rechtslage möglich, wie das OVG NRW bestätigt hat.[431] Welche Verkehre auf welchen Strecken Vorrang genießen, sollte allerdings dem Infrastrukturbetreiber überlassen bleiben. Die entsprechenden Festlegungen können dann gegebenenfalls von der Aufsichts- oder Regulierungsbehörde auf ihre Diskriminierungsfreiheit hin überprüft werden.

Ein weiteres derzeit ungelöstes Problem im Zusammenhang mit der Trassenvergabe ist das Kriterium der Betriebsqualität. Wie dargestellt, hängt die Kapazität einer Strecke auch von der gewünschten Betriebsqualität

---

[430] Buchholz, ETR 2000, Seite 527 und 531 - 532
[431] OVG NRW, Beschluß vom 26. März 2007, 13 B 2592/06

und den daraus resultierenden notwendigen Pufferzeiten ab. Dabei ist der Zusammenhang zwischen der Betriebsqualität und den Pufferzeiten nicht linear. Vielmehr verschlechtert sich die Betriebsqualität ab einer bestimmten Streckenauslastung deutlich, während bis zu einer solchen Grenze eine Veränderung der Streckenauslastung und damit der Pufferzeiten nur geringe Auswirkungen auf die Betriebsqualität hat.[432] Darüber hinaus wirkt sich auch das Betriebsprogramm, also die Art und die Reihenfolge der Züge auf einer Strecke auf die Betriebsqualität aus.[433] Da die Zusammenhänge komplex sind, erscheint es unmöglich, hierfür rechtliche Regelungen zu schaffen, die diesen Zusammenhängen in der Praxis gerecht werden. Ohne eine entsprechende Regelung eröffnet die Argumentation mit der Betriebsqualität dem Infrastrukturbetreiber aber einen relativ weiten Spielraum bei der Vergabe der Infrastrukturkapazität und der Gestaltung des Fahrplans, der einer Kontrolle durch die Regulierungsbehörde letztlich entzogen ist, zumal sich die Betriebsqualität für einen konkreten Fahrplan auf einer bestimmten Infrastruktur nur mit aufwendigen Simulationen bestimmen läßt.[434] In der Praxis läßt sich fast immer noch ein zusätzlicher Zug irgendwie in den Fahrplan einfügen, und wenn die dadurch verursachte hohe Streckenauslastung auf einen relativ kurzen Zeitraum begrenzt ist und in der übrigen Zeit genug Kapazitätsreserven vorhanden sind, um Störungen aus der Zeit der Spitzenlast abzubauen, spricht auch nichts dagegen, diesen zusätzlichen Zug tatsächlich noch im Fahrplan zu berücksichtigen. Welche Zeitdauer für eine solche Spitzenbelastung noch angemessen ist, läßt sich aber nicht vorab und vor allem nicht für das gesamte Schienennetz allgemeingültig festlegen.

3. Vergabe der Kapazität in Serviceeinrichtungen

Im Gegensatz zum eigentlichen Schienennetz liegt das Problem bei den Serviceeinrichtungen nicht bei der Vergabe der Infrastrukturkapazität, sondern, wie bereits ausgeführt, beim eigentlichen Zugangsanspruch und damit verbunden bei der Frage der Betriebspflicht. Die Regelungen zur

---

[432] Schmidt, Beitrag zur experimentellen Bestimmung der Wartezeitfunktion, Seite 28 - 34
[433] Oetting, Physikalische Maßstäbe zur Beurteilung des Leistungsverhalten, Seite 20
[434] Weigand in Das System Bahn, Seite 303

Vergabe der Kapazität von Serviceeinrichtungen in § 10 EIBV und insbesondere die Prioritätsregel in Abs. 6 Nr. 1 dieser Norm ist dagegen theoretisch völlig ausreichend, wenn die Regelungen zur Vergabe der Trassen, wie oben dargestellt, den Anforderungen des Eisenbahnbetriebs angepaßt werden, denn nach der Regelung in § 10 Abs. 6 Nr. 1 EIBV folgt die Priorität bei der Vergabe der Kapazität der Serviceeinrichtungen derjenigen bei der Vergabe der Strecken, was sinnvoll ist, da es sonst möglich wäre, daß einem Eisenbahnverkehrsunternehmen zwar eine Zugtrasse zugewiesen würde, es diese aber nicht nutzen könnte, weil es keinen Zugang zu den erforderlichen Abstellgleisen am Beginn und Ende der Zugtrasse bekäme.

In der Praxis sieht die Vergabe der Kapazität der Serviceeinrichtungen jedoch anders aus. Serviceeinrichtungen werden in der Regel langfristig an ein einziges Eisenbahnverkehrsunternehmen vermietet,[435] so daß dieses dann faktisch die Kontrolle über den Zugang zu dieser Einrichtung hat. Aufgrund der derzeitigen Rechtslage stellt sich damit die Frage, ob das Eisenbahnverkehrsunternehmen mit der langfristigen Anmietung einer Serviceeinrichtung nicht selbst zu deren Betreiber und damit zum Eisenbahninfrastrukturunternehmen wird. Gerade im Güterverkehr werden alle großen Rangierbahnhöfe von der Güterverkehrstochter des DB-Konzerns betrieben und Dritten der Zugang zu diesen Einrichtungen dadurch mehr oder minder stark erschwert.[436] Darüber hinaus kam es in der Vergangenheit häufig vor, daß der Infrastrukturbetreiber den Betrieb einer Serviceeinrichtung vollständig eingestellt hat, wenn sich kein langfristiger Mieter hierfür fand. Von dieser Praxis waren vor allem Abstellgleise betroffen.[437] Auf diesem Weg wurden diese Serviceeinrichtungen der Nutzung durch die Eisenbahnverkehrsunternehmen entzogen. Dies zeigt, daß eine sinnvolle erscheinende rechtliche Regelung nicht zwingend zu sinnvollen Ergebnissen in der Praxis führt. Die Befugnis, den Betrieb einer Serviceeinrichtung nach eigenem Ermessen einzustellen, eröffnet den Eisenbahninfrastrukturunternehmen letztlich die Möglichkeit, die Kapazität in diesen Einrichtungen völlig willkürlich zu vergeben. Damit läuft die an sich sinnvolle Regelung in § 10 EIBV letztlich ins Leere, weil

---

[435] KCW, Wettbewerber-Report 2008/2009, Seite 88
[436] KCW, Wettbewerber-Report 2008/2009, Seite 85 - 86
[437] KCW, Wettbewerber-Report 2010/2011, Seite 113

es an der notwendigen Betriebspflicht für diese Teile der Eisenbahninfrastruktur fehlt. Auch dies ist wieder ein Beispiel für die Folgen der fehlenden Abstimmung der einzelnen Regelungen des Eisenbahnrechts aufeinander.

IV. Trassenpreise

Das Thema Trassenpreise hat, wie bereits dargelegt, sowohl in der Literatur einige Beachtung gefunden als auch die Rechtsprechung schon mehrfach beschäftigt. Aufgrund des hohen Anteils der Infrastrukturbenutzungsentgelte an den Gesamtkosten der Eisenbahnverkehrsunternehmen[438] kommt dem Thema auch eine ganz entscheidende Bedeutung bezüglich des diskriminierungsfreien Zugangs zum Schienennetz zu. So hat sich ein Wettbewerb zu den Verkehrsangeboten der Deutschen Bahn AG erst nach Einführung des TPS 2001 entwickelt, da dieses lineare und damit zumindest weitgehend nicht diskriminierende sowie im Vergleich zum TPS 94 und 98 für die Wettbewerber der Verkehrssparten des DB-Konzerns relativ niedrige Trassenpreise vorsah. Während der Marktanteil der Wettbewerber bis Ende 2000 in allen Verkehrssegmenten stagnierte und im Güterverkehr bei unter 2 % lag, stieg er seitdem kontinuierlich an.[439] Zwar mag es dafür neben dem jeweiligen Trassenpreissystem der DB Netz AG auch noch andere Gründe geben, aber ein Zusammenhang mit der Bemessung der Trassenpreise drängt sich geradezu auf.

1. Infrastrukturfinanzierung

Bisher kaum erörtert wurde im Zusammenhang mit den Trassenpreisen die Frage der Finanzierung der Eisenbahninfrastruktur, die jedoch entscheidenden Einfluß vor allem auf die Höhe der Trassenpreise hat. Das deutsche Eisenbahnrecht geht in § 14 Abs. 4 Satz 1 AEG davon aus, daß die Betreiber der Eisenbahninfrastruktur ihre Kosten über die Einnahmen aus den Infrastrukturbenutzungsentgelten vollständig decken und zu-

---

[438] siehe D) IV.
[439] DB AG, Wettbewerbsbericht 2004, Seite 15
DB AG, Wettbewerbsbericht 2011, Seite 17

sätzlich noch eine angemessene Rendite erzielen. Einige kleinere Betreiber von Eisenbahninfrastruktur sind tatsächlich gezwungen, ihre Kosten vollständig aus eigenen Einnahmen und damit letztlich aus den Infrastrukturbenutzungsentgelten zu decken. Für den größten deutschen Betreiber von Eisenbahninfrastruktur ist die Deckung der Kosten allein aus Trassennutzungsentgelten dagegen reine Theorie.

Der Ausbau der Eisenbahninfrastruktur wird nach den Vorschriften des BSchwAG vollständig vom Bund finanziert. Zwar ist in § 10 BSchwAG vorgesehen, daß die Eisenbahninfrastrukturunternehmen die vom Bund gewährten Finanzmittel zum Ausbau der Eisenbahninfrastruktur in Höhe der gewöhnlichen Abschreibungen wieder zurückzahlen, wenn der Ausbau der Infrastruktur im Interesse des Eisenbahninfrastrukturunternehmens liegt, aber bisher scheint dies noch nicht der Fall gewesen zu sein, da sämtliche Bundesmittel zum Ausbau der Eisenbahninfrastruktur stets als verlorene Baukostenzuschüsse gewährt wurden.[440]

Darüber hinaus erhält die DB Netz AG nach § 2 der sogenannten Leistungs- und Finanzierungsvereinbarung[441] vom Bund 2,2 Mrd. Euro jährlich für die Instandhaltung und Erneuerung ihres Netzes. Dem stehen gut 4 Mrd. Euro an Einnahmen aus Infrastrukturbenutzungsentgelten gegenüber.[442] Das heißt, selbst ohne Berücksichtigung der Mittel zum Ausbau des Schienennetzes trägt der Staat bereits jetzt etwa ein Drittel der Netzkosten unmittelbar. Hinzu kommt aber noch eine indirekte Finanzierung der Eisenbahninfrastruktur durch den Bund über die Mittel, die er den Ländern nach § 5 Abs. 1 und 2 RegG zur Finanzierung des öffentlichen Personennahverkehrs zur Verfügung stellt. Davon fließen über die Infrastrukturbenutzungsentgelte von DB Regio gut 1,9 Mrd. Euro an die DB Netz AG.[443] Weitere etwa knapp 600 Mio. Euro zahlen die Wettbewerber der DB für die Infrastrukturnutzung durch ihre Nahverkehrszüge an die DB Netz AG.[444] Von den gut 4 Mrd. Euro Einnahmen aus Infrastrukturbenutzungsentgelten der DB Netz AG stammen somit etwa 2,5 Mrd. Euro

---

[440] BRH, Bericht zur Finanzierung der Bundesschienenwege, Seite 7
[441] § 2 der Leistungs- und Finanzierungsvereinbarung zwischen der Bundesrepublik Deutschland und der DB Netz AG
[442] DB Netz AG, Geschäftsbericht 2010, Seite 36
[443] DB AG, Geschäftsbericht 2009, Seite 276
[444] KCW, Wettbewerber-Report 2010/2011, Seite 76

mittelbar aus Bundesmitteln. Damit trägt der Bund direkt und indirekt drei Viertel der Infrastrukturkosten.

Es erscheint zweifelhaft, daß dieser Finanzkreislauf - der Bund zahlt Geld an die Länder, daß diese wiederum an einen oder mehrere Aufgabenträger weiterleiten, die damit bei Eisenbahnverkehrsunternehmen Verkehrsleistungen einkaufen, die wiederum überwiegend an ein einziges Eisenbahninfrastrukturunternehmen, das sich im Eigentum des Bundes befindet, Infrastrukturbenutzungsentgelte zahlen - zu einer effizienten Mittelverwendung führt. Sinnvoller wäre es, wenn der Bund mit den genannten Haushaltsmitteln unmittelbar die Eisenbahninfrastruktur finanzieren würde und für den SPNV im Gegenzug keine Infrastrukturbenutzungsentgelte erhoben würden. Durch die Berechnung von Infrastrukturbenutzungsentgelten für den SPNV werden dessen Züge künstlich verteuert, auch wenn die tatsächlich durch eine zusätzliche Zugfahrt verursachten Kosten deutlich niedriger sind.[445] Dadurch wird es insbesondere schwierig, den SPNV auf die Abendstunden auszudehnen, in denen die Züge meist nur schwach frequentiert sind und daher nur einen geringen Deckungsbeitrag zu den von ihnen verursachten Kosten leisten können. Wird dagegen auf Infrastrukturbenutzungsentgelte für den SPNV verzichtet, kann mit gleichen Mitteleinsatz ein deutlich besseres Verkehrsangebot finanziert werden, da eine zusätzliche Zugfahrt dann wesentlich leichter ihre Kosten aus zusätzlichen Fahrgeldeinnahmen decken kann.[446] Insgesamt ließe dies eine effizientere Verwendung öffentlicher Mittel erwarten.

Besonders absurd erscheint, daß der Bund nunmehr von seinen Eisenbahnunternehmen die Zahlung einer Dividende in dreistelliger Millionenhöhe verlangt,[447] die letztlich im wesentlichen von den beiden Sparten des Konzerns stammt,[448] die den größten Teil ihrer Umsätze wiederum aus Mitteln des Bundes erzielen. Dies ist zum einen der Infrastrukturbereich, dessen Einnahmen, wie oben ausgeführt, zu mindestens drei Viertel aus Bundesmitteln stammen, zum anderen die DB Regio AG, deren

---

[445] Treber, Chancen und Risiken der Regionalisierung, Seite 30
[446] Anders, Bahn-Report, Heft 3/2012, Seite 15
[447] ERI 2011, Seite 220
[448] Böttger, Bahn-Report, Heft 3/2011, Seite 16

Umsatz ebenfalls zu etwa 60 % aus Bestellerentgelten[449] und damit letztlich ebenfalls aus Bundesmitteln stammt.

2. Festlegung und Bemessung der Trassenpreise

Die Regeln zur Bemessung der Trassenpreise müssen vor dem Hintergrund der dargestellten Finanzierung der Infrastruktur gesehen werden.

a) Festlegung der Trassenpreise

Nach dem derzeit geltenden Recht kann ein Betreiber von Eisenbahninfrastruktur seine Entgelte nach eigenem Ermessen festlegen. Zwar sind in den §§ 20 bis 24 EIBV einige Regeln für die Bemessung der Trassenpreise festgelegt, aber diese lassen den Infrastrukturbetreibern immer noch einen sehr weiten Spielraum bei der Festlegung der Trassenpreise. Insbesondere die Orientierung der Trassenpreise an den Kosten, wie sie in § 14 Abs. 4 Satz 1 AEG vorgegeben ist, erweist sich aufgrund der Kostenstruktur der Eisenbahninfrastruktur als ungeeignet zur Bemessung der Trassenpreise und insbesondere als ungeeignet zur Beurteilung der Bemessung der Trassenpreise. Wie dargelegt ist der Anteil der variablen Kosten bei Unterhalt und Betrieb der Eisenbahninfrastruktur sehr gering. Der weit überwiegende Teil der Kosten sind Gemeinkosten, deren Umlage auf einzelne Leistungen, wie ebenfalls bereits ausgeführt, immer willkürlich ist. Damit ist letztlich auch die Bemessung der Trassenpreise durch einen Infrastrukturbetreiber willkürlich und eine Überprüfung dieser Bemessung anhand der Kosten in der Praxis nicht möglich. Die einzig nachprüfbare gesetzliche Anforderung an die Gestaltung der Infrastrukturbenutzungsentgelte ist das Diskriminierungsverbot, doch auch dieses läßt sich nicht uneingeschränkt durchsetzen, wie noch zu zeigen sein wird. Der weite Spielraum, den die Infrastrukturbetreiber bei der Bemessung der Trassenpreise haben, läßt eine Menge Möglichkeiten für versteckte Diskriminierungen, insbesondere mit zunehmender Komplexität eines Trassenpreissystems.

---

[449] DB AG, Daten & Fakten 2010, Seite 16

b) Höhe der Trassenpreise

Schon die Höhe der Trassenpreise an sich kann diskriminierend wirken, wenn wie in Deutschland der größte Betreiber von Eisenbahninfrastruktur rechtlich mit den größten Anbietern von Verkehrsleistungen auf der Schiene in einem Konzern verbunden ist. Dadurch stellen die Infrastrukturbenutzungsentgelte für die Verkehrssparten des DB-Konzerns lediglich konzerninterne Buchungsposten dar, während sie für alle konzernfremden Eisenbahnverkehrsunternehmen echte Kosten darstellen. Theoretisch ist daher jedes auch noch so niedrige Infrastrukturbenutzungsentgelt diskriminierend.

Zwar ist in § 9 Abs. 1b AEG ein Verbot der Übertragung öffentlicher Gelder von einem Geschäftsbereich auf einen anderen normiert, aber dieses bezieht sich nach dem ausdrücklichen Wortlaut der Norm auf den Teil der Einnahmen der Eisenbahnunternehmen, die aus öffentlichen Geldern stammen. Diese machen zwar, wie oben dargelegt, bei den Infrastrukturgesellschaften und der für den SPNV zuständigen Sparte des DB Konzerns den überwiegenden Teil der Einnahmen dieser Teile des DB Konzerns aus, stellen aber nicht die gesamten Einnahmen dar, so daß noch ein erheblicher Spielraum für die Verschiebung von Geldern zwischen den einzelnen Teilen des Konzerns verbleibt. Aber auch ohne eine direkte Subventionierung der Verkehrssparten des DB Konzerns durch dessen Infrastrukturgesellschaften können letztere ihre Entgelte immerhin soweit anheben, daß sie den gesamten mit Eisenbahnverkehrsdienstleistungen erzielbaren Gewinn abschöpfen. Dies würde den Einstieg von Wettbewerbern in den Markt für Eisenbahnverkehrsleistungen sehr viel unattraktiver machen und damit dem erklärten Ziel der Bahnreform, Wettbewerb im Schienenverkehr zu etablieren, zuwiderlaufen.

Ein weiterer im Hinblick auf die Diskriminierung von Wettbewerbern der Verkehrssparten des DB-Konzerns problematischer Punkt sind die ständigen Erhöhungen der Infrastrukturbenutzungsentgelte durch die Infrastrukturgesellschaften des DB-Konzerns.[450] Während eine Erhöhung der Infrastrukturbenutzungsentgelte durch die DB Netz AG für die Verkehrssparten des DB-Konzerns wiederum nur einen konzerninternen Bu-

---

[450] BNetzA, Markuntersuchung Eisenbahn 2009, Seite 35

chungsposten darstellt und damit praktisch irrelevant ist, bedeutet eine solche Erhöhung für konzernfremde Eisenbahnverkehrsunternehmen eine echte Erhöhung der Kosten, die entsprechend den Gewinn mindert, sofern die Unternehmen nicht in der Lage sind, diese Kosten an ihre Kunden weiterzugeben. Im SPNV enthalten die Verträge der Eisenbahnverkehrsunternehmen mit den Aufgabenträgern in der Regel eine Klausel, die besagt, daß die Infrastrukturkosten von den Eisenbahnverkehrsunternehmen an die Aufgabenträger durchgereicht werden können. In Sachsen-Anhalt gab es jedoch eine Ausschreibung von SPNV-Leistungen, in der ausdrücklich festgelegt war, daß der Auftragnehmer, also das Eisenbahnverkehrsunternehmen einen Teil des Risikos steigender Infrastrukturbenutzungsentgelte tragen sollte.[451] Wenig überraschend hat DB Regio diese Ausschreibung gewonnen.[452] Daß die Infrastrukturbenutzungsentgelte für die Verkehrssparten des DB Konzerns keine echten Kosten darstellen und daher hier ein erhebliches Diskriminierungspotential besteht, wird auch dadurch belegt, daß DB Regio bei der Einführung der Regionalfaktoren den Aufgabenträgern anscheinend angeboten hat, diese Steigerung der Infrastrukturkosten nicht an die Aufgabenträger weiterzugeben, wenn die entsprechenden Leistungen weiterhin an DB Regio vergeben würden.[453] Daß dies die Wettbewerbsposition von DB Regio bei der Vergabe von SPNV-Leistungen nachhaltig verbessert haben dürfte, liegt auf der Hand.

Noch gravierender als im SPNV ist das Problem der Preiserhöhungen jedoch im Güterverkehr. Hier sind die Eisenbahnverkehrsunternehmen entweder gezwungen, einen entsprechenden Risikozuschlag in ihren Transportentgelten zu berücksichtigen, was aufgrund des hohen Wettbewerbsdrucks durch andere Verkehrsträger, insbesondere Straßenverkehr und Schiffahrt, nur selten am Markt durchzusetzen sein dürfte, oder aber die Unternehmen müssen versuchen, eine entsprechende Preisgleitklausel in ihre Transportverträge aufzunehmen, was aber für die verladende Wirtschaft einen unkalkulierbaren Kostenfaktor darstellen würde und sich daher ebenfalls kaum am Markt durchsetzen lassen dürfte. Im Ergebnis bleibt den Eisenbahnverkehrsunternehmen nur, das Kostenrisiko be-

---

[451] Quandt, Bahn-Report, Heft 6/2003, Seite 45
[452] Bahn-Report, Heft 4/2004, Seite 52
[453] Lux, Bahn-Report, Heft 3/2002, Seite 7

züglich der Infrastrukturbenutzungsentgelte selbst zu tragen, oder aber die Transportverträge jedes Jahr neu auszuhandeln. Demgegenüber kann die Güterverkehrssparte der Deutschen Bahn AG aus den oben dargestellten Gründen ohne weiteres längerfristige Transportverträge zu stabilen Preisen anbieten, da für sie die Infrastrukturbenutzungsentgelte keine echten Kosten darstellen und eine Erhöhung derselben für ihre Preiskalkulation daher letztlich irrelevant ist.

Völlig unklar ist auch, welche Konsequenz es hätte, wenn sich ein Eisenbahnverkehrsunternehmen auf Art. 8 Abs. 1 Satz 3 der RL 2001/14/EG beruft und geltend macht, es könne die unmittelbar durch seine Verkehrsleistung anfallenden Infrastrukturkosten tragen. Nach dem eindeutigen Wortlaut dieser Norm wäre einem solchen Unternehmen der Zugang zur Eisenbahninfrastruktur zu Entgelten in Höhe dieser Kosten zu gewähren, unabhängig von dem jeweils gültigen Trassenpreissystem. Bei strikter Anwendung des Diskriminierungsverbots müßte in der Folge allen vergleichbaren Verkehrsleistungen Zugang zur Infrastruktur zu denselben Bedingungen gewährt werden. Umgangen werden kann dieses Problem nur mit einem Trassenpreissystem, das Infrastrukturbenutzungsentgelte in Höhe eben der Kosten vorsieht, die ein Eisenbahnverkehrsunternehmen nach der oben genannten Norm mindestens für den Infrastrukturzugang bezahlen muß.

3. Komponenten der Infrastrukturbenutzungsentgelte

Drei weitere Komponenten der Infrastrukturbenutzungsentgelte können ebenfalls diskriminierend wirken, nämlich das sogenannte Anreizsystem, Knappheitszuschläge und die zur Zeit in der Diskussion befindlichen lärmbasierten Trassenpreise.

a) Anreizsystem

Wie dargelegt, schreibt § 21 Abs. 1 EIBV vor, daß die Trassenpreise so gestaltet werden müssen, daß sie sowohl für Infrastrukturbetreiber als auch für Eisenbahnverkehrsunternehmen einen Anreiz zur Reduzierung von Störungen bieten. Praktisch umgesetzt werden kann dies mit einer Bonus- oder Malusregelung, mit der Störungen oder deren Reduzierung oder Vermeidung sanktioniert werden. Um den gewünschten Effekt mit einer solchen Regelung zu erreichen, müßten die finanziellen Auswirkungen dieser Regelung größer sein als der Aufwand, welchen die Beseitigung der Ursachen für die Störungen mit sich bringen würde. Da die Infrastrukturbenutzungsentgelte schon heute nicht kostendeckend sind, scheint es ausgeschlossen, daß eine Malusregelung einen ausreichenden Anreiz für Investitionen zur Beseitigung von Mängeln an der Infrastruktur bieten kann, selbst wenn der Malus im Extremfall 100 % des Infrastrukturbenutzungsentgelts betragen würde.

Ein weiteres Problem im Zusammenhang mit einem solchen Anreizsystem ist die Klärung der Frage, wer für eine konkrete Störung verantwortlich ist. Derzeit hat nur der Infrastrukturbetreiber selbst einen vollständigen Überblick über alle auftretenden Betriebsstörungen und erfaßt auch die Ursachen der jeweiligen Störungen.[454] Damit ist der Infrastrukturbetreiber gleichzeitig Partei und Richter in dieser Frage, was eher nicht zu einer neutralen Bewertung der jeweiligen Ursachen für die auftretenden Betriebsstörungen führt. Die Erfahrungen mit der Verteilung der Verantwortung für Betriebsstörungen in Großbritannien zeigen, daß dort der Aufwand für die Umsetzung des Anreizsystems und die damit verbundene Erfassung und Bewertung von Betriebsstörungen erheblich war,[455] der Effekt des Systems im Hinblick auf die damit angestrebte Verbesserung der Betriebsqualität und insbesondere der Pünktlichkeit begrenzt war.[456] Schon aus diesem Grund erscheint ein solches Anreizsystem ungeeignet, einen positiven Einfluß auf die Betriebsqualität des Eisenbahnverkehrs auszuüben.

Gegen eine solche Anreizregelung im deutschen Eisenbahnsystem spricht auch, daß für die Gesellschaften des DB-Konzerns durch ein solches System letztlich keinerlei Anreiz erzielt werden kann, da auch irgendwelche Boni oder Mali letztlich nur konzerninterne Buchungsposten darstellen. Für die Wettbewerber der Verkehrsgesellschaften des DB-Konzerns dagegen geht es um echte Kosten bei der Frage der Verantwortung für Betriebsstörungen und die damit verbundenen finanziellen Folgen aus einem Anreizsystem. Damit wirkt auch diese Regelung letztlich dis-

---

[454] Schmitt, Bahn-Report, Heft 3/2008, Seite 78
[455] Edmonds in All Change: British Railway Privatisation, Seite 74
[456] Leathley in All Change: British Railway Privatisation, Seite 90

kriminierend, solange der größte Infrastrukturbetreiber mit den größten Eisenbahnverkehrsunternehmen des Landes in einem Konzern miteinander verbunden ist.

Noch ein weiteres Argument spricht gegen ein solches Anreizsystem, das jedoch keinen Bezug zum Netzzugang hat, dafür aber die Fahrgäste der Eisenbahn unmittelbar betrifft. Wird die Verspätung eines Zugs mit einer negativen Sanktion belegt, reduziert das die Neigung der Eisenbahnverkehrsunternehmen, auf verspätete Anschlußzüge zu warten, ganz erheblich. Dies gilt besonders, wenn der verspätete Anschlußzug von einem anderen Eisenbahnunternehmen betrieben wird als derjenige, der den Anschluß abwarten soll. Dieselben Erfahrungen wurden in Großbritannien mit dem dortigen Anreizsystem gemacht.[457]

Rechtlich ergibt sich hier allerdings das Problem, daß das EU-Recht in Art. 11 der RL 2001/14/EG ein solches Anreizsystem zwingend vorschreibt und zwar gerade dessen Umsetzung im Trassenpreissystem. Abhilfe könnte hier nur eine Änderung des EU-Rechts bringen.

b) Knappheitszuschläge

Auch die in § 21 Abs. 3 EIBV vorgesehenen Knappheitszuschläge wirken aus demselben Grund wie das Anreizsystem und andere Trassenpreiskomponenten jedenfalls solange diskriminierend, wie der größte Infrastrukturbetreiber mit den größten Eisenbahnverkehrsunternehmen in einem Konzern rechtlich miteinander verbunden ist. Auch hier gilt, daß für die zum DB-Konzern gehörenden Eisenbahnverkehrsunternehmen Knappheitszuschläge letztlich keinen wirksamen Anreiz zur Verlagerung von Verkehren auf weniger belastete Strecken bieten, da sie für diese Unternehmen keine echten Kosten darstellen.

Auf den ersten Blick erscheint die Idee sinnvoll, mittels Knappheitszuschlägen einerseits den Eisenbahnverkehrsunternehmen Anreize zur Verlagerung von Verkehren auf weniger belastete Strecken zu bieten und andererseits dem Eisenbahninfrastrukturunternehmen auf diesem Weg zu zusätzlichen Einnahmen zu verhelfen, um es in die Lage zu versetzen, seine Infrastruktur so auszubauen, daß der in Rede stehende Engpaß

---

[457] Knorr, List Forum für Wirtschafts- und Finanzpolitik, Band 28 (2002), Seite 385 - 386

beseitigt wird. Tatsächlich können aber beide Ziele mit der derzeitigen Regelung nicht erreicht werden. Neben dem oben genannten Problem des fehlenden Anreizes für die zum DB-Konzern gehörenden Eisenbahnverkehrsunternehmen kommt hinzu, daß Personenverkehre nicht ohne weiteres auf andere Strecken verlegt werden können, da ihr Zweck ja in der Regel ist, die an einer Strecke gelegenen Haltestellen zu bedienen. Zwar gibt es im Fernverkehr auf einigen Relationen Alternativstrecken, die aber meist eine deutlich längere Fahrzeit mit sich bringen, was der Wettbewerbsfähigkeit dieses Verkehrssegments gegenüber anderen Verkehrsträgern abträglich ist. Somit kann durch Knappheitszuschläge nur für die von nicht zum DB-Konzern gehörenden Eisenbahnverkehrsunternehmen betriebenen Güterzüge ein Anreiz entstehen, auf andere Strecken auszuweichen, und dies auch nur dann, wenn die gesamten Netzzugangsentgelte für die Alternativroute unter Berücksichtigung der Knappheitszuschläge niedriger sind als auf der überlasteten Strecke. Die Zahl dieser Züge dürfte so gering sein, daß das Ziel einer merklichen Entlastung einer überlasteten Strekke durch Knappheitszuschläge auf die Infrastrukturbenutzungsentgelte nicht erreicht werden kann.

Dies wird auch durch folgende Überlegung deutlich: Erfolgt aufgrund der Knappheitszuschläge tatsächlich eine merkliche Entlastung eines überlasteten Teils der Eisenbahninfrastruktur, so reduziert sich dadurch dessen Belastung. Die Voraussetzungen des § 2 Nr. 5 EIBV liegen dann nicht mehr vor, so daß keine Knappheitszuschläge für diesen Teil der Infrastruktur mehr erhoben werden dürften. Die nun wieder niedrigeren Trassenpreise dürften aber wieder eine größere Nachfrage nach Zugtrassen auf dem in Rede stehenden Infrastrukturabschnitt zur Folge haben, so daß das Spiel von vorne losgeht.

Aber auch das Ziel, den Infrastrukturbetreiber mittels zusätzlicher Einnahmen zur Beseitigung von Engpässen im Schienennetz zu veranlassen, dürfte mit der aktuellen gesetzlichen Regelung nicht erreicht werden. Zwar ist die Erhebung von Knappheitszuschlägen in § 18 Abs. 3 EIBV an die Bedingung geknüpft, daß der Infrastrukturbetreiber für den betroffenen Teil seiner Infrastruktur einen Plan zur Erhöhung der Kapazität vorlegt und auch Fortschritte bei dessen Umsetzung erzielt. Nicht festgelegt ist jedoch, wie groß diese Fortschritte sein müssen. Auch ist nicht festgelegt, daß die im Plan zur Erhöhung der Kapazität festgelegten Maßnahmen überhaupt irgendwann einmal abgeschlossen werden müssen. Schon bei Infrastrukturprojekten, welche die volle Unterstützung des Infrastrukturbetreibers haben, dauert die Umsetzung von der ersten Planung bis zur Inbetriebnahme oft Jahrzehnte. Es ist daher gut vorstellbar, daß ein Infrastrukturbetreiber seiner Verpflichtung, die Maßnahmen aus einem Plan zur Erhöhung der Infrastrukturkapazität auch tatsächlich umzusetzen, formal nachkommt, eine wirkliche Erhöhung der Infrastrukturkapazität aber auf absehbare Zeit nicht erreicht wird. So kann der Infrastrukturbetreiber faktisch unbegrenzt Knappheitszuschläge für den in Rede stehenden Teil seiner Infrastruktur erheben, denn eine Beseitigung des Engpasses hätte ja zwingend den Wegfall der Knappheitszuschläge zur Folge. Hieran hätte der Infrastrukturbetreiber nur dann ein Interesse, wenn die mit der zusätzlichen Nachfrage, die er nach Beseitigung des Engpasses befriedigen kann, verbundenen Einnahmen den Wegfall der Knappheitszuschläge überkompensieren. Da dies bei den hier in Rede stehenden langen Zeiträumen zumindest fraglich ist, dürfte stets die Abwägung zugunsten der bis zur Beseitigung des Engpasses relativ sicheren zusätzlichen Einnahmen aus den Knappheitszuschlägen attraktiver wirken, als die vage Chance auf eine mögliche zukünftige höhere Nachfrage. Aufgrund von Knappheitszuschlägen einen Ausbau der Infrastruktur zu erwarten, ist also unrealistisch.

c)   Lärmbasierte Trassenpreise

Gegen lärmbasierte Komponenten im Trassenpreissystem spricht dasselbe Argument wie gegen ein Anreizsystem: Da in einem vertikal integrierten Bahnunternehmen Infrastrukturbenutzungsentgelte keine echten Kosten für die Verkehrsbereiche des Unternehmens darstellen, kann eine lärmbasierte Trassenpreiskomponente letztlich auch keinen Anreiz zur Reduzierung des Lärms, der von den Schienenfahrzeugen herrührt, bieten.

Darüber hinaus verfügen die Unternehmen des DB-Konzerns noch in anderer Hinsicht über einen Vorteil gegenüber ihren Wettbewerbern betreffend die Reduzierung des Lärms, der durch die Schienenfahrzeuge verursacht wird. Während die nicht zum DB-Konzern gehörenden Eisen bahnverkehrsunternehmen Güterwagen, um die es bei dem Thema Eisen-bahnlärm im wesentlichen geht,[458] fast ausnahmslos mieten, verfügt die Güterverkehrssparte der Deutschen Bahn AG über eine große Zahl eigener Güterwagen.[459] Damit hat die DB unmittelbaren Einfluß auf die Investitionen in lärmreduzierende Maßnahmen an den von ihr eingesetzten Güterwagen. Ihre Wettbewerber sind dagegen darauf angewiesen, daß die Vermieter von Güterwagen entsprechend ausgerüstete Waggons anbieten. Dies wird wiederum nur dann der Fall sein, wenn dem höheren Kaufpreis leiserer Güterwagen ein entsprechend höherer Mietzins gegenübersteht, was sich am Markt nur dann durchsetzen lassen wird, wenn der für leisere Güterwagen gewährte Bonus bei den Trassenpreisen den höheren Mietzins zumindest kompensiert. Daher dürfte es für die DB deutlich einfacher als für ihre Wettbewerber sein, eine ausreichende Anzahl leiserer Güterwagen einzusetzen. Dies ist umso gravierender, als ein Bonus für leisere Züge nur dann gewährt werden dürfte, wenn sämtliche Waggons eines Zuges entsprechend ausgerüstet sind.

Hinzu kommt das bereits dargestellte Problem, leisere Züge zu erfassen und von anderen zu unterscheiden. Der damit verbundene Aufwand ist so hoch, daß mit den dafür aufzuwendenden Mitteln der größte Teil aller Güterwagen mit leiserer Technik ausgerüstet werden könnte.[460] Aus volkswirtschaftlicher Sicht wäre es also unsinnig, mit viel Aufwand ein System zur Erfassung des von Zügen verursachten Lärms aufzubauen, wenn mit demselben Aufwand dieser Lärm durch entsprechende Investitionen in die Fahrzeuge deutlich reduziert werden könnte. Statt einer lärmbasierten Trassenpreiskomponente wäre es wesentlich wirksamer zur Reduzierung des Lärms, den der Schienenverkehr verursacht, diesem Verkehrssektor entsprechende Grenzwerte für den Lärm, den Schienenfahrzeuge verursachen dürfen, gesetzlich vorzuschreiben und auf diesem Weg Investitionen in leisere Fahrzeuge zu erzwingen. Angemessene Übergangsfristen sollten dabei natürlich berücksichtigt werden.

---

[458] Kalivoda, ETR 2006, Seite 323 – 328
    Troge, ETR 2005, Seite 577 - 578
    Geßner, EI, Heft 3/2007, Seite 24 - 28
    Hierzer, ETR 2007, Seite 834 - 835
    Klocksin, EI, Heft 11/2011, Seite 6 - 8
[459] DB AG, Daten & Fakten 2010, Seite 18
[460] Hübner, ETR 2011, Seite 29 - 30

V. Eisenbahnbetrieb

Zahlreiche Diskriminierungspotentiale bestehen auch bei der Abwicklung des Eisenbahnbetriebs, insbesondere beim Zugang zu Informationen über das aktuelle Betriebsgeschehen und im Zusammenhang mit den Maßnahmen bei Betriebsstörungen.

1. Zugang zu Informationen

Ursprünglich erhielten nicht zum DB-Konzern gehörende Eisenbahnverkehrsunternehmen von der DB Netz AG überhaupt keine aktuellen Informationen über Betriebsstörungen und inwieweit Züge dieser Unternehmen davon betroffen waren.[461] Nur die Lokführer konnten über Mobilfunk die Betriebsleitung ihres Unternehmens davon in Kenntnis setzen, wenn es Abweichungen vom Fahrplan gab, sofern am Standort des Zuges Mobilfunk verfügbar war. Inzwischen gibt es zwar eine entsprechende Internetanwendung, über die alle Eisenbahnverkehrsunternehmen sich einen Überblick über das aktuelle Betriebsgeschehen verschaffen können, aber auch darüber ist weder Ursache noch Dauer einer Störung erkennbar.

Auch sonst erhalten die nicht zum DB-Konzern gehörenden Eisenbahnverkehrsunternehmen keine Informationen zu Ursache und Dauer von Betriebsstörungen, die ihre Züge betreffen. Theoretisch hätten sie zwar die Möglichkeit, bei dem jeweils zuständigen Betriebsleiter der DB Netz AG telefonisch nachzufragen, praktisch sind aber viele Telefonnummern in den Betriebsleitstellen der DB Netz AG von Anschlüssen außerhalb des DB-eigenen Telefonnetzes gar nicht erreichbar. Außerdem hat ein Betriebsleiter gerade im Störungsfall anderes zu tun als für eine ausreichende Information aller betroffenen Eisenbahnverkehrsunternehmen zu sorgen, zumal ein informiertes Eisenbahnverkehrsunternehmen auch in der Lage ist, sich an den Entscheidungen über die Maßnahmen zur Behebung der Störung zu beteiligen und auf diese Weise die Handlungsoptionen des Betriebsleiters einzuschränken. Dieser hat daher gar kein Interesse an einer umfassenden Information aller von einer Störung betroffenen Eisenbahnverkehrsunternehmen.

---

[461] Befragung von insgesamt 9 Eisenbahnverkehrsunternehmen im Jahr 2003

Demgegenüber haben alle zum DB-Konzern gehörenden Eisenbahnverkehrsunternehmen eigenes Personal in den Betriebsleitzentralen der DB Netz AG,[462] so daß sie sich unmittelbar vor Ort über das aktuelle Betriebsgeschehen umfassend informieren können, und haben damit gegenüber den konzernfremden Eisenbahnverkehrsunternehmen einen entscheidenden Informationsvorsprung.

2. Maßnahmen bei Betriebsstörungen

Wie dargestellt, gibt es eine Vielzahl von Möglichkeiten, auf Störungen im Eisenbahnbetrieb zu reagieren. Im Idealfall sollte der zuständige Betriebsleiter - außer bei Gefahr im Verzug - alle Maßnahmen mit allen betroffenen Eisenbahnverkehrsunternehmen abstimmen und insbesondere alle betroffenen Eisenbahnverkehrsunternehmen über sämtliche Maßnahmen informieren, da diese nur dann die Möglichkeit haben zu beurteilen, ob ihre Interessen dabei angemessen berücksichtigt werden.

Wie oben bereits dargestellt, ist die Information der nicht zum DB-Konzern gehörenden Eisenbahnverkehrsunternehmen bei Betriebsstörungen jedoch unzureichend. Im Gegensatz dazu können die Eisenbahnverkehrsunternehmen des DB-Konzerns sich über ihr Personal in den Betriebszentralen der DB Netz AG nicht nur umfassend über das aktuelle Betriebsgeschehen informieren, sondern über den direkten Kontakt zu den Betriebsleitern und Disponenten der DB Netz AG auch unmittelbar Einfluß auf Entscheidungen über Maßnahmen bei Betriebsstörungen nehmen. Zeitweise lag sogar die Entscheidungskompetenz über solche Maßnahmen bei den Mitarbeitern der Eisenbahnverkehrsunternehmen des DB-Konzerns, die in den Betriebszentralen der DB Netz AG tätig waren.[463] Letzteres ist zwar inzwischen nicht mehr der Fall. Die Letztentscheidungskompetenz liegt inzwischen wieder beim jeweiligen Betriebsleiter der DB Netz AG.[464] Dennoch haben die konzernzugehörigen Eisenbahnverkehrsunternehmen ihren Wettbewerbern gegenüber einen erheblich Vorteil bezüglich der Entscheidungen zur Behebung von Betriebsstörungen.

---

[462] BNetzA, Bescheid vom 25. Februar 2010, 703-07-029, Seite 2 - 3
[463] Munzert, Das Schienennetz in Deutschland nach der Bahnreform, Seite 118 - 119
[464] SNB 2011 der DB Netz AG, Seite 43

Daran wird auch der Bescheid der Bundesnetzagentur vom 25. Februar 2010 zur Besetzung der Betriebszentralen der DB Netz AG nichts ändern. Darin hat die Bundesnetzagentur als Maßstab für die Besetzung der Arbeitsplätze für Eisenbahnverkehrsunternehmen in den Betriebszentralen die Betriebsleistung in Trassenkilometer zum Maßstab gemacht.[465] 2010 hatten die konzernfremden Eisenbahnverkehrsunternehmen einen Anteil an der Betriebsleistung auf dem Netz der Deutschen Bahn AG von 19 %.[466] Dies bedeutet, daß in einer Betriebszentrale der DB Netz AG mindestens sechs Arbeitsplätze für Eisenbahnverkehrsunternehmen vorhanden sein müßten, damit nach diesem Maßstab einer auf die konzernfremden Eisenbahnverkehrsunternehmen entfallen würde. Die genannten 19 % werden aber nicht von einem einzigen Unternehmen erbracht werden, sondern von vielen verschiedenen. Selbst, wenn nur die größeren davon berücksichtigt würden, wären dies immer noch einige Dutzend Unternehmen. Damit bliebe die Frage, welches dieser Unternehmen Anspruch auf diesen einen Arbeitsplatz hätte, ungeklärt.

Sollten die nach ihrer Betriebsleistung zehn größten konzernfremden Eisenbahnverkehrsunternehmen proportional zu ihrer Betriebsleistung mit Mitarbeitern in den Betriebszentralen der DB Netz AG mit eigenem Personal vertreten sein, müßten in jeder Betriebszentrale zusammen mit den Mitarbeitern der zum DB-Konzern gehörenden Eisenbahnverkehrsunternehmen eine dreistellige Zahl von Arbeitsplätzen für Mitarbeiter von Eisenbahnverkehrsunternehmen vorgesehen werden. Dann wäre es aber unmöglich, den Zweck dieser Arbeitsplätze, nämlich die Koordination zwischen Netzbetreiber und Eisenbahnverkehrsunternehmen zu verbessern, zu erfüllen. Eine so große Zahl von Personen läßt sich nicht sinnvoll in den Entscheidungsprozeß über Maßnahmen bei Betriebsstörungen einbinden, soll der Bahnverkehr nicht völlig zum Erliegen kommen, vor allem, da diese Personen sich widersprechende Interessen vertreten würden.

Hinzu kommt, daß sämtliche Wettbewerber der Verkehrssparten des DB-Konzerns im Verhältnis zur DB sehr kleine Unternehmen sind, für die es meist wirtschaftlich unsinnig wäre, eigenes Personal in sämtliche Be-

---

[465] BNetzA, Bescheid vom 25. Februar 2010, 703-07-029, Seite 1
[466] DB AG, Wettbewerbsbericht 2011, Seite 37

triebszentralen der DB Netz AG zu entsenden, so daß der Bescheid der Bundesnetzagentur, der gerade dies durchsetzen wollte, für diese Unternehmen wertlos ist und damit ins Leere läuft. Sinnvoller erscheint hier die in Schweden[467] gewählte Lösung, keine Mitarbeiter der Eisenbahnverkehrsunternehmen in den Betriebszentralen des Infrastrukturbetreibers Banverket zuzulassen. Die Situation in Großbritannien, wo alle Eisenbahnverkehrsunternehmen Zugang zu den Betriebszentralen des Infrastrukturbetreibers Networkrail haben,[468] ist nicht vergleichbar mit derjenigen in Deutschland, da es in Großbritannien kein den Markt dominierendes Eisenbahnverkehrsunternehmen gibt. Auch die Zahl der Eisenbahnverkehrsunternehmen ist insgesamt deutlich geringer. Während in Deutschland einige hundert Eisenbahnverkehrsunternehmen zugelassen sind,[469] gibt es in Großbritannien im Schienengüterverkehr nur eine einstellige Zahl von Unternehmen und im Schienenpersonenverkehr nur eine niedrige zweistellige Anzahl von Unternehmen.[470] Daher ist es in Großbritannien sehr viel einfacher, eine beschränkte Zahl von Arbeitsplätzen in den Betriebszentralen des Netzbetreibers sinnvoll auf alle interessierten Eisenbahnverkehrsunternehmen zu verteilen.

Solange die DB Netz AG mit den Verkehrsunternehmen des DB-Konzerns in einem Unternehmen rechtlich verbunden ist, wird aber auch ein Verbot, den Mitarbeitern der Verkehrssparten des DB-Konzerns in den Betriebszentralen der DB Netz AG Arbeitsplätze zur Verfügung zu stellen, faktisch wohl nicht durchzusetzen sein, denn für einen konzernfremder Beobachter ist nicht erkennbar, zu welchem Teil des DB-Konzern ein bestimmter Mitarbeiter in einer Betriebszentrale der DB Netz AG gehört. „Informelle interne Informationsströme in einem Konzern entziehen sich weitgehend einer Kontrolle."[471] Auch dürfte die Bundesnetzagentur kaum genug Personal haben, um ein solches Verbot regelmäßig zu kontrollieren.

---

[467] BNetzA, Bescheid vom 25. Februar 2010, 703-07-029, Seite 18
[468] BNetzA, Bescheid vom 25. Februar 2010, 703-07-029, Seite 18 - 19
[469] DB AG, Wettbewerbsbericht 2010, Seite 25
[470] Knorr in Neue Entwicklungen in der Eisenbahnpolitik, Seite 153 - 154 und 157
[471] Ehlers, Rechtsgutachten, Seite 86

3. Regeln zur Abwicklung des Eisenbahnbetriebs

Wie bereits dargestellt, gibt es faktisch keine gesetzlichen Regelungen für die Abwicklung des Eisenbahnbetriebs, die den Infrastrukturbetreiber im Falle von Betriebsstörungen in seiner Entscheidungsfreiheit einschränken würden. Dies wäre dann unschädlich, wenn zu erwarten wäre, daß der Infrastrukturbetreiber grundsätzlich alle Eisenbahnverkehrsunternehmen bei der Abwicklung des Eisenbahnbetriebs gleich behandelt. Ist der Infrastrukturbetreiber jedoch mit den größten Eisenbahnverkehrsunternehmen in einem Konzern verbunden, ist eine solche Erwartung naiv und nach den Feststellungen der Bundesnetzagentur tatsächlich auch in der Praxis nicht zutreffend.[472] Auch jeder Bahnreisende, der häufiger Züge von Unternehmen, die nicht zum DB-Konzern gehören nutzt, wird selbst feststellen können, daß diese ungewöhnlich oft für eine Überholung durch Züge der Deutschen Bahn AG warten müssen, auch wenn die Züge der Wettbewerber vor der Überholung pünktlich waren, die Züge der DB hingegen verspätet.

Die von der DB Netz AG in ihren Nutzungsbedingungen festgelegten Prioritätsregeln führen dazu, daß ihre eigenen Fernverkehrszüge und auch ihre Expreßgüterzüge Vorrang vor allen anderen Zügen und damit insbesondere auch Vorrang vor den Nahverkehrs- und Güterzügen der Wettbewerber der DB haben, wenn dringende Hilfszüge, die nur sehr selten eingesetzt werden, nicht berücksichtigt werden. In der Praxis gelten diese Prioritätsregeln auch dann, wenn die Betriebsstörungen durch die bevorrechtigten Züge selbst verursacht werden, sei es aufgrund von technischen Störungen am Fahrzeug, sei es aufgrund von Verzögerungen beim Fahrgastwechsel oder bei Güterzügen wegen Problemen bei der Be- oder Entladung. Das bedeutet, daß alle anderen Eisenbahnverkehrsunternehmen auch die Folgen technischer Mängeln an Zügen der DB zu tragen haben, und zwar auch dann, wenn sie selbst alles in ihrer Macht stehende getan haben, damit ihre eigenen Züge pünktlich sind.

Abhilfe könnten hier gesetzliche Prioritätsregeln schaffen, jedenfalls bis zu einem gewissen Grad. Solche Regeln könnten auch das oben bereits kritisierte Anreizsystem ersetzen, indem zum Beispiel Züge, die techni-

---

[472] BNetzA, Bescheid vom 25. Februar 2010, 703-07-029, Seite 10

sche Probleme an den Fahrzeugen haben, nachrangig nach allen anderen Zügen bei der Betriebsabwicklung behandelt werden müssen. Dies würde für die Eisenbahnverkehrsunternehmen einen erheblichen Anreiz darstellen, ihre Fahrzeuge ausreichend zu warten, damit technische Probleme an selbigen nicht zu Betriebsstörungen führen.

Auch sonst sollten pünktliche Personenzüge in der Regel Vorrang vor verspäteten Zügen behalten, es sei denn, die Verspätung resultiert daraus, daß der Anschluß eines anderen Zugs abgewartet wurde. Eine derartige Anschlußsicherung ist stets im Interesse der Fahrgäste. Daher sollte sie dadurch gefördert werden, daß Zügen, die Aufgrund von Anschlußaufnahmen Verspätungen erleiden, Vorrang vor anderen Zügen, auch solchen, die pünktlich verkehren, haben sollten.

Die derzeit von der DB Netz AG aufgestellte Regel, daß schnelle Züge Vorrang vor langsameren Zügen haben, ist pauschal nicht sinnvoll. Insbesondere bei Betriebsstörungen, die zu einer Einschränkung der Streckenkapazität führen, ist es sinnvoller, die Geschwindigkeit der Züge möglichst aneinander anzugleichen. Langsame Güterzüge sollten daher möglichst auf Ausweichgleisen die Behebung der Störung abwarten müssen, während alle anderen Züge idealerweise mit möglichst gleicher Geschwindigkeit die Störungsstelle passieren. Auf diese Weise kann eine möglichst hohe Streckenkapazität erhalten werden.[473] Zwar erhalten gerade die schnellen Fernverkehrszüge auf diese Weise größere Verspätungen als derzeit bei Störungen, insgesamt kann der Eisenbahnverkehr aber flüssiger durch die Engstelle geführt werden und so die Gesamtverspätung aller Züge reduziert werden. Sinnvoll ist der Vorrang schneller Züge vor langsamen nur dann, wenn sich aufgrund der Betriebsstörungen die Züge vor dem gestörten Abschnitt bereits stauen. In einem solchen Fall ist es tatsächlich sinnvoller, zuerst die schnelleren Züge durch den gestörten Abschnitt zu leiten.

Selbstverständlich sind weitere Prioritätsregeln denkbar, zum Beispiel für bestimmte Zuggattungen auf bestimmten Strecken, wie dies auch heute schon der Fall ist.[474] Das entscheidende Problem bezüglich Regelungen zur Abwicklung des Eisenbahnbetriebs ist deren Kontrolle. Weder die

---

[473] Fülling, ETR 1957, Seite 90
[474] SNB 2011 der DB Netz AG, Seite 23 - 24

Bundesnetzagentur noch das Eisenbahn-Bundesamt wären in der Lage, alle Betriebszentralen der DB Netz AG mit eigenem Personal ständig vor Ort zu überwachen. Theoretisch wäre auch eine Überwachung entsprechender Regeln über eine Online-Anwendung denkbar, die aber immer noch einen erheblichen Personalaufwand erfordern würde, welcher jedenfalls derzeit ebenfalls von den Aufsichtsbehörden nicht zu leisten sein dürfte. Schließlich käme noch eine nachträgliche Überprüfung der Einhaltung von Regeln zur Betriebsabwicklung in Betracht anhand von Aufzeichnungen über alle Maßnahmen bei Betriebsstörungen. Das Problem dabei ist jedoch, daß diese Unterlagen von der DB Netz AG selbst erstellt werden. Daher erscheint es auch hinsichtlich von Regeln für die Betriebsabwicklung fraglich, ob solche sich in der Praxis durchsetzen lassen.

VI. Aufsicht, Regulierung, Rechtschutz

Abgesehen von der Tatsache, daß eine unklare oder unzureichende Rechtslage, wie sie hinsichtlich des Zugangs zur Eisenbahninfrastruktur derzeit in Deutschland anzutreffen ist, schon für sich die Durchsetzung entsprechender Zugangsrechte erheblich erschweren kann, fehlt es derzeit an einem effektiven Rechtschutz zur Durchsetzung der Zugangsrechte. Sowohl die Verfahren vor den zuständigen Aufsichts- und Regulierungsbehörden als auch die sich daran anschließenden Gerichtsverfahren genügen den Anforderungen des Eisenbahnsektors nicht.

1. Relevante Rahmenbedingungen

Die Rahmenbedingungen des Eisenbahnsektors stellen besondere Anforderungen an den Rechtschutz. Ursache hierfür ist, daß der Fahrplan jährlich neu erstellt wird. Wie in § 8 Abs. 1 Nr. 4 EIBV festgelegt, dauert das Verfahren zur Erstellung des Jahresfahrplans vier Monate. Da Anträge auf Zuweisung von Trassen im Jahresfahrplan acht Monate vor Beginn einer neuen Fahrplanperiode eingereicht werden müssen, verbleiben zwischen der Fertigstellung des Jahresfahrplans und dessen Betriebsbeginn vier Monate. Entsprechend ist in § 14e Abs. 1 Nr. 1 EIBV eine Frist von nur 10 Tagen für die Regulierungsbehörde vorgesehen, um für den Fall, daß eine Trassenanmeldung vom Infrastrukturbetreiber im Jahresfahrplan nicht berücksichtigt wird, einzuschreiten. Hierbei ist jedoch zu berücksichtigen, daß zu diesem Zeitpunkt der Jahresfahrplan bereits vollständig erstellt ist. Je nachdem, welche Trassenanmeldung nicht berücksichtigt wurde, könnte eine nachträgliche Aufnahme dieser Trasse in den Jahresfahrplan netzweite Auswirkungen haben. Dies hätte zur Folge, daß der Jahresfahrplan insgesamt noch einmal überarbeitet und gegebenenfalls das Verfahren nach § 9 EIBV wiederholt werden müßte. Hierfür ist die verbleibende Zeit bis zum Betriebsbeginn des Jahresfahrplans aber sehr knapp bemessen. Kommt es dabei erneut zu Meinungsverschiedenheiten zwischen Infrastrukturbetreiber und Regulierungsbehörde, reicht die Zeit bis zum Betriebsbeginn des Jahresfahrplans für einen dritten Durchlauf des Verfahrens nach § 9 EIBV nicht mehr aus.

Von diesen Rahmenbedingungen abgesehen können im Güterverkehr tätige Unternehmen nicht bis unmittelbar vor Aufnahme einer bestimmten Verkehrsleistung abwarten, bis sie erfahren, ob ihnen die für diese Verkehrsleistung erforderliche Infrastrukturkapazität auch zur Verfügung stehen wird. Eine solche Ungewißheit würde die verladende Wirtschaft nicht akzeptieren und im Zweifel einen entsprechenden Transportauftrag an einen anderen Verkehrsträger vergeben. Dies läßt für effektiven Rechtschutz im Verfahren zur Vergabe der Infrastrukturkapazität nur sehr wenig Zeit.

Hinzu kommt, daß die Anweisung der Regulierungsbehörde an den Infrastrukturbetreiber, eine bestimmte Trassenanmeldung im Jahresfahrplan zu berücksichtigen, für sich genommen unsinnig ist. Wird eine Trassenanmeldung vom Infrastrukturbetreiber abgelehnt, so liegt das in der Regel daran, daß die vorhandene Infrastrukturkapazität nicht für die Berücksichtigung aller Trassenanmeldungen ausreicht. Soll also eine bestimmte Trassenanmeldung entgegen der Entscheidung des Infrastrukturbetreibers doch im Jahresfahrplan berücksichtigt werden, so muß dafür eine andere Trassenanmeldung, die mit der ursprünglich abgelehnten in Konflikt stand, nunmehr abgelehnt werden. Eine Entscheidung der Regulierungsbehörde muß daher nicht nur die Aufnahme einer bestimmten Trassenanmeldung in den Jahresfahrplan anordnen, sondern gleichzeitig auch festlegen, zu Lasten welcher im Jahresfahrplan zuvor berücksichtigten Trassenanmeldung dies geschehen soll. Sind an einem Trassenkon-flikt mehrere Trassenanmeldungen beteiligt, muß die Regulierungsbehör-de faktisch einen Alternativfahrplan zu dem vom Infrastrukturbetreiber aufgestellten Fahrplan ausarbeiten. Hierfür wiederum dürfte die in § 14e Abs. 1 Nr. 1 AEG vorgesehene Frist vor dem Hintergrund, daß § 8 Abs. 1 Nr. 4 EIBV dem Infrastrukturbetreiber vier Monate zur Erstellung des Jahresfahrplans gewährt, äußerst knapp bemessen sein.

2. Behördliche Verfahren

Hinsichtlich des Rechtschutzes durch Behörden in Bezug auf den diskri-minierungsfreien Zugang zur Eisenbahninfrastruktur wirft die derzeitige Rechtslage neben Fragen betreffend das eigentliche Verfahren auch solche im Hinblick auf die Zuständigkeit auf.

a) Verfahrensfragen

Die oben aufgeführten Rahmenbedingungen wecken Zweifel daran, ob die derzeitige Ausgestaltung des Regulierungsverfahrens im Zusammen-hang mit der Zuweisung von Eisenbahninfrastrukturkapazität für den Jahresfahrplan effektiven Rechtschutz gegen Diskriminierungen bieten kann. Allenfalls bei einfachen Fragestellungen, wie zum Beispiel, wel-chem Eisenbahnverkehrsunternehmen eine bestimmte Trasse zugewiesen werden soll, wenn es hierfür mehrere Anmeldungen gibt, mag die Regu-lierungsbehörde noch innerhalb der vorgegebenen Zeit regeln können. Handelt es sich dagegen um einen komplexen Trassenkonflikt in einem stark belasteten Knotenbahnhof, von dem eine Vielzahl von Trassen be-troffen sind, dürfte die Regulierungsbehörde schon aus rein zeitlichen Gründen innerhalb der in § 14e Abs. 1 Nr. 1 AEG vorgegebenen Frist keine sinnvolle Lösung erarbeiten können. Davon abgesehen erscheint es auch fraglich, ob die Regulierungsbehörde fachlich in der Lage ist, kom-plexe eisenbahnbetriebliche Probleme im Zusammenhang mit der Erstel-lung des Netzfahrplans zu lösen.

Selbst das Eisenbahn-Bundesamt, von dem aufgrund seiner Spezialisie-rung auf den Eisenbahnsektor und der damit verbunden Mitarbeiter-struktur ein höhere Fachkompetenz in dieser Hinsicht hätte erwartet werden können, hatte nur eine einzige bekannt gewordene Entscheidung in Bezug auf die Trassenvergabe im Jahresfahrplan getroffen, die im Eilrechtschutz vor den Verwaltungsgerichten in beiden Instanzen keinen Bestand hatte.[475] Von der Bundesnetzagentur ist bisher keine einzige solche Entscheidung bekannt geworden.

Ein weiterer kritischer Punkt hinsichtlich der bisherigen Regulierungspraxis im Eisenbahnsektor ist die Verfahrensdauer. Wie dargelegt, haben die zum DB-Konzern gehörenden Eisenbahnverkehrsunternehmen spätestens seit 1998 Mitarbeiter in den Betriebszentralen der DB Netz AG,[476] aber erst Mitte 2007 leitete die Bundesnetzagentur diesbezüglich ein Verfahren gegen die DB Netz AG ein[477] und von diesem Zeitpunkt an dauerte es noch über zweieinhalb Jahre bis zum Erlaß des entsprechenden Bescheids am 25. Februar 2010. In diesem wiederum ordnete die Bundesnetzagentur eine für die praktische Lösung des Problems untaugliche Maßnahme an, wie bereits dargelegt wurde.

Die Regionalfaktoren bei den Trassenpreisen wurden bereits Ende 2002 von der DB Netz AG eingeführt. Es dauerte aber auch hier bis März 2010, also mehr als sieben Jahre, bis die Bundesnetzagentur hiergegen vorging. Von der Einführung der Regionalfaktoren durch die DB Netz AG bis zur Einleitung eines hierauf bezogenen Regulierungsverfahrens dauerte es allein fünf Jahre.[478] Selbst, wenn berücksichtigt wird, daß die Bundesnetzagentur erst seit Anfang 2006 für die Regulierung des Zugangs zur Eisenbahninfrastruktur zuständig ist, dauerte es von diesem Zeitpunkt an immer noch mehr als zwei Jahre, bis die Bundesnetzagentur das Verfahren bezüglich der Regionalfaktoren einleitete. Dann benötigte die Bundesnetzagentur von der Einleitung des Verfahrens bis zur Untersagung der Regionalfaktoren noch einmal mehr als zwei Jahre.

Die lange Verfahrensdauer gibt dem Infrastrukturbetreiber reichlich Zeit, auf absehbare Maßnahmen der Regulierungsbehörde frühzeitig zu reagieren und neue Ideen zur Diskriminierung konzernfremder Unternehmen zu entwickeln, die dann wiederum über viele Jahre hinweg angewandt werden können, bevor die Regulierungsbehörde deswegen erneut

---

[475] OVG NRW, Beschluß vom 5. Juni 2003, 20 B 113/03
[476] Munzert, Das Schienennetz in Deutschland nach der Bahnreform, Seite 118
[477] BNetzA, Bescheid vom 25. Februar 2010, 703-07-029, Seite 2
[478] BNetzA, Bescheid vom 5. März 2010, Überprüfung der Regionalfaktoren, Seite 5

ein Verfahren einleitet. Nur im Fall des 10%-igen Zuschlags für Sonder-trassen reagierte 2004 das Eisenbahn-Bundesamt vergleichsweise sehr schnell. Nachdem dieser Zuschlag Anfang 2004 für den Fahrplanwechsel am 12. Dezember 2004 von der DB Netz AG angekündigt wurde, leitete das Eisenbahn-Bundesamt noch im selben Jahr diesbezüglich ein Verfahren gegen die DB Netz AG ein, welches mit einem entsprechenden Untersagungsbescheid bereits am 23. Dezember 2004 beendet wurde.[479] Dies ist jedoch das bisher einzige Beispiel für eine effektive Regulierung des Zugangs zur Eisenbahninfrastruktur.

Da sowohl das Eisenbahn-Bundesamt als auch die Bundesnetzagentur Bundesoberbehörden und damit keine obersten Bundesbehörden sind, muß vor Erhebung einer Klage gemäß § 68 Abs. 1 Satz 1 VwGO zunächst ein Widerspruchsverfahren durchgeführt werden. Da die jeweils nächsthöhere Behörde ein Bundesministerium und damit eine oberste Bundesbehörde ist, sind beide Behörden gemäß § 73 Abs. 1 Nr. 2 VwGO selbst für die Widerspruchsverfahren gegen ihre Bescheide zuständig. Abgesehen davon, daß diese Widerspruchsverfahren schon über ein Jahr in Anspruch nehmen können und ein entsprechender Widerspruchsbescheid zumindest in Fragen der Vergabe der Infrastrukturkapazität erst nach Ablauf des betreffenden Jahresfahrplans ergeht und damit für die Beteiligten nur noch von akademischem Interesse ist, erscheint es mehr als unwahrscheinlich, daß die Behörden ihre eigenen Bescheide auf einen Widerspruch hin aufheben. Die Durchführung eines Widerspruchsverfahrens vor Klageerhebung erscheint also im Eisenbahnrecht sinnlos, weil es nur zu einer Verlängerung des Rechtschutzverfahrens führt, ohne daß für das rechtsuchende Unternehmen damit ein Zuwachs an Rechtschutz verbunden wäre.

Neben der Verfahrensdauer muß hinsichtlich der Regionalfaktoren noch ein weiterer kritischer Punkt der Regulierungspraxis der Bundesnetzagentur angeführt werden. Um einen erneuten Rechtstreit mit der DB Netz AG zu vermeiden, hat die Bundesnetzagentur dieser mit dem bereits erwähnten öffentlich-rechtlichen Vertrag die Anwendung der Regionalfaktoren noch bis Ende 2011 gestattet. Dem von der Bundesnetzagentur am 5. März 2010 erlassen Untersagungsbescheid ist eindeutig zu entneh-

---

[479] VG Köln, Beschluß vom 20. Oktober 2006, 18 K 2670/05

men, daß die Regionalfaktoren gegen das Diskriminierungsverbot in § 14 Abs. 1 Satz 1 AEG verstoßen, also rechtswidrig sind. In Kenntnis dieser Rechtswidrigkeit haben sich Bundesnetzagentur und DB Netz AG dennoch in dem bereits erwähnten öffentlich-rechtlichen Vertrag darauf geeinigt, diesen rechtswidrigen Zustand noch bis Ende 2011 aufrecht zu erhalten. Mithin ist der Vertrag nach § 59 Abs. 2 Nr. 2 VwVfG nichtig. Daß auch die DB Netz AG davon ausgeht, daß die Regionalfaktoren gegen das Diskriminierungsverbot in § 14 Abs. 1 Satz 1 AEG verstoßen, ergibt sich schon daraus, daß sie den öffentlich-rechtlichen Vertrag unterzeichnet und damit die Rechtswidrigkeit der Regionalfaktoren akzeptiert hat. Darüber hinaus ist der Vertrag aber auch nach § 59 Abs. 1 VwVfG nichtig, da er nach der Rechtsprechung des Bundesverfassungsgerichts als Vertrag zu Lasten Dritter verboten ist. Daß es sich um einen solchen Vertrag zu Lasten Dritter handelt, ergibt sich daraus, daß weder der Bund als Träger der Bundesnetzagentur noch die DB Netz AG die sich durch die Regionalfaktoren ergebenden überhöhten Trassenpreise bezahlen müssen, sondern die betroffenen Eisenbahnverkehrsunternehmen und damit indirekt die Aufgabenträger für den SPNV als Auftraggeber der Eisenbahnverkehrsunternehmen.

Nicht bekannt ist, in wievielen Fällen zunächst das Eisenbahn-Bundesamt und später die Bundesnetzagentur zu einer einvernehmlichen Lösung von Trassenkonflikten beigetragen haben. Der primäre Sinn einer Regulierungsbehörde besteht jedoch darin, daß sie im Streitfall effektiven Rechtschutz gegen Diskriminierungen bieten kann. Dies ist derzeit aus den dargestellten Gründen nicht der Fall.

Effektiver Rechtschutz könnte eine Regulierungsbehörde im Verfahren zur Erstellung des Jahresfahrplans nur dann bieten, wenn sie an diesem Verfahren von Anfang an, also präventiv beteiligt wäre. Und auch dann wäre eine effektive Regulierung nur dann gewährleistet, wenn die damit betrauten Mitarbeiter der Regulierungsbehörde entsprechend qualifiziert wären, den Prozeß der Fahrplangestaltung nachzuvollziehen und im Notfall aktiv in diesen einzugreifen. So ließen sich Diskriminierungen einzelner Eisenbahnverkehrsunternehmen bei der Erstellung des Jahresfahrplans wirkungsvoll unterbinden. Dies würde jedoch eine den Anforderungen einer solchen Regulierung genügende personelle Ausstattung der

zuständigen Behörde erfordern, die derzeit nicht gegeben ist. Ferner müßten die Mitarbeiter dieser Behörde rechtlich befugt sein, in den Prozeß der
Fahrplangestaltung jederzeit einzugreifen. Damit solche Eingriffe nicht
willkürlich erfolgen, wären wiederum entsprechend detaillierte Regelungen zur Vergabe der Infrastrukturkapazität erforderlich, wie oben bereits
gefordert.

b) Zuständigkeit

Wie aus den bisherigen Ausführungen ersichtlich, ist die Eisenbahn ein
technisch komplexes System. Entsprechend wurden sämtliche staatlichen
Aufgaben und Befugnisse gegenüber den Eisenbahnen im Rahmen der
Bahnreform auf das Eisenbahn-Bundesamt als mit entsprechender fachlicher Kompetenz ausgestatteten Behörde konzentriert. Hierzu gehörte
zunächst, wie dargelegt, auch die Regulierung des Zugangs zur Eisenbahninfrastruktur. Hieran nahmen Bundeskartellamt und Monopolkommission Anstoß und befürchteten Nachteile für die Volkswirtschaft, wenn
eine Behörde mit einer großen fachlichen Nähe zur Branche, die sie überwachen soll, auch für die Regulierung eben dieser Branche zuständig
sei.[480] Allerdings blieben beide Institutionen eine stichhaltige Begründung
für diese Befürchtung schuldig.

Dennoch hat der Gesetzgeber in Bezug auf diese Bedenken die Zuständigkeit für die Regulierung des Zugangs zur Eisenbahninfrastruktur vom
Eisenbahn-Bundesamt auf die Bundesnetzagentur verlagert. Nicht beach-
tet wurde dabei, daß letzterer schlicht die fachliche Kompetenz zur sach-
gerechten Beurteilung der komplexen technischen und betrieblichen Aspekte des Zugangs zur Eisenbahninfrastruktur fehlt. Darüber hinaus ist
die Zuständigkeit für die rechtlichen und technischen Netzzugangskriterien beim Eisenbahn-Bundesamt verblieben. So kommt es zwangsläufig
zu Überschneidungen zwischen den Zuständigkeiten beider Behörden.

Sowohl aufgrund der für eine effektive Regulierung des Eisenbahnsektors
notwendigen Fachkenntnis als auch zur Vermeidung sich überschneiden-
der Kompetenzen bei verschiedenen Behörden erscheint es sinnvoll,
sämtliche öffentlich-rechtlichen Aufgaben den Eisenbahnsektor betref-

---

480 Monopolkommission, Bundestags-Drucksache 14/9903, Seite 401
   BKartA, Bundestags-Drucksache 15/1226, Seite 40

fend einschließlich der Regulierung bei einer einzigen Behörde zu konzentrieren, wie dies ursprünglich im Rahmen der Bahnreform vorgesehen und mit der Gründung des Eisenbahn-Bundesamts umgesetzt war.

3. Gerichtlicher Rechtschutz

Beim gerichtlichen Rechtschutz betreffend den Zugang zur Eisenbahninfrastruktur sind die Probleme dieselben wie beim behördlichen Rechtschutz. Sie betreffen die Zuständigkeit, die fachliche Kompetenz der Gerichte und die Verfahrensdauer.

a) Zuständigkeit

Wie dargestellt besteht zur Zeit eine Doppelzuständigkeit der ordentlichen Gerichte und der Verwaltungsgerichte. Dies ist aus mehreren Gründen unbefriedigend. Die Gefahr sich widersprechender Entscheidungen ist dabei noch das geringste Problem. Bisher haben sich nur einmal ein Zivilgericht, nämlich das OLG Düsseldorf[481] und ein Verwaltungsgericht, nämlich das OVG NRW[482] mit derselben Rechtsfrage befaßt. Es ging in beiden Verfahren um die rechtliche Bewertung des von der DB Netz AG im Jahr 2004 eingeführten Aufschlags auf die Trassenpreise für sogenannte Sondertrassen. Hier kamen beide Gerichte zum selben Ergebnis und stuften diesen Aufschlag auf die Trassenpreise als mit dem Diskriminierungsverbot aus § 14 Abs. 1 Satz 1 AEG unvereinbar ein.

Gravierender ist das Problem, daß ein Eisenbahnverkehrsunternehmen in einem verwaltungsgerichtlichen Verfahren keinen vollstreckbaren Titel gegen einen Infrastrukturbetreiber erhalten kann. Die Eisenbahnverkehrsunternehmen werden zwar regelmäßig gemäß § 65 Abs. 2 VwGO zu Verfahren, die ihren Anspruch auf Netzzugang betreffen, beigeladen. Sie können aber ein Urteil, das in einem solchen Verfahren ergeht, nicht selbst vollstrecken, sofern der Infrastrukturbetreiber dem Urteilstenor nicht freiwillig Folge leistet, sondern sind darauf angewiesen, daß die Regulierungs- oder Aufsichtsbehörde entsprechend tätig wird. Sind die Trassenpreise Gegenstand eines solchen verwaltungsgerichtlichen Ver-

---

481 OLG Düsseldorf, Urteil vom 7. Februar 2007, VI-U (Kart) 3/06
482 OVG NRW, Urteil vom 31. August 2007, 13 A 108/07

fahrens und kommt das Gericht zu dem Schluß, daß der Infrastrukturbe-treiber Trassenpreise ganz oder zum Teil zu Unrecht in Rechnung gestellt hat, muß ein betroffenes Eisenbahnverkehrsunternehmen anschließend noch einen Rechtsstreit vor den ordentlichen Gerichten führen, falls der Infrastrukturbetreiber zuviel gezahlte Infrastrukturbenutzungsentgelte nicht freiwillig zurückzahlt. Und bisher ist jedenfalls kein Fall bekannt geworden, in dem die DB Netz AG freiwillig Infrastrukturbenutzungsent-gelte an ein nicht zum DB-Konzern gehörendes Eisenbahnverkehrsunter-nehmen zurückgezahlt hätte.

Sinnvoller wäre es, die Zuständigkeit für eisenbahnrechtliche Fragen bei einer Gerichtsbarkeit zu konzentrieren. Da es sich letztlich immer um Streitigkeiten zwischen juristischen Personen des Zivilrechts handelt, erscheint eine alleinige Zuständigkeit der Zivilgerichte naheliegend. Daß dies problemlos umzusetzen wäre, zeigen die Regelungen im Kartell- und Vergaberecht, die den Rechtsweg zu den Zivilgerichten nach Ab-schluß des behördlichen Verfahrens vorsehen (§§ 63 Abs. 4, 116 Abs. 3 GWB). Auf diese Weise ließe sich der Rechtsweg in vielen Fällen für die Eisenbahnverkehrsunternehmen verkürzen.

Ein anderes Problem, das bei den gerichtlichen Verfahren noch gravieren-der als bei den behördlichen ist, stellen die fehlenden Fachkenntnisse in Bezug auf Technik und Betrieb der Eisenbahn bei den Richtern sowohl der Zivil- als auch der Verwaltungsgerichte dar. Die dort tätigen Juristen verfügen über keinerlei technische oder betriebliche Kenntnisse bezüglich des Eisenbahnsystems. Damit sind sie in fast allen Verfahren auf die Unterstützung durch Sachverständige angewiesen. Gerade in Verfahren, deren Gegenstand Entscheidungen des Eisenbahn-Bundesamtes sind, führt dies zu einem anderen, im Hinblick auf die durch Art. 19 Abs. 4 GG garantierte wirksame gerichtliche Kontrolle von Verwaltungsentschei-dungen[483] bedenklichen Problem. Praktisch alle im Eisenbahnwesen in Deutschland tätigen Sachverständigen sind auf eine Zusammenarbeit mit dem Eisenbahn-Bundesamt angewiesen, da sie ganz überwiegend Gut-achten für Verwaltungsverfahren beim Eisenbahn-Bundesamt, meist be-züglich der Zulassung von Schienenfahrzeugen oder Infrastrukturele-menten erstellen. Entsprechend führt das Eisenbahn-Bundesamt eine

---

[483] Jarrass, GG, Art. 19, Rdnr. 51

Liste der für solche Gutachten zugelassenen Sachverständigen, die auf der Internetseite der Behörde abrufbar ist. Nur durch Gerichtsgutachten kann ein Sachverständiger im Eisenbahnwesen aufgrund der geringen Zahl an Verfahren seine wirtschaftliche Existenz nicht sichern. Dies führt dazu, daß es für ein gerichtliches Verfahren gegen eine Entscheidung des Eisenbahn-Bundesamtes sehr schwer, wenn nicht gar unmöglich ist, einen wirklich unabhängigen Sachverständigen zu finden. Steht ein solcher aber nicht zur Verfügung, ist eine fachliche Überprüfung einer Entscheidung des Eisenbahn-Bundesamtes durch die Verwaltungsgerichte nicht möglich und damit der von Art. 19 Abs. 4 GG garantierte Rechtschutz faktisch ausgeschlossen.

Selbst wenn es gelingt, in einem solchen verwaltungsgerichtlichen Verfahren einen tatsächlich unabhängigen Sachverständigen zu finden, erscheint es zweifelhaft, ob die Richter aufgrund der fehlenden fachlichen Qualifikation in der Lage sind, die Ausführungen des Sachverständigen fachlich richtig zu bewerten. Damit wird die Entscheidung in einem solchen Verfahren nicht durch den Spruchkörper des Gerichts, sondern letztlich durch den Sachverständigen gefällt. Auch dadurch wird eine tatsächliche wirksame gerichtliche Kontrolle, die Art. 19 Abs. 4 GG garantieren soll, verhindert.

Die verfassungsrechtlich notwendige Konsequenz aus diesem Zustand wäre es, für die Eisenbahnbranche ein Gericht zu schaffen, das selbst über die notwendige fachliche Kompetenz verfügt, bei dem also die Spruchkörper ähnlich wie beim Bundespatentgericht überwiegend mit technisch ausgebildeten Richtern besetzt sind, die ohne Hilfe von Sachverständigen in der Lage sind, die fachlichen Fragen, die in eisenbahnrechtlichen Gerichtsverfahren aufgeworfen werden, zu beurteilen. Neben der Schaffung einer eigenen Gerichtsbarkeit wie im Fall des Bundespatentgerichts, kommt auch die Einrichtung entsprechender Spruchkörper bei einem oder mehreren Zivilgerichten in Betracht.

b) Verfahren

Neben der Frage der Zuständigkeit und der fachlichen Kompetenz stellt die Dauer der Gerichtsverfahren ein ganz entscheidendes Problem, nicht nur im Eisenbahnsektor, aber dort ganz besonders dar.

In verwaltungsgerichtlichen Verfahren kann es schon mehrere Monate bis zu einer zweitinstanzlichen Entscheidung im "Eilrechtschutz" dauern,[484] teilweise über ein Jahr.[485] In Fragen des Netzzugangs hat die streitgegenständliche Fahrplanperiode bis zu einer solchen Entscheidung längst begonnen. Die dargestellten knappen Zeiträume für die Rechtschutzverfahren harmonieren hier nicht mit der gerichtlichen Verfahrensdauer. Das gilt erst recht für ein verwaltungsgerichtliches Hauptsacheverfahren, für das in Eisenbahnsachen mindestens zwei Jahre allein für die erste Instanz anzusetzen sind.[486] In Fragen des Netzzugangs ist die streitgegenständliche Fahrplanperiode bis dahin längst abgelaufen und das Ergebnis eines solchen Rechtstreits für die Beteiligten allenfalls noch von akademischen Interesse. Dies gilt erst recht für eine obergerichtliche oder gar eine Revisionsentscheidung. In der Konsequenz bedeutet dies, daß es derzeit faktisch keinen verwaltungsgerichtlichen Rechtschutz gegen Entscheidungen der Bundesnetzagentur in Fragen des Netzzugangs gibt. Bisher wurde auch noch kein verwaltungsgerichtliches Hauptsacheverfahren bezüglich der Vergabe der Eisenbahninfrastrukturkapazität durchgeführt.

Auch in Fragen, die nicht direkt mit der Vergabe der Eisenbahninfrastrukturkapazität zu tun haben, wurden verwaltungsgerichtliche Hauptsacheverfahren bisher nur von der DB AG und ihren Konzernunternehmen gegen die Aufsichts- und Regulierungsbehörde geführt, was nicht einer gewissen Ironie entbehrt. Ein Eisenbahnunternehmen, das zu 100 % der Bundesrepublik Deutschland gehört, führt zahlreiche verwaltungsgerichtliche Verfahren gegen eben diese Bundesrepublik Deutschland. Dies kann allenfalls zu einer einseitigen, die Interessen der nicht zum DB-Konzern gehörenden Eisenbahnunternehmen außer Acht lassenden Rechtsfortbildung führen und dient nicht unbedingt der Stärkung des Wettbewerbs im Eisenbahnsektor, die doch eigentlich ein entscheidendes Ziel der Bahnreform sein sollte.[487] Vielmehr ist zu erwarten, daß auf diese Weise vor allem die Interessen des staatlichen DB-Konzerns in die Rechtsfortbildung einfließen werden und so die Etablierung eines wirkungsvollen Wettbewerbs im Schienenverkehr langfristig behindert wird.

---

484 OVG NRW, Beschluß vom 25. August 2000, 20 B 959/00
   OVG NRW, Beschluß vom 5. Juni 2003, 20 B 113/03
485 OVG NRW, Beschluß vom 16. Februar 2006, 20 B 758/05
486 VG Köln, Urteil vom 21. August 2009, 18 K 2722/07
487 Bundestags-Drucksache 12/4609 (neu), Seite 33

Bezüglich des Rechtschutzes gegen Entscheidungen des Eisenbahn-Bundesamtes, zum Beispiel in Fragen der Netzzugangskriterien oder der Fahrzeugzulassung, sieht es nicht besser aus. Ein Eilrechtschutz gegen Entscheidungen des Eisenbahn-Bundesamtes in Fragen des technischen Netzzugangs oder der Fahrzeugzulassung ist faktisch ausgeschlossen, da sich ein Verwaltungsgericht in einer Eilentscheidung nicht gegen das Eisenbahn-Bundesamt stellen wird, wenn dies seine Entscheidung mit der Gewährleistung der Sicherheit des Eisenbahnverkehrs begründet. Hinsichtlich eines möglichen Hauptsacheverfahrens steht die lange Verfahrensdauer vor den Verwaltungsgerichten einem effektiven Rechtschutz entgegen. Anfang 2010 hat die Verzögerung der Zulassung eines bestimmten Fahrzeugtyps nur um drei Monate schon Schäden in siebenstelliger Höhe bei den betroffenen Eisenbahnverkehrsunternehmen verursacht. Mit Ausnahme des staatseigenen DB-Konzerns kann es sich kein Unternehmen der Eisenbahnbranche wirtschaftlich leisten, in Fragen der technischen Netzzugangskriterien oder der Fahrzeugzulassung einen mehrjährigen Rechtstreit vor den Verwaltungsgerichten zu führen. Damit gibt es faktisch auch gegen entsprechende Entscheidungen des Eisenbahn-Bundesamtes keinen gerichtlichen Rechtschutz, was im Hinblick auf die Garantie des Art. 19 Abs. 4 GG verfassungsrechtlich bedenklich ist, denn eine Verweigerung des durch diese Norm garantierten effektiven Rechtschutzes liegt auch dann vor, wenn dieser nicht in angemessener Zeit zu erreichen ist. Bis zu einem gewissen Grad könnte hier das bereits vorgeschlagene Gremium zur Festlegung der technischen Netzzugangskriterien Abhilfe schaffen, da es den Entscheidungsspielraum des Eisenbahn-Bundesamtes einschränken würde. Darüber hinaus wäre eine grundlegende Änderung des gerichtlichen Rechtschutzes im Eisenbahnrecht erforderlich, um einen schnellen und damit effektiven Rechtschutz zu gewährleisten. Einen entscheidenden Beitrag hierzu könnte die Besetzung der zuständigen Spruchkörper mit technisch ausgebildeten Richtern leisten, da dies zumindest zeitaufwendige Sachverständigengutachten entbehrlich machen würde.

Der derzeit von den Zivilgerichten gewährte Rechtschutz ist nur unwesentlich besser als derjenige, den die Verwaltungsgerichte bieten. Zwar beträgt bei den Zivilgerichten die durchschnittliche Verfahrensdauer in eisenbahnrechtlichen Angelegenheiten nur etwa die Hälfte dessen, was die Verwaltungsgerichte an Zeit benötigen, aber für zwei Instanzen ist damit immer noch von einer Verfahrensdauer von mindestens zwei Jahren auszugehen, was für die Bedürfnisse der Branche noch immer deutlich zu lang ist. Auch hier könnte eine Stärkung der fachlichen Kompetenz der Gerichte zu einer Reduzierung der Verfahrensdauer führen. Letztlich ist aber für einen schnellen und damit effektiven Rechtschutz generell eine ausreichende Personalausstattung der jeweils zuständigen Gerichte erforderlich. Eine fachliche Aufwertung der Gerichte allein trägt jedenfalls dann nicht zu einem effektiven Rechtschutz bei, wenn die entsprechenden Spruchkörper wegen Arbeitsüberlastung keine zügige Durchführung der Gerichtsverfahren gewährleisten können.

Das neue Gesetz gegen überlange Gerichtsverfahren wird hier kaum Abhilfe schaffen können, da es nur einen Entschädigungsanspruch der betroffenen vorsieht, aber keine Möglichkeiten bietet, die Verfahren tatsächlich zu beschleunigen.

VII. Organisation der Eisenbahninfrastruktur

Viele der dargestellten Probleme werfen die Frage nach der Organisation der Eisenbahninfrastruktur auf und zwar einerseits in Bezug auf das Verhältnis des Staates zur Eisenbahninfrastruktur und andererseits in Bezug auf das Verhältnis zwischen Eisenbahninfrastrukturunternehmen und Eisenbahnverkehrsunternehmen.

1. Verhältnis des Staates zur Eisenbahninfrastruktur

In Art. 4 Abs. 1 der RL 91/440/EWG ist festgelegt, daß Eisenbahnunternehmen von der Staatsverwaltung und dem Staatshaushalt unabhängig organisiert sein müssen. Dies gilt auch für die Infrastrukturbetreiber. Das Problem dabei ist, daß es zur Zeit in Europa keinen größeren Infrastrukturbetreiber gibt, der seine Kosten allein aus der Vermarktung seiner Infrastruktur decken kann. Alle großen Infrastrukturbetreiber sind zur Deckung des ganz überwiegenden Teils ihrer Kosten auf direkte oder indirekte finanzielle Zuwendungen des Staates angewiesen. Auch die RL 91/440/EWG geht davon aus, daß die Infrastrukturbetreiber staatliche

Finanzmittel zur Deckung ihrer Kosten erhalten. Dies ergibt sich aus Art. 7 Abs. 3 und 4 der RL 91/440/EWG sowie aus Art. 6 Abs. 1 Satz 1 der RL 2001/14/EG. Anscheinend hat der europäische Normgeber den darin liegenden Widerspruch übersehen. Solange die Infrastrukturbetreiber, wie für die DB Netz AG oben dargelegt, ganz überwiegend von staatlichen Finanzmitteln abhängig sind, um ihren Betrieb aufrecht zu erhalten, ist eine wie auch immer organisatorisch ausgestaltete Unabhängigkeit eines Infrastrukturbetreibers nur eine juristische Formalität ohne reale Auswirkungen.

Bezüglich des Straßennetzes stellt niemand in Frage, daß es sich bei dessen Bau und Unterhalt um eine Aufgabe der öffentlichen Daseinsvorsorge handelt. Es ist nicht ersichtlich, wieso dies bezüglich der Eisenbahninfrastruktur anders sein soll. Entsprechend hatten gegen Ende des 19. Jahrhunderts alle deutschen Bundesstaaten die Eisenbahnen auf ihrem Gebiet fast vollständig verstaatlicht.[488] Es hatte sich gezeigt, daß private Eisenbahnunternehmen zwar großes Interesse am Bau stark nachgefragter Hauptstrecken hatten, der Aufbau eines flächendeckenden Netzes zur Erschließung des ganzes Landes aber nur mit staatlichen Mitteln möglich war.[489] Nach dem zweiten Weltkrieg hat die Eisenbahn ihre vorherrschende Stellung unter den Landverkehrsmitteln verloren. Daher ist es nun erst recht, von einigen wenigen Ausnahmen abgesehen, ausgeschlossen, eine Eisenbahninfrastruktur auch nur annähernd kostendeckend zu betreiben. Wird akzeptiert, daß Bau und Unterhalt des Schienennetzes eine Aufgabe der staatlichen Daseinsvorsorge ist, ist es nur konsequent, dies als Teil der staatlichen Verwaltung zu sehen.

Nun ist seit der Bahnreform in Art. 87e Abs. 3 Satz 1 GG festgelegt, daß die Eisenbahnunternehmen des Bundes als Wirtschaftsunternehmen in privat-rechtlicher Form zu führen sind. Dies gilt auch für Eisenbahninfrastrukturunternehmen des Bundes. Ohne eine Änderung dieser Norm ist eine Wiedereingliederung der Eisenbahninfrastruktur in die Staatsverwaltung nicht möglich. Allerdings wäre es möglich, die Eisenbahninfrastruktur in einer gGmbH oder auch als normale GmbH zu organisieren. Dies würde einen stärkeren Einfluß des Eigentümers auf die Geschäfts-

---

[488] Maedel, Weite Welt des Schienenstrangs, Seite 32 - 34
[489] Klee, Preußische Eisenbahngeschichte, Seite 165

führung des Unternehmens erlauben als bei der derzeitigen Organisation als Aktiengesellschaft. Dennoch würde eine solche Organisation der Eisenbahninfrastruktur den europarechtlichen Vorgaben des Art. 4 Abs. 1 der RL 91/440/EWG entsprechen.

In Art. 87e Abs. 3 Satz 3 GG ist festgelegt, daß die Eisenbahninfrastrukturunternehmen des Bundes mehrheitlich im Eigentum des Bundes verbleiben müssen. Im Umkehrschluß bedeutet dies jedoch, daß eine Teilprivatisierung zulässig wäre. Eine solche wurde ja auch bis 2008 von der Bundesregierung und der Konzernleitung des DB-Konzern vorangetrieben, bevor diese Pläne auf massiven Druck der Bundesländer schließlich fallen gelassen wurden.[490] Da ein privater Investor jedoch nur dann Anteile an einem Eisenbahninfrastrukturunternehmen erwerben würde, wenn er eine Rendite aus diesem Investment erwarten könnte, müßte der Staat als Verkäufer der Anteile an dem Unternehmen eine solche Rendite garantieren. Da das Infrastrukturunternehmen schon seine Kosten nicht aus der Vermarktung seiner Infrastruktur erwirtschaften kann, geschweige denn hieraus eine Rendite erzielen kann, müßte die Rendite des Investors letztlich aus Steuergeldern bezahlt werden. Wenn es um die Kaptialbeschaffung für Bau und Unterhalt des Schienennetzes gehen sollte, stehen dem deutschen Staat zumindest derzeit als Kreditnehmer konkurrenzlos günstige Konditionen am Kapitalmarkt zur Verfügung, so daß von einem privaten Investor diesbezüglich keine Vorteile zu erwarten sind.

Auch die Erfahrungen aus anderen Ländern mit der Privatisierung von Eisenbahninfrastrukturunternehmen stellen nicht unbedingt eine Empfehlung zur Nachahmung dar. Als negative Beispiele sind hier Großbritannien, Estland und Neuseeland zu nennen. In allen drei Ländern hatte die Privatisierung der Eisenbahninfrastrukturunternehmen dieselben Auswirkungen. Unter dem Renditedruck der privaten Eigentümer wurde die Instandhaltung des Schienennetzes vernachlässigt, bis der Schienenverkehr schließlich massiv unter dem schlechten Infrastrukturzustand litt und es teilweise sogar zu Unfällen aufgrund des schlechten Infrastrukturzustands kam.[491] Eisenbahninfrastruktur hat eine sehr lange Nutzungsdauer, die bei einigen Anlagenteilen, wie Brücken, Tunnel oder anderen

---

[490] Eggers, Bahn-Report, Heft 6/2007, Seite 10 - 11
[491] Böttger in Die Zukunft der Bahn, Seite 120 - 122, 130 - 131 und 138 - 139

Ingenieurbauwerken über 100 Jahre betragen kann.[492] Dies harmoniert schlecht mit der Gewinnerzielungsabsicht eines am Kapitalmarkt orientierten privaten Investors, dessen Planungshorizont nur wenige Jahre beträgt. In den genannten Ländern war die Konsequenz, daß die Eisenbahninfrastruktur schließlich wieder in Staatseigentum überführt wurde,[493] in Großbritannien erst nach der Insolvenz des privaten Infrastrukturbetreibers.[494]

Ein Eisenbahninfrastrukturbetreiber im Staatseigentum bietet noch weitere Vorteile. Die Trassenpreise können vom Staat festgesetzt und an den verkehrspolitischen Zielen orientiert werden, ohne daß dies zu einem Konflikt mit den Rechten des Infrastrukturbetreibers führen könnte. So war ein erklärtes Ziel der Bahnreform, mehr Verkehr auf die Schiene zu bringen.[495] Dennoch hat Deutschland im europäischen Vergleich derzeit relativ hohe Trassenpreise.[496] Diese machen in allen Bereichen des Schienenverkehrs den größten Kostenfaktor aus, teilweise über die Hälfte der für eine Zugfahrt anfallenden Gesamtkosten.[497] Niedrigere Trassenpreise würden in allen Bereichen des Eisenbahnverkehrs zu einer wachsenden Nachfrage nach Verkehrsleistungen führen. Für den SPNV wurde das oben bereits dargelegt. Aber auch im Personenfernverkehr[498] und vor allem im besonders preissensiblen Güterverkehr würden niedrigere Trassenpreise zu einen erheblichen größeren Spielraum bei der Kalkulation der Transportpreise führen und so das Potential für eine deutliche Senkung dieser Preise und damit eine Steigerung der Nachfrage nach Schienenverkehrsleistungen führen, wie dies zumindest offiziell mit der Bahnreform angestrebt wurde.

Da der Staat die Eisenbahninfrastruktur ohnehin, wie gezeigt, zum ganz überwiegenden Teil aus Steuergeldern finanziert, sollte er sowohl Eigentümer dieser Infrastruktur sein und bleiben, als auch eine größere Kontrolle über dieses Eigentum ausüben. So ließe sich zum Beispiel auch vermeiden, daß ein im Eigentum des Bundes stehendes Unternehmen zahl-

[492] Simandl, ETR, Heft 12/2011, Seite 75 - 76
[493] Böttger in Die Zukunft der Bahn, Seite 130 - 131 und 138 - 139
[494] Schüffelgen, Der Nahverkehr, Heft 11/2007, Seite 44
[495] Bundestags-Drucksache 12/4609 (neu), Seite 1
[496] Kirchner, Liberalisierungsindex Bahn 2011, Seite 63 - 64 und 107
[497] KCW, Wettbewerber-Report 2008/2009, Seite 121
[498] Bodack, InterRegio, Seite 118 - 119

reiche Gerichtsverfahren gegen seinen Eigentümer um die Auslegung des Eisenbahnrechts führt. Das gegen Staatsunternehmen häufig angeführte und auch im Rahmen der Bahnreform vorgebrachte Argument, diese seien ineffizient,[499] wird aus der Tatsache gefolgert, daß dies auf zahlreiche Staatsunternehmen zutrifft. Daraus folgt aber einerseits nicht zwingend, daß dies für alle Staatsunternehmen gilt und andererseits läßt es nicht den Rückschluß zu, die Ineffizienz beruhe gerade auf dem Staatseigentum. Eine effiziente Unternehmensstruktur hängt nicht in erster Linie von der Art des Eigentümers ab, sondern von der inneren Organisation des Unternehmens. Zwar mögen die Renditeerwartungen privater Eigentümer einen größeren Effizienzdruck auf ein Unternehmen ausüben, als dies ein Staat als Eigentümer gemeinhin tut, aber gerade ein solcher von privaten Eigentümern ausgeübte Effizienzdruck kann im Bereich der Eisenbahninfrastruktur fatale Folgen haben, wie die genannten Beispiele aus Großbritannien, Estland und Neuseeland belegen. Interessanterweise wurde in Preußen Ende des 19. Jahrhunderts die Verstaatlichung der ursprünglich privaten Eisenbahngesellschaften unter anderem damit begründet, daß die privaten Eisenbahnen zu ineffizient arbeiten würden und dadurch die Verkehrsbedürfnisse der Wirtschaft nur unzureichend befriedigt würden.[500] Und tatsächlich erwies sich die Preußische Staatsbahn als effizienter bezüglich der Abwicklung des Eisenbahnbetriebs als ihre privaten Vorgängergesellschaften.[501]

2.   Verhältnis zwischen Infrastruktur und Verkehrsunternehmen

Abschließend ist noch die Frage des rechtlichen Verhältnisses zwischen Infrastrukturbetreibern und Eisenbahnverkehrsunternehmen zu klären. Derzeit sind in Deutschland der mit Abstand größte Betreiber von Eisenbahninfrastruktur, die DB Netz AG, die knapp 90 % des deutschen Schie-

---

[499] Laaser, Wettbewerb im Verkehrswesen, Seite 21 - 38
    Soldner, Liberalisierung des Eisenbahnwesens, Seite 109
    Friedrich-Ebert-Stiftung, Die deutschten Eisenbahnen vor einem Neubeginn, Seite 20
    Dürr, Bahnreform, Seite 4 – 8
    Aberle, Transportwirtschaft, Seite 138 - 140
[500] Klee, Preußische Eisenbahngeschichte, Seite 162
[501] Klee, Preußische Eisenbahngeschichte, Seite 179 – 181
    Lehmann, Eisenbahnen in Preußen, Seite 52 - 57

nennetzes betreibt,[502] und die mit Abstand größten Eisenbahnverkehrsunternehmen sowohl im Personen- wie auch im Güterverkehr unter der
Holding der DB AG in einem Konzern zusammengeschlossen.

Diese rechtliche Organisation des Eisenbahnsektors ist im Hinblick auf
Art. 4 Abs. 4, 14 Abs. 2 RL 2001/14/EG bedenklich, da die DB Netz AG
sowohl die Höhe der Infrastrukturbenutzungsentgelte selbst festsetzt als
auch die Infrastrukturkapazität selbst an die Eisenbahnverkehrsunternehmen vergibt, dennoch aber nicht rechtlich unabhängig von den Eisenbahnverkehrsunternehmen des DB-Konzerns ist. Dem steht weder die
Ansicht der Bundesregierung, die aktuelle rechtliche Ausgestaltung des
DB-Konzerns sei europarechtskonform,[503] noch das Urteil des EuGH[504]
zur Struktur des DB-Konzerns entgegen.

Die EU-Kommission hatte gegen Deutschland ein Vertragsverletzungs-
verfahren eingeleitet, weil die Organisation der DB Netz AG als Tochter-
gesellschaft im DB-Konzern gegen die Art. 6 Abs. 3 RL 91/440/EWG und
4 Abs. 2, 14 Abs. 2 RL 2001/14/EG verstieße. Insbesondere sei die DB
Netz AG nicht ausreichend unabhängig von der DB-Holding und den
Verkehrsgesellschaften des DB-Konzerns. Insbesondere genügten die
Vorgaben in § 9a AEG und § 1 Abs. 3 des Beherrschungs- und Gewinn-
abführungsvertrags zwischen der DB AG und der DB Netz AG nicht den
europarechtlichen Anforderungen.[505] Hiergegen wand die Bundesrepublik Deutschland ein, eine völlige wirtschafliche Trennung zwischen
Infrastrukturbetreiber und Eisenbahnverkehrsunternehmen sei in den genannten Vorschriften des Europarechts nicht gefordert.[506] In den Ent-
scheidungsgründen setzt sich der EuGH nicht mit der Frage auseinander,
welchen Grad der Trennung zwischen Infrastrukturbetreiber und Eisenbahnverkehrsunternehmen die genannten Vorschriften des Europarechts
verlangen. Vielmehr stellt der EuGH in dem Urteil fest, daß es Sache der
EU-Kommission sei, die Vertragsverletzung nachzuweisen. Sie habe es
versäumt darzulegen, inwiefern die DB Netz AG nicht hinreichend unabhängig von der Muttergesellschaft sei.[507] Letztlich hat der EuGH also eine

---

[502] VDV, VDV-Statistik 2010, Seite 45
[503] Bahn-Beirat, Fortführung der Bahnreform, Seite 84 - 85
[504] EuGH, Urteil vom 28. Februar 2013, C-556/10
[505] EuGH, Urteil vom 28. Februar 2013, C-556/10, Rdnr. 30 - 45
[506] EuGH, Urteil vom 28. Februar 2013, C-556/10, Rdnr. 46
[507] EuGH, Urteil vom 28. Februar 2013, C-556/10, Rdnr. 66 - 70

reine Beweislastentscheidung gefällt. Die EU-Kommission hätte sich nicht darauf beschränken dürfen, die rechtlichen Regelungen in Deutschland zu beanstanden, welche der EuGH für sich betrachtet jedenfalls für ausreichend hält, sondern hätte deren Handhabung in der Praxis überprüfen müssen.[508] Hier hätte insbesondere die gemeinsame Nutzung der Betriebszentralen der DB Netz AG durch alle Konzergesellschaften,[509] sowie die Besetzung eines Vorstandsposten in der DB AG und der DB Netz AG mit derselben Person[510] ausreichend Anlaß für Beanstandungen bei der praktischen Umsetzung der rechtlichen Regelungen in § 9a AEG gegeben. Darüber hinaus ist in Hinblick auf die in den genannten Vorschriften des Europarechts geforderte Trennung zwischen Infrastrukturbetreiber und Eisenbahnverkehrsunternehmen problematisch, daß das Maß der Zusammenarbeit zwischen den verschiedenen Gesellschaften des DB-Konzerns von außen kaum zu beurteilen ist.

In dem gerade anstehenden Recast des ersten Eisenbahnpakets beabsichtigt die EU-Kommission, strenge Anforderungen an die Unabhängigkeit der Eisenbahninfrastrukturbetreiber von den Eisenbahnverkehrsunternehmen zu stellen.[511] Ob sich die Kommission damit durchsetzen wird, bleibt abzuwarten.

Schon die von der Bundesregierung damals eingesetzte Kommission zur Reform des Eisenbahnsektors befürwortete eine vollständige rechtliche und organisatorische Trennung von Infrastrukturbetreiber und Eisenbahnverkehrsunternehmen.[512] Auch in der Folge sprachen sich viele Stim-

---

[508] EuGH, Urteil vom 28. Februar 2013, C-556/10, Rdnr. 59, 68 - 69
[509] siehe D) V. 4.
[510] DB AG, Geschäftsbericht 2009, Seite 268
DB Netz AG, Geschäftsbericht 2009, Seite 50
[511] Bahn-Report, Heft 2/2013, Seite 12
[512] RKB, Abschlußbericht, Seite 24

men aus Wirtschaft[513] und Wissenschaft[514] für eine solche vollständige Trennung aus. Lediglich die Führung des DB-Konzerns und die größte Eisenbahnergewerkschaft setzten sich seit der Bahnreform vehement für einen Erhalt des DB-Konzerns und gegen eine Aufteilung ein.[515]

Wie oben dargestellt bietet der DB-Konzern mit Infrastrukturbetreiber und Eisenbahnverkehrsunternehmen unter einem Dach vor allem hinsichtlich der Vergabe der Infrastrukturkapazität und der Bemessung der Infrastrukturbenutzungsentgelte erhebliche Diskriminierungspotentiale. Hinsichtlich der Trassenpreise ließe sich dieses Problem teilweise dadurch lösen, daß diese nicht mehr von der DB Netz AG festgesetzt werden, sondern von einer staatlichen Stelle. Ungelöst bliebe dann aber immer noch das Problem, daß in einem vertikal integrierten Eisenbahnkonzern die Infrastrukturbenutzungsentgelte keine echten Kosten darstellen, sondern rein konzerninterne Buchungsposten sind. Hinsichtlich der Vergabe der Infrastrukturkapazität wäre jedoch ein erheblicher Aufwand erforderlich, um die Diskriminierungspotentiale eines integrierten DB-Konzerns durch eine effektive Regulierung ausreichend zu kompensieren, wie ebenfalls schon ausgeführt.

Es wurde bereits dargestellt, daß die Eisenbahninfrastruktur am sinnvollsten in staatlichem Eigentum organisiert wird. Damit stellt sich angesichts der derzeitigen Struktur des DB-Konzerns die Frage, ob der Staat auch Eigentümer grosser Eisenbahnverkehrsunternehmen sein soll. Hier muß zunächst zwischen Güterverkehr und Personenverkehr unterschieden werden.

---

[513] BDI, Freiheit für mehr Wettbewerb, Seite 7 - 8
   BAG-SPNV, Positionspapier zum PRIMON-Gutachten, Seite 4 – 6
   KCW, Privatisierung der integrierten DB AG, Seite 30 – 32
   KCW, Wettbewerber-Report Eisenbahn 2008/2009, Seite 150
[514] Helmstädter, Die Trennung von Netz und Betrieb im Eisenbahnsektor, Seite 318 – 320
   Ehlers in Nach geltendem Verfassungsrecht, Seite 150 – 151
   Monopolkommission, Die Privatisierung der Deutschen Bahn AG, Seite 27
   Soldner, Liberalisierung des Eisenbahnwesens, Seite 350
   Schmidt in Zehn Jahre Bahnreform in Deutschland, Seite 36 – 37
   Hedderich, Vertikale Desintegration im Schienenverkehr, Seite 253
   Wissenschaftlicher Beirat beim BMVBW, IVW 2002, Seite 260 - 266
[515] DB AG, Gemeinsame Erklärung vom 6. Oktober 2011
   DB AG, Wettbewerbsbericht 2011, Seite 28

a) Güterverkehr

Seit der Einführung eines linearen Trassenpreissystems bei der DB Netz AG im Jahr 2001 hat sich der Schienengüterverkehr sehr dynamisch entwickelt und konnte seinen Marktanteil am Frachtverkehr insgesamt nach jahrzehntelangem Rückgang wieder steigern.[516] Diese positive Entwicklung wurde überwiegend von Eisenbahnverkehrsunternehmen getragen, die nicht zum DB-Konzern gehören.[517] Welche Entwicklung der Schienengüterverkehr genommen hätte, wenn die Güterverkehrssparte des DB-Konzerns von diesem abgetrennt und an private Investoren verkauft worden wäre, läßt sich natürlich nicht mit Gewißheit sagen. Es ist jedoch anzunehmen, daß die Entwicklung in einem solchen Fall jedenfalls nicht schlechter verlaufen wäre.

In diesem Zusammenhang stellte sich jedoch eine andere Frage: Warum soll der Staat Eigentümer eines internationalen Logistikkonzerns unter dem Dach der DB AG bleiben und diesen auch noch ausbauen, während er mit der Deutschen Post AG gerade ein anderes international tätiges Logistikunternehmen über die Börse verkauft hat? Dies erscheint jedenfalls willkürlich.

Es gibt aber noch einen weiteren relevanten Aspekt in diesem Zusammenhang: Mit zwei Ausnahmen sind alle größeren Eisenbahnverkehrsunternehmen, die in Deutschland im Schienengüterverkehr tätig sind und nicht zum DB-Konzern gehören, in Staatseigentum. So gehören die HGK, die Neusser Eisenbahn und Havelländische Eisenbahn kommunalen Gebietskörperschaften. TX Logistik ist ein Tochterunternehmen der italienischen Staatsbahn FS Trenitalia,[518] Captrain gehört der französischen Staatsbahn SNCF[519]. Daneben ist noch die SBB in Deutschland im Güterverkehr tätig.[520] Umgekehrt hat die DB AG die staatlichen Schienengüterverkehrsunternehmen in Dänemark[521] und den Niederlanden[522] sowie das größte britische Schienengüterverkehrsunternehmen EWS erwor-

---

[516] DB AG, Wettbewerbsbericht 2011, Seite 15
[517] DB AG, Wettbewerbsbericht 2004, Seite 15
    DB AG, Wettbewerbsbericht 2011, Seite 17
[518] Bahn-Report, Heft 5/2005, Seite 39
[519] Bahn-Report, Heft 2/2010, Seite 30
[520] Bahn-Report, Heft 2/2010, Seite 35
[521] ERI 2001, Seite 366
[522] ERI 1999, Seite 496

ben,[523] daneben noch eine Minderheitsbeteiligung an einer Schweizer Güterbahn[524] und ein privates Eisenbahnunternehmen in Italien,[525] schließlich zuletzt den Arriva-Konzern.[526] Zwar mag es wünschenswert sein, daß die verschiedenen europäischen Staatsbahnen sich im Rahmen der Deregulierung des Eisenbahnsektors nun gegenseitig Konkurrenz machen, aber der eigentlichen Sinn dieser Deregulierung war zumindest ursprünglich, private Investoren für Eisenbahninfrastruktur und Schienenverkehr zu gewinnen[527] und nicht staatliche.

Private Investoren werden sich nur dann in größerem Maße für den Eisenbahnverkehr interessieren, wenn in diesem Markt verläßliche Rahmenbedingungen herrschen und insbesondere keine Diskriminierungspotentiale bestehen. Dies ist jedoch nur bei rechtlicher und organisatorischer Trennung von Infrastrukturbetreibern und Eisenbahnverkehrsunternehmen gewährleistet,[528] was auch schon die Regierungskommission Bahn so gesehen hat.[529] Aus eben diesem Grund wurde von den verschiedensten Seiten eine solche Trennung gefordert, da sich nur so die Anreize für eine Diskriminierung einzelner Eisenbahnverkehrsunternehmen beseitigen lassen.[530]

In Bezug auf den Schienengüterverkehr ist aber das entscheidende Argument ein anderes: Wie bereits dargestellt, hat der Staat mit der Deutschen Post erst vor wenigen Jahren einen großen Logistikkonzern privatisiert und über die Börse verkauft. Auch sonst ist der Staat weder auf der Straße, von den entsprechenden Aktivitäten des DB-Konzerns einmal abgesehen, noch auf dem Wasser im Güterverkehr tätig. Es ist daher nicht einzusehen, wieso der Staat Güterverkehr auf der Schiene betreiben soll. Sinnvoll erscheint daher nur eine vollständige rechtliche und organisato-

---

[523] Bahn-Report, Heft 1/2008, Seite 16
[524] ERI 2002, Seite 317
[525] ERI 2005, Seite 280
[526] ERI 2010, Seite 305
[527] Bundestags-Drucksache 12/4609 (neu), Seite 53
[528] Aberle, Bahnstrukturreform in Deutschland, Seite 8
Munzert, Das Schienennetz in Deutschland nach der Bahnreform, Seite 147
[529] RKB, Abschlußbericht, Seite 24
[530] Aberle, Transportwirtschaft, Seite 348
Hedderich, Vertikale Desintegration im Schienenverkehr, Seite 253
Schwalbach, Wettbewerb auf der Schiene, Seite 193 - 194

rische Trennung von Infrastrukturbetreibern und den Eisenbahnverkehrsunternehmen, die Güterverkehr auf der Schiene betreiben.

b) Personenverkehr

Die Situation im Personenverkehr unterscheidet sich insofern von derjenigen im Güterverkehr, als der Personenverkehr zu einem erheblichen Teil
staatlich organisiert wird, auch wenn er zum Teil von privaten Unternehmen erbracht wird. Auch die im Personenverkehr auf der Schiene tätigen
Unternehmen, die nicht zum DB-Konzern gehören, sind ganz überwiegend Eigentum anderer europäischer Staatsbahnen oder kommunaler
Gebietskörperschaften, also letztlich im Staatseigentum. Veolia ist in
diesem Markt derzeit der einzige große Anbieter in Privateigentum. Ob
die mit der Regionalisierung des Schienenpersonennahverkehrs im Rahmen der Bahnreform gewählte Form der Planung dieses Verkehrs durch
den Staat und dessen Ausführung durch damit beauftragte private oder
staatliche Eisenbahnverkehrsunternehmen insgesamt sinnvoller ist als
Ausführung und Planung bei einer staatlichen Organisation oder einem
staatlichen Unternehmen zusammenzufassen, läßt sich nicht abschließend beantworten. In der Schweiz wird der Personenverkehr auf
der Schiene ausschließlich von Unternehmen in Staatseigentum erbracht.[531] Bisher ist nicht bekannt geworden, daß dies zu grundsätzlichen
Problemen geführt hätte. In Großbritannien dagegen wurde im Rahmen
der dortigen Bahnreform der gesamte Schienenverkehr privatisiert und
auf mehr als ein Dutzend Unternehmen aufgeteilt.[532] In den Verträgen
mit den Eisenbahnverkehrsunternehmen legte der Staat ein Mindestange-
bot an Zugleistungen für sämtliche Strekken fest.[533] Darüber hinaus hatten die Unternehmen im Rahmen der Infrastrukturkapazität freie Hand
bei der Gestaltung des Fahrplans. Dies wiederum führte zumindest am
Anfang zu erheblichen Problemen, insbesondere in Hinblick auf einheitliche und vor allem unternehmensübergreifende Tarife[534] und die Sicher-
stellung von Anschlußbeziehungen zwischen Zügen verschiedener Unter-

---

[531] LITRA, Bahnreform in der Schweiz, Seite 4
Schweizer Eidgenossenschaft, Bahnlandschaft Schweiz, Seite 2 - 3
[532] Charlton in All Change: British Railway Privatisation, Seite 42 - 43
[533] Crampton, Der Nahverkehr, Heft 9/2006, Seite 70
[534] Hass-Klau, Der Nahverkehr, Heft 3/1999, Seite 26

nehmen.[535] Das Anschlußproblem beruht auf denselben rechtlichen Vorgaben, wie sie für Deutschland bereits dargestellt wurden und aus Art. 11 der RL 2001/14/EG resultieren. Ein weiteres Problem ist die Frage, welche Rechte der Fahrgast im Störungsfall hat, ob er also einen anderen Zug mit derselben Fahrkarte benutzen darf, wenn der Zug, den er ursprünglich nehmen wollte, verspätet ist. Dies ist vor allem dann problematisch, wenn der alternative Zug einem anderen Eisenbahnunternehmen gehört.

Die in Deutschland gewählte Organisation des Personenverkehrs auf der Schiene folgt weder dem Schweizer noch dem britischen Modell. Letztlich ist für die Organisation dieses Teils des Schienenverkehrs darauf zu achten, daß das gewählte Modell in sich konsistent ist. Soll der Eisenbahnverkehr von privaten Unternehmen durchgeführt werden, ist es für faire Wettbewerbsbedingungen zwingend, daß der Staat dann selbst keine solchen Leistungen erbringt. Gerade die Erfahrungen in Deutschland haben gezeigt, daß der DB-Konzern häufig versucht, Infrastrukturprojekte mit Zugeständnissen der Länder bei der Vergabe der Leistungen im Nahverkehr auf der Schiene zu verbinden und so den Wettbewerb in diesem Verkehrssegment zu behindern.[536] Die Schweizer Erfahrungen zeigen aber auch, daß nichts dagegen spricht, den Personenverkehr vollständig in staatlicher Verantwortung zu organisieren und zu betreiben. Die in Deutschland derzeit vorhandene Mischung aus staatlichen und privaten Unternehmen führt jedoch zu Wettbewerbsverzerrungen, die neben der Wirtschafts- und Finanzkriese in den Jahren 2008 und 2009 inzwischen dazu geführt haben, daß das Interesse privater Unternehmen an diesem Verkehrssegment deutlich nachgelassen hat.[537] Um die Eisenbahnunternehmen hier wieder zu einem stärkeren Engagement zu motivieren, wird unter anderem ein stärkeres Engagement des Staates in diesem Sektor, vor allem bei der Fahrzeugfinanzierung gefordert.[538] Konsequent wäre es, diese Leistungen wieder komplett in staatlicher Verant-

---

[535] Schnöbel, IVW 2005, Seite 140
[536] BAH, Privatisierungsvarianten der Deutschen Bahn AG, Seite 158 - 159
[537] KCW, Wettbewerber-Report Eisenbahn 2010/2011, Seite 21
Böttger, Bahn-Report, Heft 6/2008, Seite 17
Quandt, Bahn-Report, Heft 5/2010, Seite 6 - 7
[538] KCW, Wettbewerber-Report Eisenbahn 2010/2011, Seite 62 – 65
Böttger, Bahn-Report, Heft 6/2008, Seite 17

wortung zu erbringen. Wenn davon auch der Personenfernverkehr auf der Schiene umfaßt wäre, könnten Infrastrukturbetrieb und Schienenpersonenverkehr in einer staatlichen Organisationseinheit oder einem Unternehmen in Staatseigentum zusammengefaßt werden. Soll dagegen der Personenverkehr auf der Schiene von privaten Unternehmen angeboten werden, müßten diese zwingend rechtlich und organisatorisch vom staatlichen Infrastrukturbetreiber unabhängig sein.

c) Gegenargumente

Gegen eine Trennung von Infrastrukturbetreiber und Eisenbahnverkehrsunternehmen wird meist angeführt, daß es Synergieeffekte zwischen beiden Bereichen gäbe[539] und die Eisenbahn ein einheitliches technisches Gesamtsystem darstelle, welches nur in einem integrierten Unternehmen sinnvoll weiterentwickelt werden könne.[540]

Gegen das erste Argument spricht, daß es offensichtlich schon innerhalb des DB-Konzerns Schwierigkeiten bei der Abstimmung der verschiedenen Konzernunternehmen untereinander gibt.[541] Auch sonst gibt es keine konkreten Angaben dazu, worin solche Synergieeffekte bestehen sollen. Selbst wenn es solche Effekte gäbe, wäre dies nur dann relevant, wenn diese so gravierend wären, daß ein Verlust derselben zu nachhaltigen Problemen beim Eisenbahnbetrieb führen würde. Die Erfahrungen in Schweden, wo Infrastrukturbetrieb und Eisenbahnverkehr vollständig voneinander getrennt wurden,[542] liefern hierfür aber keinerlei Anhaltspunkte. Mithin stehen die fraglichen Synergieeffekte zwischen Infrastruktur und Eisenbahnverkehr, so sie denn existieren, jedenfalls einer Trennung der beiden Bereiche nicht entgegen.

Was die Eisenbahn als technisches Gesamtsystem betrifft, gibt es zahlreiche technische Abhängigkeiten zwischen Fahrzeugen und Infrastruktur, wie bereits dargestellt. Daher erscheint es durchaus sinnvoll, das Augenmerk bei der technischen Entwicklung auch auf das Zusammenspiel beider Teilsysteme zu richten. Im Hinblick auf den DB-Konzern greift dieses

---

[539] Siegmann, ETR 2000, Seite 448 – 455
    Pachl, EI, Heft 6/2003, Seite 10 – 13
[540] Junker, ETR 2007, Seite 79
[541] ERI 2005, Seite 604
[542] Knorr in Neue Entwicklungen in der Eisenbahnpolitik, Seite 197

Argument aber nicht durch, da dieser sich sowohl im Infrastrukturbereich als auch bezüglich der Fahrzeuge fast vollständig aus der technischen Weiterentwicklung zurückgezogen und diese der Industrie überlassen hat.[543] Zwar gibt es zur Zeit Bestrebungen innerhalb des DB-Konzerns, bei der Fahrzeugentwicklung aufgrund negativer Erfahrungen in
den letzten Jahren mit zahlreichen Fahrzeugbaureihen[544] wieder stärker
mitzuwirken,[545] aber inzwischen hat die Industrie verschiedene Test-
strecken aufgebaut, auf denen sie unabhängig von den Eisenbahninfra-
struktur- und -verkehrsunternehmen sowohl Fahrzeuge als auch Infrastrukturkomponenten testen kann,[546] so daß hier kein Defizit bei einer
Trennung von Eisenbahnverkehrsunternehmen und Infrastrukturbetreibern erkennbar ist.

Schließlich wird von den Gegnern einer Trennung der beiden Bereiche
gern auf Großbritannien und die dortigen schlechten Erfahrungen mit
dem von den Eisenbahnverkehrsunternehmen rechtlich und organisatorisch völlig getrennten Infrastrukturbetreiber Railtrack verwiesen. Dieser
Hinweis beruht jedoch auf einem Trugschluß. Die Bahnreform in Großbritannien liefert keinen Beleg für eine gescheiterte Trennung von Eisenbahnverkehrsunternehmen und Infrastrukturbetreiber. Sie ist vielmehr
ein warnendes Beispiel für eine gescheiterte Privatisierung der Eisenbahninfrastruktur. Dies wird schon dadurch belegt, daß seit der Verstaatlichung der Eisenbahninfrastruktur nach der Insolvenz von Railtrack
keine gravierenden Probleme mit der Eisenbahninfrastruktur in Großbritannien mehr bekannt geworden sind.

Gegen eine vollständige rechtliche und organisatorische Trennung von
Eisenbahnverkehrsunternehmen und Infrastrukturbetreiber gibt es also
keine stichhaltigen sachlichen Argumente.

---

[543] Schmied, ERI 1998, Seite 257
[544] ERI 2003, Seite 348
    Bahn-Report, Heft 1/2010, Seite 28
[545] Gräber, EI, Heft 7/2011, Seite 34 - 35
[546] ERI 1997, Seite 98

F) Schlußwort

Wie auf dem realen Schienennetz gibt es auch im Eisenbahnrecht 17 Jahre nach der Bahnreform noch immer zahlreiche Baustellen. Und ebenso wie beim Ausbau des realen Schienennetzes fehlt dem Eisenbahnrecht bisher ein in sich schlüssiges Gesamtkonzept. Ursache dürfte schlicht mangelndes politisches Interesse am Eisenbahnsektor verbunden mit fehlender Fachkenntnis bei den politischen Entscheidungsträgern sein. Abgesehen von spektakulären Großprojekten wie Stuttgart 21 oder den verschiedenen, letztlich gescheiterten Transrapidprojekten geht das politische Interesse an der Bahn gegen Null, vor allem, wenn es um Infrastrukturmaßnahmen geht, die ganz oder zumindest überwiegend dem Schienengüterverkehr dienen. Allenfalls der vom Eisenbahnverkehr verursachte Lärm führt immer wieder zu politischen Diskussionen und zu Widerstand von Bürgern und Politikern gegen die Eisenbahn.[547]

Die Bahnreform sollte zwar auch die Eisenbahn als Verkehrsträger stärken, in erster Linie jedoch die wachsende Belastung des Bundeshaushalts durch das wachsende Defizit der ehemaligen Deutschen Bundesbahn wieder verringern.[548] Die Annahme, es ließe sich privates Kapital für Investitionen in Eisenbahninfrastruktur und Schienenfahrzeuge gewinnen, hat sich zumindest hinsichtlich der Infrastruktur mangels entsprechender Renditeaussichten als illusorisch erwiesen. Soweit es sich um Fahrzeuge für den Personennahverkehr auf der Schiene handelt, werden diese letztlich über die Regionalisierungsmittel des Bundes ebenfalls indirekt vom Staat finanziert.

Von den ersten Überlegungen zur Reform des Eisenbahnsektors in den 1950er Jahren bis zur Bahnreform 1993 sind fast 40 Jahre vergangen. Daher ist mittelfristig nicht mit einer erneuten grundlegenden Reform des Eisenbahnrechts und damit der Organisation dieses Verkehrsträgers zu rechnen. Wahrscheinlich ist, daß auch in den nächsten 10 bis 20 Jahren die Weiterentwicklung des Eisenbahnrechts Stückwerk bleibt und sich jeweils auf punktuelle Änderungen beschränkt. Ob dabei zumindest ein

---

[547] Ruffler, Zug um Zug - Bahnlärm vermindern
Schreckenberg, Belästigung durch Bahnlärm im Mittelrheintal und im Rheingau/Rheinhessen
IG BOHR, Baden 21 - die Lösung für die ABS/NBS Rheintalbahn am Oberrhein
[548] Bundestags-Drucksache 12/4609 (neu), Seite 55

© Springer Fachmedien Wiesbaden GmbH, ein Teil von Springer Nature 2014
K. Fuchs, *Diskriminierungsfreier Zugang zur Eisenbahninfrastruktur in Deutschland*,
Edition KWV, https://doi.org/10.1007/978-3-658-24072-1_6

Teil der aufgezeigten Defizite bezüglich der derzeitigen Rechtslage behoben werden, erscheint fraglich. Eher ist eine weitere Verschlimmbesserung dieses Rechtsgebiets zu befürchten. Dies ist umso bedauerlicher, als die Bedeutung der Eisenbahn als Verkehrsträger vor allem im Güterverkehr und im Personenverkehr in den Ballungsräumen wieder zunehmen wird. Da dies aber ein sehr allmählicher Prozeß ist, werden noch einige Jahre vergehen, bevor die Eisenbahn wieder ausreichend Aufmerksamkeit bei den politischen Entscheidungsträgern wecken kann und damit die Chance für die Entwicklung eines in sich schlüssigen Gesamtkonzepts für diesen Verkehrsträger eröffnet.

Zusammenfassung

Das Eisenbahnrecht in seiner heutigen Ausprägung ist ein junges Rechtsgebiet, welches erst durch die zum 1. Januar 1994 in Kraft getretene Bahnreform entstanden ist. Ein zentrales Element dieser Reform ist die Öffnung des Eisenbahnsektors für Wettbewerb. Da die Errichtung eines
neuen Schienennetzes parallel zu dem bereits bestehenden volkswirtschaftlich nicht sinnvoll ist, kann Wettbewerb in diesem Sektor nur entstehen, wenn das bestehende Eisenbahnnetz für interessierte Unternehmen geöffnet wird. Somit stellt die Regelung des Netzzugangs den Kern
des neuen Eisenbahnrechts dar.

Zentrale Zugangsnorm ist § 14 AEG. Sie gewährt allen Eisenbahnverkehrsunternehmen, die über eine entsprechende Zulassung verfügen,
diskriminierungsfreien Zugang zum gesamten öffentlichen Schienennetz
in der Bundesrepublik Deutschland.

Um diesen Zugang zu erhalten, müssen die Unternehmen die rechtlichen
und technischen Netzzugangskriterien erfüllen. Rechtliche Netzzugangskriterien betreffen die Zulassung als Eisenbahnverkehrsunternehmen, für
welche Zuverlässigkeit, finanzielle Leistungsfähigkeit und Fachkunde
nachgewiesen werden müssen, außerdem den Abschluß einer Haftpflichtversicherung, die Bestellung eines Eisenbahnbetriebsleiters und
den Erwerb einer Sicherheitsbescheinigung, für die wiederum die Einrichtung eines Sicherheitsmanagements erforderlich ist. Die Regelungen
für die rechtlichen Netzzugangskriterien sind im AEG und mehreren
hierzu erlassenen Rechtsverordnungen enthalten, was es für die betroffenen Unternehmen erschwert herauszufinden, welche Voraussetzungen
sie für den Zugang zum Schienennetz erfüllen müssen. Darüber hinaus
sind die einzelnen Regelungen schlecht oder gar nicht aufeinander abgestimmt, was zum einen zu unnötigem administrativem Aufwand bei den
betroffenen Unternehmen führt, andererseits aber auch zu Sicherheits-
lücken.

Technische Netzzugangskriterien betreffen die Ausrüstung der Schienenfahrzeuge und deren Kompatibilität mit der Eisenbahninfrastruktur. Als
technische Netzzugangskriterien sind demnach alle geometrischen, physikalischen und technischen Eigenschaften der Schienenfahrzeuge anzu-

© Springer Fachmedien Wiesbaden GmbH, ein Teil von Springer Nature 2014
K. Fuchs, *Diskriminierungsfreier Zugang zur Eisenbahninfrastruktur in Deutschland*,
Edition KWV, https://doi.org/10.1007/978-3-658-24072-1_7

sehen, welche diese aufweisen müssen, damit eine sichere Fahrt auf einer bestimmten Eisenbahninfrastruktur gewährleistet ist. Sie lassen sich in drei Gruppen einteilen:

- Kriterien bezüglich des Zusammenspiels von Rad und Schiene
- Kriterien bezüglich der Signal- und Sicherungssysteme
- Rein fahrzeugspezifische technische Merkmale

Im EU-Recht gibt es inzwischen klare Regeln zur Festlegung technischer Netzzugangskriterien. Für die einzelnen Teilsysteme der Eisenbahn werden die technischen Netzzugangskriterien in den jeweiligen TSI geregelt. Im deutschen Recht befinden sich die entsprechenden Regelungen in der TEIV. Daneben besteht noch die aus Staatsbahnzeiten stammende EBO, die zwar gegenüber dem EU-Recht und der TEIV subsidiär ist, dennoch aber nach wie vor eine große Bedeutung hat. Da die EBO im Rahmen der Bahnreform nicht an die neue Organisation des Verkehrssektors angepaßt wurde, fehlen im deutschen Recht bisher klare Regelungen zur Festlegung der technischen Netzzugangskriterien. Zwar beanspruchen sowohl das Eisenbahn-Bundesamt als zuständige Aufsichtsbehörde als auch die DB Netz AG als mit Abstand größtes Eisenbahninfrastrukturunternehmen in Deutschland eine entsprechende Kompetenz für sich, jedoch jeweils ohne Rechtsgrundlage. Hier ist dringend die Schaffung eines transparenten Verfahrens zur Festlegung der technischen Netzzugangskriterien erforderlich, das sowohl den Interessen aller Unternehmen der Branche vom Fahrzeughersteller über die Eisenbahnverkehrsunternehmen bis zu den Infrastrukturbetreibern als auch der Sicherheit des Eisenbahnverkehrs hinreichend Rechnung trägt.

Kern der Regelungen betreffend den Zugang zur Eisenbahninfrastruktur sind die Normen zur Vergabe der Infrastrukturkapazität, die in der EIBV enthalten sind. Diese Regeln gehen von einem starren Kapazitätsbegriff aus. Die Kapazität einer Eisenbahnstrecke ist jedoch nicht starr sondern hängt ganz entscheidend vom Betriebsprogramm, das auf dieser Strecke abgewickelt werden soll, also der Art und Reihenfolge der Züge, ab. Am größten ist die Kapazität wenn ausschließlich gleichartige Züge mit gleicher Geschwindigkeit verkehren sollen, wie bei U- und S-Bahnnetzen, aber auch auf Hochgeschwindigkeitsstrecken. Demgegenüber sinkt die

Kapazität rapide ab, wenn verschiedenartige Züge mit stark unterschiedlichen Geschwindigkeiten auf derselben Strecke abwechselnd fahren sollen. Darüber hinaus hängt die Kapazität einer Eisenbahnstrecke auch von der gewünschten Qualität des Betriebs auf dieser Strecke ab. Je weniger Störungen und damit Verspätungen zulässig sein sollen, desto größer müssen die entsprechenden Puffer und Fahrzeitreserven sein und desto geringer ist die Kapazität. Aufgrund des falschen Kapazitätsbegriffs sind die Regelungen zur Lösung von Konflikten bei der Vergabe der Infrastrukturkapazität unzureichend und darüber hinaus auch nicht hinreichend klar formuliert. Schließlich werden die Eisenbahnverkehrsunternehmen im Rahmen der Vergabe der Infrastrukturkapazität nur unzureichend von den Infrastrukturbetreibern über den Vergabeprozeß und die vorhandenen Infrastrukturkapazitäten informiert.

Völlig unzureichend sind die jetzigen Regelungen für den Zugang zu den sogenannten Serviceeinrichtungen, insbesondere zu Bahnhöfen für den Personen- und Güterverkehr, aber auch Abstellgleisen. Fehlende oder ungenügende Nutzungsmöglichkeiten solcher Einrichtungen machen häufig Verkehrsleistungen unmöglich oder erschweren diese unverhältnismäßig. Hier ist die Stärkung des Zugangsanspruchs dringend erforderlich.

Auch die Regelungen über die Bemessung der Infrastrukturbenutzungsentgelte tragen den Anforderungen des Eisenbahnsektors nicht hinreichend Rechnung. Sowohl das EU-Recht als auch das deutsche Recht haben einen kostenbasierten Ansatz zur Bemessung der Infrastrukturbenutzungsentgelte. Gerade der Infrastrukturbereich der Eisenbahn ist jedoch durch einen sehr hohen Gemeinkostenanteil gekennzeichnet. Die Grenzkosten der Infrastruktur für eine einzelne Zugfahrt gehen gegen Null. Die Verteilung von Gemeinkosten auf einzelne Leistungen ist jedoch immer willkürlich, da das zentrale Kennzeichen von Gemeinkosten ist, daß sie sich eben keiner Einzelleistung zuordnen lassen. Damit ist letztlich auch die Bemessung der Infrastrukturbenutzungsentgelte willkürlich, wird hierfür ein kostenbasierter Ansatz gewählt. Entsprechend vielfältig sind die Anknüpfungspunkte, die für die Bemessung dieser Entgelte in der Praxis gewählt werden, was häufig zu einer hohen Komplexität der Trassenpreissysteme führt. Dies wiederum bietet zahlreiche

Möglichkeiten zur preislichen Diskriminierung einzelner Eisenbahnverkehrsunternehmen. An entsprechenden Diskriminierungsversuchen der DB Netz AG hat es nicht gefehlt. Letztlich sind aber alle Infrastrukturbenutzungsentgelte diskriminierend gegenüber den nicht zum DB-Konzern gehörenden Eisenbahnverkehrsunternehmen, solange der größte Betreiber von Eisenbahninfrastruktur in Deutschland mit den größten Eisenbahnverkehrsunternehmen des Landes in einem Konzern verbunden ist, da für die Verkehrssparten des DB-Konzerns die Infrastrukturbenutzungsentgelte nur einen konzerninternen Buchungsposten und damit keine wirklichen Kosten darstellen.

Angesichts der Tatsache, daß der Bund direkt und indirekt drei Viertel der Infrastrukturkosten der Eisenbahn trägt, erscheint eine völlig andere Gestaltung der Infrastrukturbenutzungsentgelte sinnvoll, bei der der überwiegende Teil der Kosten der Eisenbahninfrastruktur direkt vom Staat getragen und im Gegenzug der staatlich finanzierte SPNV von Infrastrukturbenutzungsentgelten befreit wird. Auch für den Güterverkehr und den Personenfernverkehr können dann die Infrastrukturbenutzungsentgelte deutlich gesenkt und die Verkehrsangebote auf der Schiene dadurch deutlich attraktiver gestaltet werden.

Regelungen zum Eisenbahnbetrieb fehlen bisher im Eisenbahnrecht fast völlig. Dabei bietet die Abwicklung des Eisenbahnbetriebs ganz erhebliches Diskriminierungspotential, insbesondere im Fall der häufig auftretenden Störungen. Hier haben die Infrastrukturbetreiber zur Zeit faktisch freie Hand bei der Entscheidung, welche Züge im Störungsfall bevorzugt und welche nachrangig behandelt werden. Auch bezüglich der Abwicklung des Eisenbahnbetriebs werden die Eisenbahnverkehrsunternehmen von den Infrastrukturbetreibern nur unzureichend informiert. Rechtliche Regelungen hierzu fehlen völlig. Eine Anweisung der Bundesnetzagentur zur Öffnung der Betriebsleitzentralen der DB Netz AG für Mitarbeiter der nicht zum DB-Konzern gehörenden Eisenbahnverkehrsunternehmen geht aus mehreren Gründen an den Anforderungen der Praxis des Eisenbahnbetriebs vorbei und wird daher nicht zu einer Verbesserung der Situation führen.

Die Aufsicht über den Eisenbahnsektor ist auf drei Behörden verteilt: das Eisenbahn-Bundesamt, die Bundesnetzagentur und das Bundeskartellamt. Zuständigkeiten und Kompetenzen dieser Behörden sind nur unzureichend voneinander abgegrenzt und überschneiden sich teilweise. Kritischer ist jedoch die zu geringe personelle Ausstattung der Behörden und die unzureichende fachliche Qualifikation des Personals. Sie führt zu überlangen Verfahren, die den Bedürfnissen der Branche nicht gerecht werden, so daß eine effektive Überwachung und Regulierung des Sektors unterbleibt. Aus fachlicher Sicht erscheint aufgrund der technischen und betrieblichen Komplexität des Eisenbahnsektors die Konzentration der Aufsicht und Regulierung bei einer Behörde sinnvoll, wie bereits ursprünglich im Rahmen der Bahnreform vorgesehen.

Auch ein effektiver Rechtschutz durch Zivil- und Verwaltungsgerichte scheitert an der langen Verfahrensdauer. Insbesondere die Dauer der Verfahren vor den Verwaltungsgerichten genügt den Anforderungen der Branche nicht. Gerade in Fragen des Netzzugangs nehmen bereits die Eilverfahren vor den Verwaltungsgerichten durch zwei Instanzen die Dauer einer Fahrplanperiode in Anspruch. Darüber hinaus stellt auch bei den Gerichten die mangelnde fachliche Qualifikation der Richter ein Problem dar, da es ihnen für viele Rechtstreitigkeiten an dem notwendigen technischen und betrieblichen Verständnis mangelt. Auch erscheint die Doppelzuständigkeit von Zivil- und Verwaltungsgerichtsbarkeit bei Streitigkeiten zwischen Eisenbahninfrastruktur- und Eisenbahnverkehrsunternehmen unzweckmäßig. Wie im Kartellrecht erscheint eine Konzentration der gerichtlichen Zuständigkeit bei den Zivilgerichten sinnvoll.

Die Vielzahl der Diskriminierungsmöglichkeiten und die unzureichende behördliche und gerichtliche Kontrolle der Branche lassen eine Trennung der Infrastrukturunternehmen von den Eisenbahnverkehrsunternehmen geboten erscheinen. Dies erscheint umso sinnvoller, als der Staat die Infrastruktur ohnehin ganz überwiegend direkt oder indirekt finanziert und daher sinnvollerweise auch Träger der Infrastruktur sein sollte. Demgegenüber können die Eisenbahnverkehrsunternehmen durchaus als privatwirtschaftliche Unternehmen organisiert sein. In dem Fall sollte der Staat aber keine eigenen Eisenbahnverkehrsunternehmen mehr unterhalten, da es sonst weiterhin zu Wettbewerbsverzerrungen im Eisenbahnsektor kommt.

Anhang

Erläuterung zu den Fahrplangrafiken

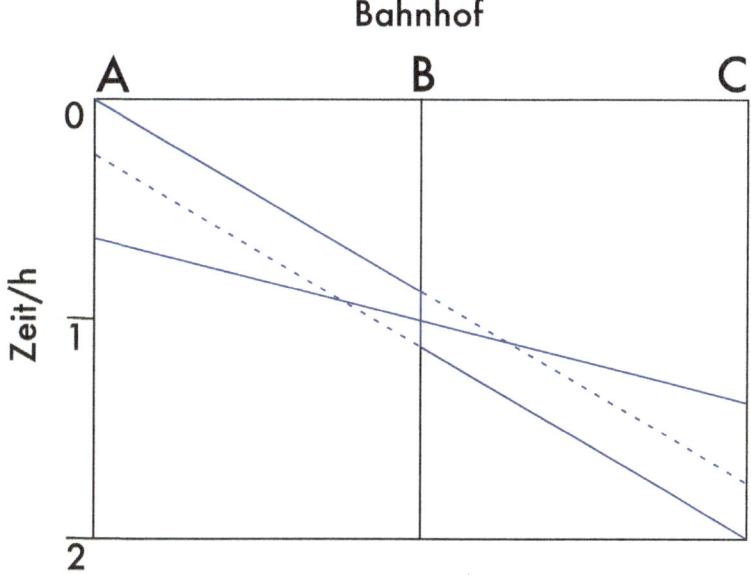

Auf der X-Achse (oben) sind die Bahnhöfe eingetragen, hier drei (A, B und C). Auf der Y-Achse ist die Zeit eingetragen, von oben nach unten verlaufend (hier zwei Beispielstunden). Die schrägen Linien stellen die Züge dar, jede Linie steht für einen Zug. Je flacher die Linie ist, desto schneller der Zug, da er dann weniger Zeit für die Distanz zwischen zwei Bahnhöfen benötigt. Meist werden nur die Züge einer Richtung dargestellt. Dann verlaufen alle Linien von links oben nach rechts unten. Werden auch die Züge der Gegenrichtung dargestellt, verlaufen deren Linien von rechts oben nach links unten. Verläuft die Linie eines Zuges senkrecht, bedeutet das, daß der Zug hält, zum Beispiel für eine Überholung und eine Zugkreuzung, oder bei Personenzügen für einen Verkehrshalt. Die gestrichelten Linien stellen entweder den ursprünglichen Fahrtverlauf vor einer Änderung des Fahrplans oder einen theoretischen Fahrtverlauf, z. B. bei Verzicht auf eine Überholung dar.

© Springer Fachmedien Wiesbaden GmbH, ein Teil von Springer Nature 2014
K. Fuchs, *Diskriminierungsfreier Zugang zur Eisenbahninfrastruktur in Deutschland*,
Edition KWV, https://doi.org/10.1007/978-3-658-24072-1

Literaturverzeichnis

Abegg, Peter u. a.   Betriebliche Kostenrechnung als Informationsquelle für die
Entgeltregulierung von Netzindustrien
Schmalenbachs Zeitschrift für betriebswirtschaftliche
Forschung
Sonderheft 64/2011, Seite 76 – 97
zit.: Abegg, zfbf, Sonderheft 64/2011, Seite

Abel, Lothar   Indusi-Betriebsprogrammerweiterung - Teil 2
in Eisenbahn Ingenieur Kalender 1998, Seite 281 – 299
Hamburg 1998
zit.: Abel in Eisenbahn Ingenieur Kalender 1998, Seite

Aberle, Gerd   Diskriminierungsfreier Netzzugang bei den Eisenbahnen
Internationales Verkehrswesen 1993, Heft 1-2/1993, Seite 15
– 26
zit.: Aberle, IVW 1993, Seite

Aberle, Gerd u. a.   Trassenpreissystem der Deutschen Bahn AG
Internationales Verkehrswesen 1994, Heft 12,
Seite 704 – 711
zit.: Aberle, IVW 1994, Seite

Aberle, Gerd u. a.   Trassenmärkte und Netzzugang
Hamburg 1995
zit.: Aberle, Titel, Seite

Aberle, Gerd u. a.   Bahnstrukturreform in Deutschland
Köln 1996
zit.: Aberle, Titel, Seite

Aberle, Gerd   Von der Bahnreform zum Trassenpreissystem '98
Internationales Verkehrswesen 1998, Heft 10,
Seite 471 – 475
zit.: Aberle, IVW 1998, Seite

Aberle, Gerd u. a.   Schienenverkehr und Netzzugang
Hamburg 2002
zit.: Aberle, Titel, Seite

Aberle, Gerd   Transportwirtschaft
5. Auflage, München 2009
zit.: Aberle, Titel, Seite

Adler, Gerhard u.a.   Lexikon der Eisenbahn
8. Auflage, Berlin 1990
zit.: Adler, Titel, Seite

Albtal Verkehrsgesellschaft mbH   Schienennetznutzungsbedingungen der Betreiber der
Schienenwege - Besonderer Teil
Karlsruhe 2005
zit.: AVG, SNB-BT, Anhang

Albtal Verkehrsgesellschaft mbH   Preise für die Nutzung der Eisenbahninfrastruktur der
Albtal-Verkehrs-Gesellschaft mbH Güterverkehr
Karlsruhe 2007
zit.: AVG, Trassenpreiskatalog Güterverkehr, Seite

© Springer Fachmedien Wiesbaden GmbH, ein Teil von Springer Nature 2014
K. Fuchs, *Diskriminierungsfreier Zugang zur Eisenbahninfrastruktur in Deutschland*,
Edition KWV, https://doi.org/10.1007/978-3-658-24072-1

Albtal Verkehrsgesellschaft mbH	Preise für die Nutzung der Eisenbahninfrastruktur der Albtal-Verkehrs-Gesellschaft mbH Personenverkehr Karlsruhe 2007 zit.: AVG, Trassenpreiskatalog Personenverkehr, Seite
Anders, Florian	Alle Räder stehen still … Bahn-Report, Heft 1/2010, Seite 4 – 5 zit.: Anders, Bahn-Report, Heft 1/2010, Seite
Anders, Florian	Götterdämmerung bei den Regionalisierungsmitteln Bahn-Report, Heft 3/2012, Seite 15 zit.: Anders, Bahn-Report, Heft 3/2012, Seite
Andersen, Sven	Betriebliche und verkehrliche Anforderungen an spurgeführte Hochgeschwindigkeitssysteme Eisenbahnrevue International, Heft 11/1998, Seite 466 – 482 zit.: Andersen, ERI 1998, Seite
Andersen, Sven	Mischverkehr auf Hochgeschindigkeitsstrecken? Eisenbahnrevue International, Heft 8-9/2008, Seite 424 – 427 zit.: Andersen, ERI 2008, Seite
BAG-SPNV	Positionspapier zum Trassenpreissystem Berlin 2000 zit.: BAG-SPNV, Titel, Seite
BAG-SPNV	Positionspapier zum Gutachten Privatisierungsvarianten der Deutschen Bahn AG „mit und ohne Netz" Berlin 2006 zit.: BAG-SPNV, Positionspapier zum PRIMON-Gutachten, Seite
BAG-SPNV u. a.	Stand und Perspektiven der Schienennetz-Benutzungsbedingungen der DB Netz AG Berlin 2007 zit.: BAG-SPNV, Stand und Perspektiven der SNB der DB Netz AG, Seite
BAG-SPNV	Die Finanzierung des SPNV sichern - nachhaltige Mobilität ermöglichen Berlin 2010 zit.: BAG-SPNV, Die Finanzierung des SPNV sichern, Seite
Bahn-Beirat	Fortführung der Bahnreform Heidelberg 2006 zit.: Bahn-Beirat, Titel, Seite
Basedow, Jürgen	Wettbewerbliche Folgeprobleme der Deregulierung im Verkehr in Wettbewerbspolitik in deregulierten Verkehrsmärkten, Seite 22 – 37 Bergisch-Gladbach 1997 zit.: Basedow in Wettbewerbspolitik in deregulierten Verkehrsmärkten, Seite

BayernBahn Betriebsgesellschaft mbH	Preisliste TPS/APS 2008 Nördlingen 2008 zit.: BayernBahn, Titel, Seite
Behnsen, Sascha	Und kein bißchen leise … Bahn-Report, Heft 4/2010, Seite 8 – 10 zit.: Behnsen, Bahn-Report, Heft 4/2010, Seite
Berndt, Arnold u. a.	Trassenpreise, InfraCard und Kostendeckung: Diskriminierungsfreier Zugang zum Schienennetz der Deutschen Bahn AG Freiburg 1999 zit.: Berndt, Trassenpreise, InfraCard und Kostendeckung, Seite
Berndt, Arnold	Trassenpreise zwischen effizienter Allokation, Kostendeckung und Diskriminierungspotentialen Baden-Baden 2002 zit.: Berndt, Trassenpreise, Seite
Berndt, Arnold u. a.	Immer öfter ab und an? Aktuelle Entwicklung im Bahnsektor in Zwischen Regulierung und Wettbewerb, Seite 151 – 204 2. Auflage, Heidelberg 2003 zit.: Berndt in Zwischen Regulierung und Wettbewerb, Seite
Bitterberg, Ulrich	Cargo Rail Net: Bessere Ausnutzung des Bahnnetzes Internationales Verkehrswesen, Heft 3/1997, Seite 104 – 109 zit.: Bitterberg, IVW 1997, Seite
Bodack, Karl-Dieter	InterRegio Freiburg 2005 zit.: Bodack, Titel, Seite
Böttger, Christian	Das Insolvenzverfahren der Railtrack Internationales Verkehrswesen, Heft 6/2002, Seite 273 – 277 zit.: Böttger, IVW 2002, Seite
Böttger, Christian u. a.	Finanzkrise macht auch vorm SPNV nicht Halt Bahn-Report, Heft 6/2008, Seite 15 zit.: Böttger, Bahn-Report, Heft 6/2008, Seite
Böttger, Christian	Internationale Erfahrungen mit Bahnprivatisierungs- und Bahnregulierungsmodellen in Die Zukunft der Bahn, Seite 111 - 146, Berlin 2008 zit.: Böttger in Die Zukunft der Bahn, Seite
Böttger, Christian	Bahnmarkt in Europa: Bahngesellschaften legen Zahlen für 2010 vor Bahn-Report, Heft 3/2011, Seite 16 – 17 zit.: Böttger, Bahn-Report, Heft 3/2011, Seite

247

Bous Allen Hamilton u. a.	Privatisierungsvarianten der Deutschen Bahn AG mit und ohne Netz Berlin 2006 zit.: BAH, Privatisierungsvarianten der Deutschen Bahn AG, Seite
Braun, Sebastian	Der Zugang zu wirtschaftlicher Netzinfrastruktur Herbolzheim 2003 zit.: Braun, Titel, Seite
Brauner, Roman	Fördermöglichkeiten für Umschlaganlagen des Kombinierten Verkehrs Eisenbahnrevue International, Heft 3/2010, Seite 153 – 155 zit.: Brauner, ERI 2010, Seite
Brauweiler, Lutz	PZB 90 unter dem Gesichtspunkt der Interoperabilität Signal + Draht, Heft 12/2000, Seite 29 – 31 zit.: Brauweiler, Signal + Draht, Heft 12/2000, Seite
Broemel, Roland	Strategisches Verhalten in der Regulierung Tübingen 2010 zit.: Broemel, Titel, Seite
Brux, G.	Über die Leistungsfähigkeit von Eisenbahnstrecken Verkehr und Technik, Heft 6/1976, Seite 228 zit.: Brux, Verkehr und Technik 1976, Seite
Bucher, Oliver	Open Access im Schienenverkehr Zürich 2006 zit.: Bucher, Titel, Seite
Buchholz, Jonas	Über die Leistungsfähigkeit von Eisenbahnstrecken Eisenbahntechnische Rundschau, Heft 7-8/2000, Seite 527 – 533 zit.: Buchholz, ETR 2000, Seite
Bullock, Philipp	Rail Privatisation: Lessons from the British Experience 2003 zit.: Bullock, Rail Privatisation, Seite
Bundeskartellamt	Bericht des Bundeskartellamts über seine Tätigkeit in den Jahren 1999/2000 Bundestags-Drucksache 14/6300 zit.: BKartA, Bundestags-Drucksache 14/6300, Seite
Bundeskartellamt	Bericht des Bundeskartellamts über seine Tätigkeit in den Jahren 2001/2002 Bundestags-Drucksache 15/1226 zit.: BKartA, Bundestags-Drucksache 15/1226, Seite
Bundesnetzagentur	Marktuntersuchung Eisenbahn 2009 Bonn 2009 zit.: BNetzA, Titel, Seite
Bundesministerium für Verkehr, Bau und Stadtentwicklung	Handbuch Eisenbahnfahrzeuge Berlin 2011 zit.: BMVBS, Titel, Seite

Bundesrechnungshof	Bericht nach § 99 BHO zur Finanzierung der Bundesschienenwege Bonn 2006 zit.: BRH, Bericht zur Finanzierung der Bundesschienenwege, Seite
Bundesverband der Deutschen Industrie	Freiheit für mehr Wettbewerb Berlin 2001 zit.: BDI, Titel, Seite
Burmeister, Corinna	Der Wettbewerb der Eisenbahnen im europäischen Binnenmarkt Baden-Baden 2001 zit.: Burmeister, Wettbewerb der Eisenbahnen, Seite
Charlton, Clive	The Structure of new Railway in All Change: British Railway Privatisation, Seite 31 – 56 Cambridge 2000 zit.: Charlton in All Change: British Railway Privatisation, Seite
Crampton, Graham	Privatisierung der Eisenbahn Der Nahverkehr, Heft 9/2006, Seite 70 – 75 zit.: Crampton, Der Nahverkehr, Heft 9/2006, Seite
DB Netz AG	Trassenpreissystem 2001 Frankfurt am Main 2001 zit.: DB Netz AG, Titel, Seite
DB Netz AG	Richtlinie 420.0105 - Bahnbetrieb, Dispositionsregeln Frankfurt am Main 2006 zit.: DB Netz AG, Richtlinie 420.0105, Seite
DB Netz AG	Richtlinie 420.0200 - Zusammenarbeit mit Eisenbahnverkehrsunternehmen Frankfurt am Main 2009 zit.: DB Netz AG, Richtlinie 420.0200, Seite
DB Netz AG	Richtlinie 420.0201 - Strecken- und Knotendisposition Frankfurt am Main 2009 zit.: DB Netz AG, Richtlinie 420.0201, Seite
DB Netz AG	Schienennetz-Benutzungsbedingungen der DB Netz AG (SNB 2011) Frankfurt am Main 2010 zit.: SNB 2011 der DB Netz AG, Seite
DB Netz AG	Geschäftsbericht 2009 Frankfurt am Main 2010 zit.: DB Netz AG, Titel, Seite
DB Netz AG	Geschäftsbericht 2010 Frankfurt am Main 2011 zit.: DB Netz AG, Titel, Seite
DB Netz NL Südost	Produkte & Leistungen Frankfurt am Main 1999 zit.: DB Netz NL Südost, Titel, Seite

Dernbach, Lothar

Bahnreform '94 setzt Schlußstrich unter Staatsbahn-Ära
in Jahrbuch des Eisenbahnwesens, Folge 45, 1994/95, Die
Bahnreform, Seite 116 - 154
Darmstadt 1995
zit.: Dernbach in Jahrbuch des Eisenbahnwesens, Folge 45,
Seite

Deutsche Bahn AG

Weiterentwicklung des Trassenpreissystems - TPS '98
Frankfurt am Main 1998
zit.: DB AG, TPS '98, Seite

Deutsche Bahn AG

Mehr Verkehr auf die Schiene - Das neue
Trassenpreissystem TPS '98
Frankfurt am Main 1998
zit.: DB AG, Mehr Verkehr auf die Schiene, Seite

Deutsche Bahn AG

Neues Trassenpreissystem TPS '98
Frankfurt am Main 1999
zit.: DB AG, Neues Trassenpreissystem TPS '98, Seite

Deutsche Bahn AG

Daten & Fakten 2000
Berlin 2001
zit.: DB AG, Titel, Seite

Deutsche Bahn AG

Daten & Fakten 2002
Berlin 2003
zit.: DB AG, Titel, Seite

Deutsche Bahn AG

Modulares Trassenpreissystem
Frankfurt am Main 2004
zit.: DB AG, Titel, Seite

Deutsche Bahn AG

Wettbewerbsbericht 2004
Berlin 2004
zit.: DB AG, Titel, Seite

Deutsche Bahn AG

Wettbewerbsbericht 2007
Berlin 2007
zit.: DB AG, Titel, Seite

Deutsche Bahn AG

Geschäftsbericht 2009
Berlin 2010
zit.: DB AG, Titel, Seite

Deutsche Bahn AG

Wettbewerbsbericht 2010
Berlin 2010
zit.: DB AG, Titel, Seite

Deutsche Bahn AG

Wettbewerbsbericht 2011
Berlin 2011
zit.: DB AG, Titel, Seite

Deutsche Bahn AG

Daten & Fakten 2010
Berlin 2011
zit.: DB AG, Titel, Seite

Deutsche Bahn AG u. a.	Gemeinsame Erklärung von Eigentümer, Aufsichtsratsspitze und Vorstand zum Erhalt der integrierten Bahnstruktur Berlin/Luxemburg 2011 zit.: DB AG, Gemeinsame Erklärung vom 6. Oktober 2011
Diederich, Helmut	Allgemeine Betriebswirtschaftslehre Stuttgart 1989 zit.: Diederich, Titel, Seite
Diller, Hermann	Entwicklungslinien in Preistheorie und -management Nürnberg 1999 zit.: Diller, Titel, Seite
Dorn, Willi u. a.	Parcel InterCity Eisenbahntechnische Rundschau, Heft 7-8/2001, Seite 463 – 467 zit.: Dorn, ETR 2001, Seite
Dürr, Heinz	Bahnreform Heidelberg 1994 zit.: Dürr, Titel, Seite
Edmonds, John	Creating Railtrack in All Change: British Railway Privatisation, Seite 57 – 82, Cambridge 2000 zit.: Edmonds in All Chang: British Railway Privatisation, Seite
Eggers, Henning	Bahnprivatisierung - Zurück auf Los? Bahn-Report, Heft 6/2007, Seite 10 – 11 zit.: Eggers, Bahn-Report, Heft 6/2007, Seite
Ehlers, Dirk	Die verfassungsmäßige Beurteilung des Entwurfs eines Gesetzes zur Neuorganisation der Eisenbahnen des Bundes, Rechtsgutachten Münster 2007 zit.: Ehlers, Rechtsgutachten, Seite
Ehlers, Dirk	Rechtsfragen einer Privatisierung der Deutschen Bahn AG in Nach geltendem Verfassungsrecht, Seite 136 – 151 Stuttgart 2009 zit.: Ehlers in Nach geltendem Verfassungsrecht, Seite
Eisenbahn-Bundesamt	Anforderungen des Brand- und Katastrophenschutzes an den Bau und den Betrieb von Eisenbahntunneln Bonn 2008 zit: EBA, Tunnelrichtlinie vom 1. Juli 2008, Seite
Eisenbahn-Bundesamt	Verwaltungsvorschrift für die Genehmigung zur Inbetriebnahme von Eisenbahnfahrzeugen Bonn 2010 zit.: EBA, VV IBG Fahrzeuge, Seite
Eisenbahn- und Verkehrsbetriebe Elbe-Weser GmbH	Entgeltverzeichnis des Betreibers der Schienenwege Zeven 2011 zit.: EVB, Entgeltverzeichnis, Seite

Elders, Volker u. a.	Schienengüterverkehrsstudie 2007 - Marktumbruch erfordert Handeln Internationales Verkehrswesen, Heft 12/2007, Seite 567 – 573 zit.: Elders, IVW 2007, Seite
Ernert, Alexander	Zugangs- und Entgeltregulierung in der Eisenbahnwirtschaft Bonn 2007 zit.: Ernert, Titel, Seite
Europäische Kommission	Faire Preise für die Infrastrukturbenutzung Brüssel 1998, Weißbuch zit.: EU-Kommission, Titel, Seite
Ewers, Hans-Jürgen u. a.	Trassenpreissystem der Deutschen Bahn AG (TPS 98) Berlin/Hamburg 2000 zit.: Ewers, Titel, Seite
Ewers, Hans-Jürgen u. a.	Trassenpreissystem TPS 01 Berlin/Hamburg 2001 zit.: Ewers, Titel, Seite
Fiedler, Joachim	Bahnwesen 4. Auflage, Düsseldorf 1999 zit.: Fiedler, Titel, Seite
Friedl, Birgit	Kostenrechnung 2. Auflage, München 2010 zit.: Friedl, Titel, Seite
Friedrich-Ebert-Stiftung	Die deutschen Eisenbahnen vor einem Neubeginn Bonn 1993 zit.: Friedrich-Ebert-Stiftung, Titel, Seite
Fritsch, Konstantin	Handbuch der Eisenbahngesetzgebung 3. Auflage, Berlin 1930 zit.: Fritsch, Titel, Seite
Fülling, Fritz	Überholungen und Streckenleistung bei zweigleisigen Bahnen Eisenbahntechnische Rundschau, Heft 3/1957, Seite 89 – 94 zit.: Fülling, ETR 1957, Seite
Gaupp, Dirk	Der Netzzugang im Eisenbahnwesen Hamburg 2004 zit.: Gaupp, Titel, Seite
Generaldirektion Energie und Verkehr der EU-Kommission	ERTMS - Für einen flüssigen und sicheren Eisenbahnverkehr Brüssel 2006 zit.: GD Energie und Verkehr, Titel, Seite
Gerhard, Michael	Trassenpreise für Schienentransporte als Anreizsystem zur Innovationsförderung Eisenbahningenieur, Heft 3/2001, Seite 12 – 15 zit.: Gerhard, EI, Heft 3/2001, Seite

Gersdorf, Hubertus	Entgeltregulierung im Eisenbahnsektor Berlin 2007 zit.: Gersdorf, Titel, Seite
Geßner, Rolf	Reduktion des Schienenverkehrslärms Eisenbahningenieur, Heft 3/2007, Seite 24 – 28 zit.: Geßner, EI, Heft 3/2007, Seite
Girke, Klaus-Jürgen u. a.	Die neue Betriebszentrale Leipzig der DB AG Signal + Draht, Heft 7-8/2001, Seite 27 – 32 zit.: Girke, Signal + Draht, Heft 7-8/2001, Seite
Glasl, Daniel	Zur Rolle der essential Facilities Doktrin auf deregulierten Verkehrsmärkten in Wettbewerbspolitik in deregulierten Verkehrsmärkten, Seite 133 – 155 Bergisch-Gladbach 1997 zit.: Glasl in Wettbewerbspolitik in deregulierten Verkehrsmärkten, Seite
Glowinski, Detlev	Das Netz-Infrastrukturdatenmanagement bei der neu organisierten DB Netz AG Eisenbahningenieur, Heft 8/2001, Seite 34 – 37 zit.: Glowinski, EI, Heft 8/2001, Seite
Gräber, Johannes u. a.	Weiterentwicklung der Technikkompetenz eines großen Bahnbetreibers Eisenbahningenieur, Heft 7/2011, Seite 34 – 36 zit.: Gräber, EI, Heft 7/2011, Seite
Grauf, Hans-Heinrich	Die punktförmige Zugsicherung PZB 90 Eisenbahnrevue International, Heft 8-9/2004, Seite 333 – 334 zit.: Grauf, ERI 2004, Seite
Grauf, Hans-Heinrich	System Bahn - Sicherheitsbetrachtung der Schnittstelle zwischen Fahrweg und Betrieb Eisenbahntechnische Rundschau, Heft 9/2004, Seite 546 – 556 zit.: Grauf, ETR 2004, Seite
Haase, Dagmar	Der Trassenpreiskatalog der DB AG: Ein Vorbild für Europa? in Wettbewerbspolitik in deregulierten Verkehrsmärkten, Seite 170 – 192 Bergisch-Gladbach 1997 zit.: Haase in Wettbewerbspolitik in deregulierten Verkehrsmärkten, Seite
Haase, Dagmar	Das neue Trassenpreissystem der Deutschen Bahn AG Internationales Verkehrswesen, Heft 10/1998, Seite 460 – 465 zit.: Haase, IVW 1998, Seite
Häfen und Güterverkehr Köln AG	Schienennetz-Benutzungsbedingungen der Häfen und Güterverkehr Köln AG - Besonderer Teil Köln 2009 zit.: HGK, SNB-BT, Seite

Hanneforth, Wolfgang u.a.	Laufwerke Berlin 1986 zit.: Hanneforth, Titel, Seite
Hass-Klau, Carmen	Privatisierung von Bussen und Eisenbahnen in England Der Nahverkehr, Heft 3/1999, Seite 22 – 28 zit.: Hass-Klau, Der Nahverkehr, Heft 3/1999, Seite
Hedderich, Alexander	Vertikale Desintegration im Schienenverkehr Hamburg 1996 zit.: Hedderich, Titel, Seite
Heimerl, Gerhard	Anforderungen an die Bahn und deren Infrastruktur - heute und morgen in Die intelligente Bahn, Seite 31 – 40 Bergisch-Gladbach 1991 zit.: Heimerl in Die intelligente Bahn, Seite
Heinrichs, Achim	Betriebszentralen: Projektieren, Testen und Ausbilden an der TIA Signal + Draht, Heft 12/2004, Seite 22 – 26 zit.: Heinrichs, Signal + Draht, Heft 12/2004, Seite
Heinrichs, Horst	Netzzugang: Aktuelle gesetzliche Vorgaben bei Trassenkonflikten in Aktuelle Probleme des Eisenbahnrechts IX, Seite 81 – 98 Hamburg 2004 zit.: Heinrichs in Aktuelle Probleme des Eisenbahnrechts IX, Seite
Heister, Gert u.a.	Eisenbahnbetriebstechnologie Heidelberg 2005 zit.: Heister, Titel, Seite
Helmstädter, Felix	Die Trennung von Netz und Betrieb im Eisenbahnsektor Baden-Baden 2011 zit.: Helmstädter, Titel, Seite
Henke, Martin	GSM-R als Netzzugangskriterium Eisenbahnrevue International, Heft 8-9/2004, Seite 348 zit.: Henke, ERI 2004, Seite
Herbst, Thomas u.a.	Die Betriebszentrale Duisburg - zwei Jahre in Betrieb Signal + Draht, Heft 9/2002, Seite 31 – 36 zit.: Herbst, Signal + Draht, Heft 9/2002, Seite
Hermes, Georg u.a.	Beck'scher AEG-Kommentar München 2006 zit.: Titel-Kommentator, §, Rdnr.
Hermes, Georg	Das Eisenbahnschienennetz - Staatliche Verantwortung und Status des Betreibers in Die Zukunft der Bahn, Seite 7 – 26 Berlin 2008 zit.: Hermes in Die Zukunft der Bahn, Seite

Hermes, Georg	Eisenbahnrecht in Besonderes Verwaltungsrecht, Band I Öffentliches Wirtschaftsrecht, Seite 934 – 991 3. Auflage, Heidelberg 2012 zit.: Hermes in Besonderes Verwaltungsrecht, Rdnr.
Hierzer, Ruth	Lärmabhängiges Infrastrukturbenutzungsentgelt Eisenbahntechnische Rundschau, Heft 12/2007, Seite 834 – 835 zit.: Hierzer, ETR 2007, Seite
Holsten, Günther u.a.	Baufortschritt der Ausbaustrecke Köln - Aachen mit S-Bahn Köln – Düren Eisenbahntechnische Rundschau, Heft 12/2001, Seite 726 - 745 zit.: Holsten, ETR 2001, Seite
Horsch, Jürgen	Kostenrechnung Wiesbaden 2010 zit.: Horsch, Titel, Seite
Hübner, Peter	Lärmabhängige Trassenbenutzungsgebühren Eisenbahntechnische Rundschau, Heft 1-2/2011, Seite 26 - 30 zit.: Hübner, ETR 2011, Seite
Interessengemeinschaft Bahnprotest am Ober- und Hochrhein	BADEN 21 – die Lösung für die ABS/NBS Rheintalbahn am Oberrhein Hartheim 2008 zit.: IG BOHR, Titel
Isenmann, Thomas	Das Politikum Trassenpreis Bern 2010 zit.: Isenmann, Titel, Seite
Jacobs, Jürgen	Rechnergestützte Konfliktermittlung und Entscheidungsunterstützung bei der Disposition des Zuglaufs Aachen 2003 zit.: Jacobs, Rechnergestützte Konfliktermittlung, Seite
Jänsch, Eberhard	Wirtschaftlichkeit des Systems Bahn in Handbuch: Das System Bahn, Seite 593 – 606 Hamburg 2008 zit.: Jänsch in Das System Bahn, Seite
Jarrass, Hans u.a.	Grundgesetz für die Bundesrepublik Deutschland 10. Auflage, München 2009 zit.: Jarrass, GG, Art., Rdnr.
Jochim, Haldor	Verkehrswirtschaftliche Ermittlung von Qualitätsmaßstäben im Eisenbahnbetrieb Eisenbahningenieur, Heft 7/2000, Seite 5 – 8 zit.: Jochim, EI, Heft 7/2000, Seite
Junker, Klaus	Eisenbahnbetrieb im Verbund Eisenbahntechnische Rundschau, Heft 3/2007, Seite 79 zit.: Junker, ETR 2007, Seite

Kalivoda, Manfred u.a.

Das Infrastrukturbenutzungsentgelt als Steuerungsmechanismus zur Reduzierung des Eisenbahnlärms
Eisenbahntechnische Rundschau, Heft 5/2006,
Seite 323 – 328
zit.: Kalivoda, ETR 2006, Seite

Kandels, Claus u.a.

Netzzugangskriterien am Beispiel von GSM-R bei der DB Netz AG
Eisenbahntechnische Rundschau, Heft 7-8/2004,
Seite 459 – 462
zit.: Kandels, ETR 2004, Seite

Kandler, Udo

Die linke Rheinstrecke
Fürstenfeldbruck 1993
zit.: Kandler, Titel, Seite

KCW

Privatisierung der integrierten DB AG - Auswirkungen und Alternativen, Kurzfassung des Endberichts
Berlin 2005
zit.: KCW, Privatisierung der integrierten DB AG, Seite

KCW

Wettbewerber-Report Eisenbahn 2008/2009
Berlin 2009
zit.: KCW, Titel, Seite

KCW

Wettbewerber-Report Eisenbahn 2010/2011
Berlin 2011
zit.: KCW, Titel, Seite

Kille, Christian u.a.

Wirtschaftliche Rahmenbedingungen des Güterverkehrs
Stuttgart 2008
zit.: Kille, Titel, Seite

Kirchner, Christian u.a.

Liberalisierungsindex Bahn 2004
Berlin 2004
zit.: Kirchner, Titel, Seite

Kirchner, Christian u.a.

Liberalisierungsindex Bahn 2007
Brüssel 2007
zit.: Kirchner, Titel, Seite

Kirchner, Christian u.a.

Liberalisierungsindex Bahn 2011
Brüssel 2011
zit.: Kirchner, Titel, Seite

Klee, Wolfgang

Preußische Eisenbahngeschichte
Stuttgart 1982
zit.: Klee, Titel, Seite

Klocksin, Jens u.a.

Ein lärmabhängiges Trassenpreissystem für Deutschland
Eisenbahningenieur, Heft 11/2011, Seite 6 – 8
zit.: Klocksin, EI, Heft 11/2011, Seite

Knieps, Günter

Wettbewerb in Netzen
Tübingen 1996
zit.: Knieps, Titel, Seite

Knieps, Günter	Das neue Trassenpreissystem Internationales Verkehrswesen, Heft 10/1998, Seite 466 – 470 zit.: Knieps, IVW 1998, Seite
Knieps, Günter	Der disaggregierte Regulierungsansatz der Netzökonomie in Zwischen Regulierung und Wettbewerb, Seite 9 – 24 2. Auflage, Heidelberg 2003 zit.: Knieps in Zwischen Regulierung und Wettbewerb, Seite
Knorr, Andreas u.a.	Die Bahnreform in Großbritannien - eine kritische Würdigung List Forum für Wirtschafts- und Finanzpolitik, Band 28 (2002), Seite 370 – 390 zit.: Knorr, List Forum für Wirtschafts- und Finanzpolitik, Band 28 (2002), Seite
Knorr, Andreas	Die Bahnreform in Großbritannien Neue Entwicklungen in der Eisenbahnpolitik, Seite 139 – 189 Berlin 2008 zit.: Knorr in Neue Entwicklungen in der Eisenbahnpolitik, Seite
Knorr, Andreas	Die Bahnreform in Schweden Neue Entwicklungen in der Eisenbahnpolitik, Seite 191 - 255 Berlin 2008 zit.: Knorr in Neue Entwicklungen in der Eisenbahnpolitik, Seite
Kramer, Urs	Das Recht der Eisenbahninfrastruktur Stuttgart 2002 zit.: Kramer, Titel, Seite
Kramer, Urs	Auseinandersetzung um Türschließung Bahn-Report, Heft 1/2008, Seite 13 zit.: Kramer, Bahn-Report, Heft 1/2008, Seite
Kramer, Urs u.a.	Immer noch keine Sicherheitsbescheinigung für deutsche EVU Bahn-Report, Heft 1/2010, Seite 14 – 15 zit.: Kramer, Bahn-Report, Heft 1/2010, Seite
Kratochwille, Rainer	Zum Nutzen schaltbarer Schlingerdämpfer in Trassierungselementen mit veränderlicher Gleiskrümmung Hannover 2004 zit.: Kratochwille, Zum Nutzen schaltbarer Schlingerdämpfer, Seite
Kreitmair, Georg	Europäischer Werkstattatlas für Schienenfahrzeuge 2012 Augsburg 2012 zit.: Kreitmair, Titel
Kremper, Klaus	Liberalisierung des Europäischen Schienengüterverkehrs Internationales Verkehrswesen, Heft 4/2007, Seite 136 – 139 zit.: Kremper, IVW 2007, Seite

Kretschmer, Tobias u.a.   Bedingungen und Prinzipien einer konsistenten
Regulierung
Schmalenbachs Zeitschrift für betriebswirtschaftliche
Forschung, Sonderheft 64/2011, Seite 1 – 31
zit.: Kretschmer, zfbf, Sonderheft 64/2011, Seite

Krugmann, Hans-Ludwig   Lauf der Schienenfahrzeuge im Gleis
München 1982
zit.: Krugmann, Titel, Seite

Kühling, Jürgen u.a.   Entgeltregulierung im Eisenbahnsektor
Münster 2007
zit.: Kühling, Titel

Kühlwetter, Hans-Jürgen   Vorläufer des Eisenbahn-Bundesamtes
in Aktuelle Probleme des Eisenbahnrechts, Seite 8 – 25
Speyer 1996
zit.: Kühlwetter in Aktuelle Probleme des Eisenbahnrechts,
Seite

Kühlwetter, Hans-Jürgen   Der Prozess zum Unfall von Eschede
Eisenbahnrevue International, Heft 10/2002,
Seite 472 – 476
zit.: Kühlwetter, ERI 2002, Seite

Kühlwetter, Hans-Jürgen   Der Prozess zum Unfall von Eschede
Eisenbahnrevue International, Heft 6/2003,
Seite 254 - 256
zit.: Kühlwetter, ERI 2003, Seite

Kunz, Martin   Regulierungsregime in Theorie und Praxis
in Zwischen Regulierung und Wettbewerb, Seite 45 – 79
2. Auflage, Heidelberg 2003
zit.: Kunz in Zwischen Regulierung und Wettbewerb, Seite

Kunz, Wolfgang u.a.   Eisenbahnrecht
29. Auflage, Baden-Baden 2011
zit.: Kunz, Titel, Band, Kapitel, Gesetz, Seite

Laaser, Claus-Friedrich   Wettbewerb im Verkehrswesen
Tübingen 1991
zit.: Laaser, Titel, Seite

Laaser, Claus-Friedrich   Die Bahnstrukturreform
Kiel 1994
zit.: Laaser, Titel, Seite

Lappwaldbahn GmbH   Trassen- und Anlagenpreissystem
Weferlingen 2010
zit.: LWB, Titel, Seite

Leathley, Arthur   Railtrack's Recent Performance
in All Change: British Railway Privatisation, Seite 83 – 96
Cambridge 2000
zit.: Leathley in All Change: British Railway Privatisation,
Seite

Lehmann, Helmut   Eisenbahn in Preußen
Düsseldorf 1998
zit.: Lehmann, Titel, Seite

Lichtberger, Bernhard	Handbuch Gleisbau Hamburg 2010 zit.: Lichtberger, Titel, Seite
Liebert, Thomas	Konzept für ein einheitliches Trassenpreissystem für die Nutzung der Schieneninfrastruktur in Europa Wien 2004 zit.: Liebert, Konzept für ein einheitliches Trassenpreissystem, Seite
Liebscher, Wolfram	S-Bahn München: Schritt für Schritt zu dichterer Zugfolge Eisenbahnrevue International, Heft 1/2006, Seite 42 – 43 zit.: Liebscher, ERI 2006, Seite
LITRA	Bahnreform in der Schweiz - Die Erfahrungen nach dem Jahre 1 Bern 2000 zit.: LITRA, Bahnreform in der Schweiz, Seite
Loose, Gernot	ICE3-Entgleisung Bahn-Report, Heft 5/2008, Seite 25 zit.: Loose, Bahn-Report, Heft 5/2008, Seite
Ludes, Klaus	Technischer Netzzugang für Schienenfahrzeuge in Eisenbahn Ingenieur Kalender, Seite 189 – 214 Hamburg 2001 zit.: Ludes in Eisenbahn Ingenieur Kalender 2001, Seite
Lux, Thorsten	Problemfaktor oder Anreizfaktor? Bahn-Report, Heft 3/2002, Seite 4 – 8 zit.: Lux, Bahn-Report, Heft 3/2002, Seite
Maedel, Karl-Ernst	Weite Welt des Schienenstrangs 2. Auflage, Stuttgart 1967 zit.: Maedel, Titel, Seite
Martin, Ulrich	Praxisorientierte Lösung des Deadlock-Problems im spurgeführten Verkehr Eisenbahntechnische Rundschau, Heft 4/2011, Seite 44 – 47 zit.: Martin, ETR, Heft 4/2011, Seite
Maschek, Ulrich	Eisenbahnsicherungstechnik in Handbuch Eisenbahninfrastruktur, Seite 599 – 648 Berlin 2007 zit.: Maschek in Handbuch Eisenbahninfrastruktur, Seite
Meier, Andreas u.a.	eBusiness & eCommerce 2. Auflage, Berlin 2008 zit.: Meier, Titel, Seite
Merkert, Rico	Die Liberalisierung des schwedischen Eisenbahnwesens Potsdam 2003 zit.: Merkert, Titel, Seite
Merkert, Rico	Network Rail Internationales Verkehrswesen, Heft 5/2007, Seite 195 – 199 zit.: Merkert, IVW 2007, Seite

Mittmann, Walter | Infrastrukturzugang für Fahrzeuge
Eisenbahntechnische Rundschau, Heft 9/2004,
Seite 558 – 572
zit.: Mittmann, ETR 2004, Seite

mofair | Stellungnahme zur Anhörung der Monopolkommission zur
Vorbereitung eines Sondergutachtens gemäß § 36 AEG –
Eisenbahn
Berlin 2009
zit.: mofair, Stellungnahme zur Anhörung der
Monopolkommission 2009, Seite

Monopolkommission | Vierzehntes Hauptgutachten
Bundestags-Drucksache 14/9903
zit.: Monopolkommission, Bundestags-Drucksache 14/9903,
Seite

Monopolkommission | Die Privatisierung der Deutschen Bahn AG -
Sondergutachten gemäß § 44 Abs. 1 Satz 4 GWB
Bonn 2006
zit.: Monopolkommission, Die Privatisierung der Deutschen
Bahn AG, Seite

Müller, Christoph | Einzelwagensystem einer NE-Bahn: ECCO-Cargo
Internationales Verkehrswesen Heft 9/2004, Seite 408
zit.: Müller, IVW 2009, Seite

Munzert, Rüdiger | Das Schienennetz in Deutschland nach der Bahnreform
Wiesbaden 2001
zit.: Munzert, Titel, Seite

Naumann, Peter u.a. | Leit- und Sicherungstechnik im Bahnbetrieb
Hamburg 2002
zit.: Naumann, Titel, Seite

Network Rail | The 2011 Network Statement
London 2010
zit.: Network Rail, Titel, Seite

Network Rail | Anual Report and Accounts 2013
London 2013
zit.: Network Rail, Titel, Seite

Netzwerk Privatbahnen | Netz 21
Berlin 2008
zit.: Netzwerk Privatbahnen, Titel, Seite

Neuhoff, Lothar | Zukunftsstrategie Eisenbahn - Organisation von Netz und
Transport
Frankfurt am Main 2001
zit.: Neuhoff, Zukunftsstrategie Eisenbahn, Seite

Oetting, Antje | Physikalische Maßstäbe zur Beurteilung des
Leistungsverhaltens von Eisenbahnstrecken
Aachen 2005
zit.: Oetting, Physikalische Maßstäbe zur Beurteilung des
Leistungsverhaltens, Seite

Osthannoversche Eisenbahnen AG	Trassenpreissystem 2010 Celle 2010 zit.: OHE, TPS 2010, Anlage
Pachl, Jörn	Zugbeeinflussungssysteme europäischer Bahnen Eisenbahntechnische Rundschau, Heft 11/2000, Seite 725 – 733 zit.: Pachl, ETR 2000, Seite
Pachl, Jörn	Anforderungen zur Stärkung des europäischen Eisenbahnverkehrs aus technisch-betrieblicher Sicht Eisenbahningenieur, Heft 6/2003, Seite 5 – 13 zit.: Pachl, EI, Heft 6/2003, Seite
Pachl, Jörn	Systemtechnik des Schienenverkehrs 4. Auflage, Wiesbaden 2004 zit.: Pachl, Titel, Seite
Pachl, Jörn	Betriebsführung in Handbuch: Das System Bahn, Seite 505 – 550 Hamburg 2008 zit.: Pachl in Das System Bahn, Seite
Prell-Leopoldseder, Sonja	Grundlagen der Kostenrechnung Wien 2010 zit.: Prell-Leopoldseder, Titel, Seite
Preuß, Erich	So funktioniert der Eisenbahnbetrieb Stuttgart 2008 zit.: Preuß, Titel, Seite
Prognos AG	Netzzugang und Trassenpreisbildung im westeuropäischen Schienenverkehr Basel 2000 zit.: Prognos, Netzzugang und Trassenpreisbildung, Seite
Quandt, Söhnke	Unendliche Geschichte: Die Nordharz-Ausschreibung - Teil 3 Bahn-Report, Heft 6/2003, Seite 45 zit.: Quandt, Bahn-Report, Heft 6/2003, Seite
Quandt, Söhnke	Die Zukunft im SPNV bleibt rot Bahn-Report, Heft 5/2010, Seite 6 – 7 zit.: Quandt, Bahn-Report, Heft 5/2010, Seite
Reinke, Niklas	Bahnstrukturreform Sinsheim 2001 zit.: Reinke, Titel, Seite
Riegger, Manfred	Wettbewerb im Eisenbahnverkehr Berlin 1999 Riegger, Titel, Seite
Rodi, Hansjörg	Effizienz im Schienenverkehr Göttingen 1996 zit.: Rodi, Titel, Seite
Ross, Sebastian	Strategische Infrastrukturplanung im Schienenverkehr Wiesbaden 2001 zit.: Ross, Titel, Seite

Ruffler, Walter   Zug um Zug - Bahnlärm vermindern
                                     Bremen 2011
                                     zit.: Ruffler, Titel

Ruge, Reinhard   Diskrimierungsfreier Netzzugang im liberalisierten
                                     Eisenbahnmarkt in Deutschand
                                     Archiv des öffentlichen Rechts 2006, Seite 1 – 78
                                     zit.: Ruge, AöR 2006, Seite

Runge, Wolf-Rüdiger u.a.   Leistungsreserven im Eisenbahnbetrieb
        •   Eisenbahntechnische Rundschau, Heft 9/1991,
                                     Seite 563 – 567
                                     zit.: Runge, ETR 1991, Seite

Runge, Wolf-Rüdiger   Was kann die Bahn auf ihren Strecken wirklich leisten
                                     Eisenbahntechnische Rundschau, Heft 3/1996,
                                     Seite 127 – 135
                                     zit.: Runge, ETR 1996, Seite

Schaer, Thorsten   Der Einfluß von Betriebsführungskonzepten in großen
                                     Bahnnetzen
                                     Signal + Draht, Heft 9/2003, Seite 6 – 12
                                     zit.: Schaer, Signal + Draht, Heft 9/2003, Seite

Schenke, Wolf-Rüdiger   Verwaltungsgerichtsordnung – Kommentar
                                     18. Auflage, München 2012
                                     zit.: Schenke, VwGO, §, Rdnr.

Schienen-Control GmbH   Deutschland als Lokomotive der Bahnreform?
                                     Wien 2002
                                     zit.: Schienen-Control GmbH, Titel, Seite

Schmidt, Albert   Ein konsequente Fortführung der Bahnreform
                                     in Zehn Jahre Bahnreform in Deutschland, Seite 28 – 38
                                     Hamburg 2005
                                     zit.: Schmidt in Zehn Jahre Bahnreform in Deutschland,
                                     Seite

Schmidt, Christine   Beitrag zur experimentellen Bestimmung der
                                     Wartezeitfunktion bei Leistungsuntersuchungen im
                                     spurgeführten Verkehr
                                     Stuttgart 2009
                                     zit.: Schmidt, Beitrag zur experimentellen Bestimmung der
                                     Wartezeitfunktion, Seite

Schmied, Peter   31. Tagung Moderne Schienenfahrzeuge in Graz
                                     Eisenbahnrevue International, Heft 6/1998,
                                     Seite 257 – 263
                                     zit.: Schmied, ERI 1998, Seite

Schmitt, Bernhard   Das Anreizsystem der DB Netz AG
                                     Bahn-Report, Heft 3/2008, Seite 78 – 79
                                     zit.: Schmitt, Bahn-Report, Heft 3/2008, Seite

Schnöbel, Christian   Vertikale Desintegration des britischen Eisenbahnsektors
                                     Internationales Verkehrswesen, Heft 4/2005,
                                     Seite 136 – 142
                                     zit.: Schnöbel, IVW 2005, Seite

Schreckenberg, Dirk	Belästigung durch Bahnlärm im Mittelrheintal und im Rheingau/Rheinhessen Hagen 2011 zit.: Schreckenberg, Titel
Schüffelgen, Nina	Bahnprivatisierung in England Der Nahverkehr, Heft 11/2007, Seite 43 – 47 zit.: Schüffelgen, Der Nahverkehr, Heft 11/2007, Seite
Schulz, Leo	Kombinierter Verkehr: Strategien und Konzepte Internationales Verkehrswesen, Heft 4/2002, Seite 145 – 148 zit.: Schulz, IVW 2002, Seite
Schwalbach, Matthias	Wettbewerb auf der Schiene Göttingen 1997 zit.: Schwalbach, Titel, Seite
Schwalbach, Matthias	Die Trassenpreissysteme in Europa Internationales Verkehrswesen, Heft 10/1998, Seite 476 – 481 zit.: Schwalbach, IVW 1998, Seite
Schweizer Eidgenossenschaft	Bahnlandschaft Schweiz: Abschluss des Projekts Bern 2007 zit.: Schweizer Eidgenossenschaft, Bahnlandschaft Schweiz, Seite
Segalla, Patrick	Offener Netzzugang im Schienenverkehr Wien 2002 zit.: Segalla, Titel, Seite
Siegmann, Jürgen u.a.	Vor- und Nachteile einer Verbundproduktion im System Bahn Eisenbahntechnische Rundschau, Heft 7-8/2000, Seite 448 – 455 zit.: Siegmann, ETR 2000, Seite
Siegmann, Jürgen	Grundelemente des Systems Bahn und Konsequenzen für die Systemgestaltung in Handbuch: Das System Bahn, Seite 19 – 28 Hamburg 2008 zit.: Siegmann in Das System Bahn, Seite
Siegmann, Jürgen u.a.	Hat der Einzelwagenverkehr in Europa noch eine Chance? Eisenbahntechnische Rundschau, Heft 3/2012, Seite 10 – 18 zit.: Siegmann, ETR, Heft 3/2012, Seite
Simandl, Thomas	Nutzungsdauern von Eisenbahnbrücken Eisenbahntechnische Rundschau, Heft 12/2011, Seite 75 – 77 zit.: Simandl, ETR, Heft 12/2011, Seite
Six, Jürgen	Abstandhaltung und Streckenleistungsfähigkeit Signal + Draht, Heft 4/1996, Seite 16 – 21 zit.: Six, Signal + Draht, Heft 4/1996, Seite

Soldner, André	Liberalisierung des Eisenbahnwesens Frankfurt am Main 2008 zit.: Soldner, Titel, Seite
Stätter, Rudolf	GSM-R - was lange währt? Bahn-Report, Heft 4/2004, Seite 14 zit.: Stätter, Bahn-Report, Heft 4/2004, Seite
Stätter, Rudolf	GSM-R - gescheitert von Beginn? Bahn-Report, Heft 1/2005, Seite 21 zit.: Stätter, Bahn-Report, Heft 1/2005, Seite
Stebens, André	Simulation von Eisenbahnverkehr auf der Basis von Zellularautomaten Duisburg 2001 zit.: Stebens, Titel, Seite
Steinmann, Anne	Entwicklungslinien des Bahnregulierungsrechts in Die Zukunft der Bahn, Seite 59 – 75 Berlin 2008 zit.: Steinmann in Die Zukunft der Bahn, Seite
Thiessenhusen, Kai-Uwe	S wie ... S-Bahn Berlin Bahn-Report, Heft 5/2009, Seite 29 – 33 zit.: Thiessenhusen, Bahn-Report, Heft 5/2009, Seite
Thommen, Jean-Paul	Lexikon der Betriebswirtschaft 4. Auflage, Zürich 2008 zit.: Thommen, Titel, Seite
Tietze, Christian	Berliner S-Bahn: Grosse Krise - und noch kein Ende Eisenbahnrevue International, Heft 10/2009, Seite 495 – 497 zit: Tietze, ERI 2009, Seite
Treber, Manfred	Chancen und Risiken der Regionalisierung Bonn 1996 zit.: Treber, Titel, Seite
Trinckauf, Jochen	Anwendung der Triebfahrzeugeinrichtungen PZB 90 und Indusi I 60 auf Strecken der DB Netz AG sowie Einsatz von Triebfahrzeugen Dresden 2004 zit.: Trinckauf, Gutachten zur PZB 90
Troge, Andreas	Der Lärm im Schienenverkehr Eisenbahntechnische Rundschau, Heft 10/2005, Seite 577 – 578 zit.: Troge, ETR 2005, Seite
Uhlenhut, Bernd	Technische Netzzugangskriterien am Beispiel von GSM-R Eisenbahnrevue International, Heft 6/2004, Seite 286 – 287 zit.: Uhlenhut, ERI 2004, Seite
Uhlenhut, Bernd	PZB 90 - Systemwechsel durch Infrastrukturbetreiber? Eisenbahnrevue International, Heft 7/2004, Seite 332 – 333 zit.: Uhlenhut, ERI 2004, Seite

van Riesen, Olivia	Zur Leistungsfähigkeit des Regulierungsstaates im Bahnsektor Berlin 2007 zit.: van Riesen, Titel, Seite
Verband Deutscher Verkehrsunternehmen	VDV-Statistik 2010 Köln, 2011 zit.: Titel, Seite
Vogt, Gustav	Die Entwicklung der Finanzen der Deutschen Bundesbahn Berlin 1979 zit.: Vogt, Finanzen der Deutschen Bundesbahn, Seite
Wallner, Simon u.a.	Optimierung der Disposition von Zugkreuzungen auf der Arlbergstrecke durch Simulation in Institutsheft Nr. 33 des Instituts für Eisenbahnwesen, Verkehrswirtschaft und Seilbahnen, Seite 59 – 65 Wien 2005 zit.: Wallner in Institutsheft Nr. 33, Seite
Weidmann, Ulrich u.a.	Studie zu einem neuen schweizerischen Trassenpreissystem Zürich 2007 zit.: Weidmann, Titel, Seite
Weigand, Werner u.a.	Die Infrastruktur in Handbuch: Das System Bahn, Seite 295 – 424 Hamburg 2008 zit.: Weigand in Das System Bahn, Seite
Wermuth, Manfred	Mobilitätsuntersuchung für den Großraum Braunschweig Braunschweig 2011 Wermuth, Titel, Seite
Wied-Nebbeling, Susanne	Preistheorie und Industrieökonomik 5. Auflage, Heidelberg 2009 zit.: Wied-Nebbeling, Titel, Seite
Wiese, Jens	Kalkulation von Fahrplantrassen bei der Deutschen Bahn Stuttgart 1996 zit.: Wiese, Titel
Wissenschaftlicher Beirat beim Bundesministerium für Verkehr, Bau und Wohnungswesen	Trennung von Netz und Transport im Eisenbahnwesen Internationales Verkehrswesen, Heft 6/2002, Seite 260 – 266 Wissenschaftlicher Beirat beim BMVBW, IVW 2002, Seite
Wittenbrink, Paul	Kombinierter Verkehr für Europa Internationales Verkehrswesen, Heft 10/2003, Seite 463 – 465 zit.: Wittenbrink, IVW 2003, Seite
Wolmar, Christian	On the wrong Line London 2005 zit.: Wolmar, Titel, Seite

The manufacturer's authorised representative in the EU is Springer
Nature Customer Service Centre GmbH, Europaplatz 3, 69115 Heidelberg,
Germany. If you have any concerns regarding our products, please
contact ProductSafety@springernature.com

Printed and bound by CPI Group (UK) Ltd, Croydon, CR0 4YY
05/05/2026
02097668-0003